De volta ao
mistério da
iniquidade

Coleção
PERCURSOS & MORADAS

- A casa da teologia – Afonso Murad, Paulo Roberto Gomes e Súsie Ribeiro
- Buscadores do diálogo – Faustino Teixeira
- Teoria teológica, práxis teologal – Francisco de Aquino Júnior
- Salvação solidária – Maria Angela Vilhena
- De volta ao mistério da iniquidade – Afonso Maria Ligorio Soares

De volta ao mistério da iniquidade

Palavra, ação e silêncio diante do sofrimento e da maldade

Afonso Maria Ligorio Soares

Dados Internacionais de Catalogação na Publicação (CIP)
(Câmara Brasileira do Livro, SP, Brasil)

Soares, Afonso Maria Ligorio
De volta ao mistério da iniquidade : palavra, ação e silêncio
diante do sofrimento e da maldade / Afonso Maria Ligorio Soares. –
São Paulo : Paulinas, 2012. – (Coleção percursos & moradas)

Bibliografia
ISBN 978-85-356-3418-1

1. Bem e mal   2. Filosofia e religião   3. Mistério da iniquidade   4. Sofrimento   5. Teodiceia   6. Teologia   I. Título.
II. Série.

12-15192   CDD-214

Índice para catálogo sistemático:

1. Mistério da iniquidade que atravessa nossa existência : Mal e sofrimento :
Teodiceia : Filosofia da religião   214

Direção-geral:	*Bernadete Boff*
Conselho editorial	*Dr. Afonso M. L. Soares*
	Dr. Antonio Francisco Lelo
	Me. Luzia Maria de Oliveira Sena
	Dra. Maria Alexandre de Oliveira
	Dr. Matthias Grenzer
	Dra. Vera Ivanise Bombonatto
Editores responsáveis:	*Vera Ivanise Bombonatto e Afonso M. L. Soares*
Assistente de edição:	*Anoar Jarbas Provenzi*
Copidesque:	*Anoar Jarbas Provenzi*
Coordenação de revisão:	*Marina Mendonça*
Revisão:	*Simone Rezende*
Assistente de arte:	*Ana Karina Rodrigues Caetano*
Gerente de produção:	*Felício Calegaro Neto*
Projeto gráfico:	*Wilson Teodoro Garcia*
Diagramação:	*Manuel Rebelato Miramontes*

1ª edição – 2012

*Nenhuma parte desta obra poderá ser reproduzida ou transmitida
por qualquer forma e/ou quaisquer meios (eletrônico ou mecânico,
incluindo fotocópia e gravação) ou arquivada em qualquer sistema ou
banco de dados sem permissão escrita da Editora. Direitos reservados.*

Paulinas
Rua Dona Inácia Uchoa, 62
04110-020 – São Paulo – SP (Brasil)
Tel.: (11) 2125-3500
http://www.paulinas.org.br – editora@paulinas.com.br
Telemarketing e SAC: 0800-7010081
© Pia Sociedade Filhas de São Paulo – São Paulo, 2012

À memória de meus pais,
Antonio e Ivone

Para Raquel

Pois *o mistério da iniquidade* já opera; somente há um que agora o detém até que seja posto fora; e então será revelado esse iníquo, a quem o Senhor Jesus matará como o sopro de sua boca e destruirá com a manifestação da sua vinda; a esse iníquo cuja vinda é segundo a eficácia de Satanás com todo o poder e sinais e prodígios de mentira, e com todo o engano da injustiça para os que perecem, porque não receberam o amor da verdade para serem salvos.

(2Ts 2,7-10)

Sim, é tão sublime – unanimemente o proclamamos – *o mistério da bondade* divina: manifestado na carne, justificado no Espírito, visto pelos anjos, anunciado aos povos, acreditado no mundo, exaltado na glória!

(1Tm 3,16)

E, outra coisa: o diabo é às brutas; mas Deus é traiçoeiro!
Ah, uma beleza de traiçoeiro – dá gosto!
A força dele, quando quer – moço! – me dá o medo pavor!
Deus vem vindo: ninguém não vê.
Ele faz é na lei do mansinho – assim é o milagre.
E Deus ataca bonito, se divertindo, se economiza.

(João Guimarães Rosa, *Grande sertão: veredas*, p. 39)

Sumário

Introito 13

PARTE I
Percursos mítico-filosóficos

1. O conduíte eficaz do sentido 35
   Potencial da linguagem icônica e viabilização da organização social 35
   Símbolos que expressam o mal 45
   O divino como configuração do mal 52
   O mal manifestado em mitos 57

2. Modelos religiosos de compreensão do mal 61
   Narrativas que consolam e salvam do absurdo 61
   Tipologias do mal no Oriente Antigo 65

3. O adâmico na lente de aumento: Israel e o profeta Jesus 85
   O mal na tradição judaica pré-cristã 85
   A práxis antimal do Profeta da Alegria 105

4. Do mito à filosofia: grandeza e limites da teodiceia 121
   Preâmbulo para inevitáveis distinções terminológicas 121
   Posturas filosóficas perante o mal 128
   A hora e a vez da antropodiceia cristã 143
   J. A. Estrada e S. Neiman: duas estratégias de combate 152

PARTE II
Recursos ético-teológicos

5. Da ponerologia à teodiceia 161

O círculo que não é quadrado 161

Leibnizianismo: defeito ou ponto de partida? 169

A possível pisteodiceia 175

A maiêutica histórica como resposta à pressão reveladora
sobre o espírito humano 177

O combate à pisteodiceia cristã já é um tipo de pisteodiceia 187

6. A história entre o absoluto menos e o absoluto mais 193

Pisteodiceia segundiana 193

A teologia do projeto: um ser delimitado em aberto 196

Uma ajuda do princípio antrópico: mal e dor dão sentido
à liberdade humana 198

O Deus *bricoleur* joga com o acaso 203

Rimando amor e dor 208

O mal e o pecado como entropia 212

E que tudo o mais *não* vá para o inferno 217

Confissão final 227

Referências 237

Introito

> Porque existe dor. E a vida, do homem está presa
> encantoada – erra rumo […]. Dor não dói até em
> criancinhas e bichos, e nos doidos – não dói sem precisar
> de se ter razão nem conhecimento? E as pessoas não
> nascem sempre? Ah, medo tenho não é de ver morte, mas
> de ver nascimento. Medo mistério. O senhor não vê?[1]

Do contexto e dos pressupostos de uma escolha

O povo cristão costuma se lembrar de muitos *causos* do Evangelho jamais escritos nos evangelhos. Conta-se, por exemplo, que, certa feita, Jesus saiu de manhãzinha a caminhar com seus discípulos e foi logo avisando que seria um dia especial, de retiro e abstinência. Para incentivar o grupo, o Mestre ordenou ainda que cada qual escolhesse uma pedra para carregar no trajeto. Dizem que o esperto Simão Pedro, ao contrário dos demais companheiros abstinentes, tomou consigo a pedrinha mais leve que avistou e seguiu viagem. Horas depois, com o sol a pino, Jesus fez com que assentassem à sombra, pediu que estendessem as pedras que tinham consigo, pronunciou a bênção, e convidou a todos que se fartassem delas como alimento. Milagre! As pedras transmutadas em deliciosos pães saciaram a todos. Exceto a Pedro, evidentemente. Após breve cochilo, o sábio galileu novamente mandou que todos tomassem outra pedra e a tivessem no alforje até segunda ordem. Nem é preciso dizer que o discípulo mais faminto do grupo colocou sobre os ombros o mineral mais pesado que descobriu a sua volta e mal deu conta de sustentá-lo nos quilômetros seguintes. Lá pelas tantas, Jesus avisou ser um momento propício para merendarem. Pediu, então, que todos assentassem

---

[1]   J. Guimarães Rosa, *Grande sertão: veredas*, p. 76.

sobre as pedras que tinham carregado, pronunciou a bênção e propôs que comessem... as sobras da refeição anterior.[2]

Além de sugerir que "algumas verdades não podem ser ditas senão como ficção",[3] o que mais essa anedota iconoclasta, de delicioso engenho popular, tem a dizer sobre o tema deste livro, o mistério da iniquidade que atravessa nossa existência? Talvez quase nada, ou quem sabe explicite a debilidade de nossos santos e heróis. Mas diz muito do espírito com que gostaria de abordar o mal e a maldade. O humor, ensinava G. K. Chesterton, "corresponde à virtude humana da humildade" e, se possui algo de divino, é "porque tem, por um instante, uma percepção maior dos mistérios".[4] E que mistério é mais terrível que a persistência do mal? Um cristão até poderia dizer que o mal é trágico, desde que não o trate como tragédia grega, pois o primeiro referencial trágico de um discípulo de Jesus é outro e atende pelo nome de Jó. Ou não é verdade que todos já ouvimos falar deste sofredor inocente e até erramos ao acreditar em sua proverbial paciência?

Desta obra-prima literária, texto canônico de judeus e cristãos, diversas interpretações já foram sugeridas. Disputa sapiencial, lamentação respondida, teodiceia, épico e até tragédia festiva já foram propostos como elucidação de seu gênero. Mas acredito que poucos costumam pensar, como fez W. Whedbee,[5] que Jó seja uma comédia. Afinal, mesmo desconsiderando que seu final "feliz" não restitui ao justo de Uz os filhos e filhas trucidados, que humor haveria numa aposta "satânica" entre seres divinos que resulta em dezenas de capítulos de um atroz sofrimento humano?

Whedbee, contudo, consegue vislumbrar a veia irônica do texto já no prólogo, na agonia do justo inocente, quando apenas três pessoas – Shadai, Satã e... você, leitor[6] – sabem algo que Jó e seus amigos não sabem. Essa

---

[2] Cresci ouvindo da sabedoria mineira de *seu* Antonio, meu pai – um católico tradicional típico –, este e tantos outros causos saborosos. São Pedro, vulgo "primeiro papa", não costuma se sair bem em nenhum deles... Na sua aparente ingenuidade, são julgamentos certeiros da constante tentação que paira sobre os poderes e autoridades religiosas.

[3] Cito, em contexto diferente, a frase de J. Gray em: *Cachorros de palha*, p. 147.

[4] G. K. Chesterton, *O tempero da vida e outros ensaios*, p. 28.

[5] W. Whedbee, The comedy of Job, p. 217-249. Uma resposta a Whedbee foi dada por D. A. Robertson, The Comedy of Job: A Response.

[6] Está bem, concordo com você, leitor: só *uma* pessoa (você) e *duas* personagens.

ignorância dos protagonistas gera extrema tensão e uma incongruência fundamental nos diálogos, sendo potencialmente cômico o confronto ulterior entre as personagens.

Outros temas fortes entrecruzam-se no enredo,[7] mas é o epílogo que, segundo Whedbee, completa a chave de leitura para o entendimento da obra literária total. A cena da restauração subitamente muda a direção do poema inteiro e retorna à visão do prólogo. Essa reviravolta da sorte do herói é a reviravolta cômica no final feliz. Então, se (como ensina N. Frye), a comédia tem um enredo em 'U' ("está tudo bem no início, o herói vai ao fundo do poço, dá a volta por cima, e chega ao *happy ending*"), o autor de Jó elabora uma trama típica da comédia. Whedbee avisa, porém, que comédia não é riso e humor leve. A comédia de uma pessoa é a dor de outra; o cômico é relacional. Ele surge do modo como valorizamos e nos distanciamos daquilo que é grave, ou estimado, ou sagrado. A comédia pode ser profundamente séria e tem frequentemente servido como uma das estratégias mais convincentes para lidar com o caos e o sofrimento. Daí provém, talvez, a força milenar desta obra-mestra da literatura: de um lado, sua percepção da incongruência, que se movimenta na esfera do irônico, do burlesco e do ridículo de males e maldades que nos derrubam; de outro, a linha básica do enredo, que nos garante a felicidade do herói e sua restauração em uma serena e harmoniosa sociedade.[8]

Será, portanto, com um olho no "humor" deste livro sapiencial que tentarei perscrutar nas páginas seguintes o mistério da iniquidade. O outro olho segue na esperança cristã, embora não vislumbre, na história terrena, um final feliz. Aliás, sinais de que este esteja mui distante não faltam, desde os desdobramentos do sinistro Onze de Setembro, passando pelo atual colapso da economia mundial, até chegar à decepção ética com a era Lula-Dilma na presidência. Mas ao menos minha geração de latino-americanos pôde sair do

---

[7]   Por exemplo: a personalidade ambígua da divindade, o reconhecimento quase autoincriminador de Deus ("apesar de me teres instigado contra ele, para aniquilá-lo sem motivo": 2,3b), o antigo motivo mitológico da determinação do destino humano no conselho divino, a sugestão de que não basta a um Deus ser onipotente para ser justo e confiável...

[8]   Não é o caso, aqui, de saborear quantas vezes o autor de Jó pisca o olho para o leitor em vários termos cifrados, entrelinhas e nuanças. Fica a sugestão de uma visita a: R. C. de Souza, *Palavra, parábola*, p. 82-98.

século passado menos refém dos simplismos renitentes em que o generoso cristianismo esquerdista nos formou.

É por isso que nem precisa elencar a sucessão de *tsunamis*, *katrinas* e similares "naturais" para deixar claro quão obscuro é o tema deste livro e quão grande é a ousadia que será cometida nas páginas seguintes. Sim, este é um estudo sobre o mal que sabe de antemão que será derrotado nessa trilha se não tiver bom humor. Nietzsche recomendava a seus leitores de sentar o menos possível "e não acreditar em nenhum pensamento que não tenha nascido ao ar livre e em livre movimentação – quando também os músculos estiverem participando da festa".[9] O conselho faz medrar a sensação de desconforto quando se foca um tema cuja cura, se houver, não será teórica. Porém, não nos resta alternativa senão reunir e conectar teoria neste ensaio preliminar enquanto não topamos aquele "amor feinho" que, como anseia Adélia Prado, "uma vez encontrado é igual fé, não teologa mais".[10]

Este livro se justifica porque quanto mais absurda e sem-razões parece ser a presença do mal no mundo, mais urgente é a tarefa-missão da teologia. É por isso que, àqueles que criticavam em suas obras a delonga em atingir o mistério, o jesuíta uruguaio J. L. Segundo retrucava, com seu elegante humor: "O problema é que alguns chegam ao mistério cedo demais!".[11] Uma prática teórica que leve em conta a "espessura da realidade" para agir sobre ela com "flexibilidade" – duas noções caras a Segundo – demanda necessários intervalos na práxis política (entendida em sentido amplo) que inevitavelmente darão espaço a períodos incômodos e salutares de silêncio reflexivo.

Se você não vê motivo que justifique uma reflexão teológica sobre o mal e os sofrimentos que nos acometem, não se preocupe. Você deve ser muito jovem, ou muito sortudo, ou nunca leu Dostoievski. Mas um dia talvez lhe ocorra que, quando alguém passa a vida estudando e transpirando religião e, de chofre, se percebe cinquentenário, acaba descobrindo que, para um

---

[9] F. Nietzsche, *Ecce Homo*, p. 48. Sem papas na língua, este defensor do *amor fati* dizia que a "vida sobre as nádegas [...] é que é o verdadeiro pecado contra o espírito santo (sic)" (ibid.).

[10] A. Prado, *Bagagem*, p. 97.

[11] Tirada que ouvi pessoalmente de J. L. Segundo, durante um curso dado por ele em Montevidéu (julho de 1993).

INTROITO

bom acerto de contas com sua trajetória, *não há nada melhor que o pior dos temas* – fácil de ser escolhido quando se começa, nos passos de Rubem Alves, a desfazer anos a cada efeméride natalícia. Sendo assim, se é para ficar com o que importa, e se já sabemos que as questões de fundo a perturbar e espicaçar o pensamento não mudaram tanto, por que não encarar logo um assunto avassalador e irresolúvel desde o início? Por que não encarar o tema do Mal?[12]

Socorre-me nesta hora uma observação de J. Saramago, quando do lançamento de *O Evangelho segundo Jesus Cristo*. Para ele, todo escritor deve, ao menos uma vez na vida, ensaiar um romance sobre Jesus de Nazaré, incontornável arquétipo da busca de sentido no Ocidente. De outra parte, a filósofa S. Neiman escreveu as 400 páginas de *O mal no pensamento moderno*[13] para demonstrar que a própria história da filosofia moderna outra coisa não é senão a constante reflexão sobre o sentido do sofrimento humano. Se junto a esses testemunhos aquele do irônico J. L. Borges, que dizia que "todo homem culto é teólogo",[14] posso parafraseá-los afirmando que nenhum intelectual do Ocidente fica indiferente, seja ao paradigma representado por Jesus de Nazaré, seja às objeções que a realidade teima em levantar contra tal arranjo simbólico do real. Daí a oportunidade deste livro, que revisita um tema central da teologia – segundo A. Gesché, anterior mesmo à cristologia[15] – a saber, o problema do mal e sua implicação na reflexão sobre as relações entre o divino e o humano no cosmo.

---

[12] Este trabalho foi originalmente minha tese de livre-docência, defendida na PUC-SP em maio de 2009. Naquele contexto, tive de correr um risco, isto é, escolher um objeto de pesquisa que não só me importasse, mas tivesse relevância. O problema, contudo, é que o conjunto de problemas relevantes não devidamente explorados e disponíveis a uma abordagem lúcida e exaustiva com chance de triscar uma solução consistente e original (ainda que não definitiva) parece esgotado há séculos. Nesta versão em livro, porém, a viagem dispensará as rodinhas da bicicleta, que só interessam a uma banca restrita de examinadores.

[13] S. Neiman, *O mal no pensamento moderno*. Diz ela textualmente que "o problema do mal é a força condutora do pensamento moderno" (p. 14). Poderia ter retrocedido mais, até os primórdios da filosofia ocidental, mas não se arriscou a tanto (embora, sua solução final pressuponha voltar atrás e valer-se do onipresente Jó).

[14] Embora conclua sua frase de modo um tanto desconfortável para muitos: "E para sê-lo não é indispensável a fé" (J. L. Borges, *Obras completas* II, p. 110).

[15] A. Gesché, *O mal*.

De como se assume uma provocação
e se lança uma hipótese

Não é sensato, todavia, propor-lhe este tema sem cuidar de uma radical delimitação de horizontes. Vou situar a reflexão no contexto da teologia latino-americana dos últimos quarenta anos, o que coincide com a época em que comecei a ler teologia, tropeçando em textos de L. Boff, R. Alves e J. B. Libanio.[16]

Aproximar teologia da libertação e reflexão sobre o mistério da iniquidade é quase pleonástico. Lembro-me das aulas com G. Lafont na Pontifícia Universidade Gregoriana (1988) e do modo entusiasta com que este monge beneditino nos confiava sua expectativa de que a teologia latino-americana conseguisse recomeçar o diálogo interrompido no século XIII entre a teologia da cruz de Boaventura e a teologia tomasiana da justiça e da bondade da criação.[17] Também não me esqueço da defesa apaixonada de L.-A. Schökel em favor de C. Mesters, exortando-nos a que não nos perdêssemos em curiosidades desimportantes no estudo bíblico. Além desses mestres, autores de grande prestígio internacional como o belga A. Gesché reputavam inestimável a contribuição intelectual dada por essa corrente de pensamento ao levar em conta teológica e praticamente o mal-desgraça, o mal imerecido. Por isso, ele reconhecia ser grande a dívida da teologia europeia para com ela.[18]

No entanto, não foram poucas as críticas recebidas pela teoria teológica liberacionista. Não irei resenhá-las e sequer me interessarão as mais óbvias – da parte do pensamento reacionário cristão ou de partidos políticos identificados com a chamada direita.[19] Este livro limitar-se-á a acolher – como

---

[16] Outros nomes só me seriam apresentados mais tarde.

[17] Ver, por exemplo, G. Lafont, *História teológica da Igreja católica*.

[18] A. Gesché, *O mal*, p. 111-151.

[19] Não quero dizer que tais críticas não mereçam atenção. Apenas não será meu foco desta vez. No entanto, recomendo vivamente o recente trabalho de F. de Aquino Jr. *Teoria teológica, práxis teologal*. Na outra ponta está, por exemplo, de L. F. Pondé, *Guia politicamente incorreto da filosofia*; aí o autor tece ácidas críticas à teologia da libertação numa infeliz confusão entre compromisso ético cristão, militância marxista, feminismo exacerbado e ortodoxia católica. O *Guia* é deveras politicamente incorreto. Mas talvez exagere em ser filosoficamente impreciso ao descrever a teologia da libertação.

ponto de partida – a provocação vinda do chamado "fogo amigo", a saber, as ponderações de quem, embora não escondendo sua simpatia por essa teologia, ressente-se de algumas lacunas ou mesmo de alguns resquícios do passado em sua abordagem das injustiças e do sofrimento.

Gesché, por exemplo, reclama do culpabilismo exacerbado e da doutrina do castigo (justicialismo), que empanam o avanço obtido na solidariedade com o sofredor inocente.[20] M. Fraijó sente-se desconcertado com a "posse pacífica" de Deus exibida nos textos de teólogos latino-americanos. "Como é possível", pergunta-se, "que uma teologia tão familiarizada com o mal e o sofrimento humano não questione jamais a atuação de Deus em seu continente? Por que... dá sempre como pressuposto que Deus é libertador? [...] Para a teologia da libertação o problema de Deus não existe".[21]

Assumo aqui a pertinência da crítica. O risco da instrumentalização ingênua do conceito de Deus não está distante dos escritos dessa corrente teológica, praticamente dissolvendo o "mistério" da iniquidade em um processo de conscientização popular das injustiças que, se supõe, serão um dia extirpadas da convivência humana. Mas também não me deterei a checar, nos principais autores implicados, em que medida a crítica corresponde a cada um deles. Basta-me a admissão do risco para focar a reflexão na seguinte trilha: uma reflexão teórico-teológica alimentada pela sensibilidade ao mal-desgraça e pelo engajamento em ações políticas de combate a quaisquer modalidades de exclusão sai enriquecida se levar às últimas consequências o postulado da providência divina, a saber, a existência de um Deus onipotente e amoroso que decidiu gratuitamente nos dar, a nós seres "sencientes", alguma chance de participar de sua Vida.

Para levar em conta a crítica do "fogo amigo" e avançar na direção da vereda proposta, é importante enfatizar a relevância da linguagem simbólico-icônica – cuja força penetra profundamente nas teodiceias populares – bem como dar o devido peso às objeções do pensamento filosófico, antes de examinar algumas tentativas teológicas contemporâneas de repensar a visão cristã do mistério da iniquidade.

---

[20] A. Gesché, *O mal*, p. 126-133.

[21] M. Fraijó, *Fragmentos de esperança*, p. 320-321.

Da insistência para que não se criem falsas expectativas

No entanto, reafirmo o que já disse em outra ocasião: quem se põe a escrever um livro sobre o mal pode não se dar bem.[22] Em primeiro lugar, porque não irá, de fato, suplantar o mistério que ronda essa espinhosa realidade. Explicar é, em certa medida, mostrar o sentido (escondido) do objeto estudado. Se o mal é, por princípio, o sem-sentido, aquilo que escapa a nossas tentativas de racionalização, o fato de alguém pretender elucidar seu sentido mais profundo não significaria jogar-se em um beco sem saída e dissolver a questão antes mesmo de enfrentá-la?

Não é o caso de nos distrairmos com disputas terminológicas nem com jogos de palavras. A "tremenda realidade do sofrimento"[23] dispensa permissões e coerência lógica para ser abordada. O mal é escandaloso e inadmissível sob quaisquer circunstâncias, venha de onde e de quem vier. Um sentimento blasfemo que brota daí é que nem mesmo Deus teria o direito de nos fazer sofrer. E por quanto pareça ociosa ou impertinente a alguns a pergunta pelo sentido de nossas desgraças – dizem eles, até com razão, que o decisivo é assumir na história a luta contra os poderes malignos –, um mínimo de razoabilidade se faz indispensável a toda e qualquer práxis antimal. Por isso, em assunto tão intricado, gostaria de poder oferecer ao leitor um tratamento adequado, sem disquisições estéreis, evitando, na medida do possível, renitentes mal-entendidos. No horizonte, persigo aquela qualidade que G. Faus reconheceu, certa feita, na obra de J. L. Segundo, a saber, a capacidade de formular, "com notável honradez, *as questões que as pessoas se fazem*, e não essas questões às quais nós teólogos costumamos responder, sem que ninguém nos tenha perguntado".[24] É neste espírito que pretendo resenhar e classificar algumas tentativas de reflexão acerca do *mysterium iniquitatis*, para depois, com tato e prudência, aquilatá-las.

---

[22] A. M. L. Soares & M. A. Vilhena, *O mal: como explicá-lo?*

[23] A. Torres Queiruga, *Creio em Deus Pai*, p. 112.

[24] J. I. González Faus, Um prólogo que também não o é. In: J. L. Segundo, *O dogma que liberta*, p. 11. Itálicos de Faus.

A intenção de fundo a permear toda a obra é teológica: que sentido tem o mal num mundo que proveio de um Deus amoroso? E, por conseguinte, como viver da maneira mais humana e razoável possível a inexorabilidade do mal e do sofrimento sem apequenar a sugestão bíblica de que o Deus cristão odeia o mal e a maldade? A apresentação do problema parece não estar longe da formulação clássica dos ensaios de teodiceia, que partem da aparente impossibilidade de se afirmar simultânea e coerentemente que *Deus é onipotente, é todo amoroso, mas o mal existe.* Contudo, tenciono gradualmente afunilar a questão até chegar à concepção cristã do mal e da divindade, reconhecendo nela uma incômoda originalidade que influenciou a vida e o pensamento ocidentais justamente pelo seu potencial de quebrar a lógica redutivo-racional de pretensas teodiceias. Nesse espectro, a teologia cristã tem por obrigação compreender essa dimensão diabólica presente no mundo e procurar relacioná-la com a revelação de Deus. De outro modo, não será propriamente teologia nem especificamente cristã, mas simulacro de ambas.

É claro que seria muito mais completa uma abordagem que levasse em conta também outras tradições além da judaico-cristã. No entanto, dedico a essas tradições algum espaço nos primeiros capítulos da obra — até como reconhecimento de que o evangelho cristão não é um meteoroide que caiu sobre nós. Porém, meu interesse desta feita, com todos os seus limites, são as entranhas da tradição cristã, principalmente na medida em que foram (ou não) revisitadas pela teologia da libertação. De fato, a segunda pergunta a delimitar o que segue é checar em que medida a teologia do final do século passado trouxe algum avanço à reflexão sobre o mistério da maldade e pode ainda oferecer alguma luz a nossos povos neste início de século. Disso cuidarão os dois últimos capítulos.

Da calibragem do enfoque e da terminologia

Que a tarefa, contudo, nada tem de fácil já o comprova a própria polissemia dos termos em baila. Do que estamos falando quando tratamos do mal? Dor, sofrimento e mal são sinônimos? Haveria um mal puramente físico, distinto de outro, especificamente moral? "O mal não é um conceito unívoco; remete a realidades muito distintas — tanto em relação a sua origem, quanto em relação a sua estrutura. De fato, as diversas tentativas de se definir o mal fracassaram sempre. De alguma maneira, ele é indefinível porque é inabarcável. E, não obstante, há algo que torna legítimo o uso do mesmo vocábulo para designar entidades claramente diversas; e este algo é que todas elas produzem o mesmo: dor".[25]

Alguns vão mais longe nesse ímpeto de precisão e distinguem a dor meramente física, corporal de outra interna ou espiritual; nesta última estaria o sofrimento propriamente dito. Isso dá margem a certas sugestões de sabor mais oriental, cujo mote reza que "a dor é inevitável, mas o sofrimento é opcional". Mas, se falamos da dor, já estamos na perspectiva moderna da questão, que considera o mal exclusivamente em relação ao ser humano, detectando sua *presença que faz sofrer* em tudo aquilo que impeça nossa humanização.[26] Tal perspectiva tem sido, ultimamente, complementada por uma visão mais ecológica da realidade que recoloca em primeiro plano a relação entre o ser humano e o mundo da natureza.[27]

A experiência antropológica dessa presença dolorosa, cedo ou tarde, acaba desafiando a fé e a teologia cristãs. Nada mais compreensível. Existencialmente, o mal é custoso a todos nós. Ninguém, em sã consciência, abraça a dor pela dor. O mal é um incômodo essencialmente humano que levanta um sério problema teológico, nunca satisfatoriamente resolvido pela teologia clássica. Para se explicar a origem do mal – ou seja, a introdução, na criação, do pecado e de suas consequências – sempre foi usual no Ocidente – pelo menos, desde Santo Agostinho – remontar-se a Adão. Porque pecou o primeiro casal humano, desde então o alimento tem sido obtido com o suor da fronte, e as mulheres, no mágico momento de trazer à luz uma nova vida, nunca escapam da dor. Ora, Cristo, ao nos redimir, quitou nosso pecado para sempre – "onde o pecado abundou, a graça superabundou". Só que, sabe-se lá o porquê, não eliminou as consequências do pecado. Continuamos sobrevivendo neste mundo com muito sacrifício; e tantos, apesar

---

[25] J. L. R. de la Peña apud E. Medina, La questión del mal en el pensamiento de J. L. Segundo, p. 3.

[26] Sem esquecer o sofrimento a que está sujeito todo tipo de ser vivo, vale ressaltar quão desumano pode ser alguém que maltrate animais.

[27] J. Gevaert, Male, p. 434-442 (aqui: p. 434).

do sacrifício, nem conseguem sobreviver. Por que Deus teria organizado as coisas desse modo?

Parece claro que esse sistema explicativo não desce redondo, como se diz. Não admira, então, que os iluministas tenham se divertido no século XVIII com o que apelidaram de "consolações infinitas" da religião cristã a seus devotos, isto é, "ela os consola dos males e das atribulações desta vida lhes ensinando que eles estão lidando com um Deus bom que os castiga para o seu bem neste mundo perecível, e que, por um efeito da sua ternura divina, poderia ter a fantasia de cozinhá-los eternamente – o que é muito consolador para os friorentos".[28]

O problema, entretanto, já havia sido colocado pela filosofia grega trezentos anos antes da ascensão do cristianismo. E, a bem da verdade, muito antes dos gregos, por tantos mitos e religiões ancestrais, às voltas com os males deste mundo e os deuses do outro, pois, como veremos, o excesso de mal sofrido gera equivalência no excesso de bem sonhado (deuses). Resumo contundente desse roteiro disfuncional é, por exemplo, a clássica proposição atribuída a Epicuro, retomada por Lactâncio no século III e reformulada por Pierre Bayle no final do século XVII:

Ou Deus quer eliminar o mal do mundo, mas não pode; ou pode, mas não quer fazê-lo; ou não pode nem quer fazê-lo; ou pode e quer eliminá-lo. Se quer e não pode, é impotente; se pode e não quer, não nos ama; se não quer nem pode, além de não ser um Deus bondoso, é impotente; se pode e quer – e esta é a única alternativa que, como Deus, lhe diz respeito – de onde vem, então, o mal real e por que não o elimina de uma vez por todas?[29]

Notem, contudo, que a concepção de um Deus nesses moldes da objeção epicurista – a saber, todo-poderoso, onisciente e plenamente bom – não

---

[28] Barão de Holbach, *Teologia portátil ou dicionário abreviado da religião cristã*. Verbete "consolações", p. 76. A edição original deste ácido livro de *antiteologia* foi publicada em Londres em 1768.

[29] Lactantius, *De ira Dei*, 13. 20s. Citado por C. Ciancio, *Del male e di Dio*, p. 20-21. Ver também: A. Torres Queiruga, *Recuperar la salvación*, p. 228. Para a versão de Pierre Bayle, ver: S. Neiman, *O mal no pensamento moderno*, p. 137.

é inata à consciência e só veio a se desenvolver na história humana muito tardiamente.[30] Afinal, a conexão das três afirmações que o citado dilema pressupõe não é espontânea (nem provável, segundo a razão filosófica): (a) o mal existe; (b) Deus é benevolente; (c) Deus é onipotente. Milagre ou não, seu desaguadouro natural foi a questão básica da teodiceia, ou seja, como é que a existência de um deus com tais atributos pode se conciliar com a existência do mal? Um leitor mais impaciente poderia resolver rapidamente o dilema: "É simples; Deus não existe". Mas, a solução não elimina a angústia, pois o mal continua, por assim dizer, "existindo" e nos machucando. A existência ou inexistência dos deuses não desmente o fato de que mortes estúpidas continuem a ocorrer ou sofrimentos inomináveis sigam nos espreitando a cada esquina da vida. Ademais, muita gente no passado deve ter roçado essa solução para o dilema. Porém, depararam com a seguinte ponderação de Boécio, filósofo dos primórdios da Idade Média, que assim anotou em *A consolação da filosofia*: "Si Deus est, unde mala? Bona vero unde, si non est?".[31]

Aliás, semelhante contraposição sistemática e alternativa entre Deus e o mal parece ser genuinamente moderna,[32] como ilustra a retomada contundente desse dilema feita por A. Camus, ao declarar que, "diante de Deus, mais que um problema da liberdade, há um problema do mal". "A alternativa", diz o autor de *O mito de Sísifo*, "é conhecida: ou não somos livres e o responsável pelo mal é o Deus todo-poderoso, ou somos livres e responsáveis, mas Deus não é todo-poderoso". Fora dessa solução, só encontramos, segundo Camus, "as sutilezas" das várias escolas de pensamento.[33]

---

[30] Em um autêntico milagre, na opinião do ateu J. L. Mackie (apud V. Hösle, Estratégias de teodiceia em Leibniz, Hegel e Jonas, p. 201). Mas aqui temos polêmica para muitas laudas. Filósofos como Alvin Plantinga e, agora, Antony Flew creem ser natural tal crença. O ônus da prova cabe ao ateísmo. Ver, apesar do desajeitado subtítulo da versão brasileira ("as provas incontestáveis de um filósofo que não acreditava em nada"), A. Flew, *Deus existe*. Aí o autor explica por que, de combativo ateísta, passou a ser deísta.

[31] "Se Deus existe, de onde provém o mal? Porém, se não existe, de onde provém o bem?" (Boécio, *La consolación de la filosofía*, p. 30). Sua consideração soa ainda mais admirável quando sabemos que, após tanto tempo encarcerado, durante o qual escreveu sua conhecida obra, acabou torturado e morto.

[32] J. A. Estrada, *A impossível teodiceia*, p. 33.

[33] A. Camus, *O mito de Sísifo*, p. 68.

Sutilezas nada supérfluas, porém. Há que se ter em mente que o uso de termos como onipotência, onisciência e bondade, quando referidos ao termo latino *Deus*, requerem algum rodeio explicativo. Assim, um filósofo sutil como o professor de filosofia da religião da Universidade de Oxford, R. Swinburne, quando afirma que Deus é eterno, pessoal, perfeitamente livre e todo-poderoso, explica que "eterno" não significa "atemporal", mas sem começo nem fim; ser "livre" não é "fazer qualquer coisa logicamente possível", mas fazer algo que Ele decida ser melhor fazer do que não fazer; e onipotência não é o poder de "concretizar qualquer situação logicamente possível",[34] mas é "poder fazer qualquer coisa que esteja no domínio das ações indeterminadas desnecessárias para este ser".[35]

Portanto, qualquer que seja a resposta ao dilema, ela não será meramente filosófica ou teológica; deita raízes na inadiável pergunta sobre o sentido da vida humana sobre a face da terra. Camus dizia que a única questão filosófica realmente importante era concernente ao suicídio: por que devo continuar vivo? Por que não acabar logo com tudo isso?[36]

Todos os que (*a*) não são masoquistas, (*b*) não nasceram para Cristo, ou para herói morto, (*c*) nem pretendem fazer carreira como filósofos, podem muito bem passar ao largo dessa aporia e simplesmente curtir a vida (se o conseguirem, parabéns!).[37] Mas quem quiser insistir na consideração antropológica do problema encontrará apoio no duro poema de E. Fried, que fala por si mesmo:

---

[34] Se assim fosse, Deus só faria o bem, embora fosse capaz de praticar o mal.

[35] "Uma vez que ele é a fonte de todos os poderes reais e possíveis" (K. Ward, *Deus: um guia para os perplexos*, p. 288-292). Ver também: R. Swinburne, *Is there a God*, p. 5-18.

[36] A. Camus, *O mito de Sísifo*, p. 17-23.

[37] Giorgio Agamben diz algo parecido em cifra invertida e recorda a antiga máxima segundo a qual quem toma consciência de ser feliz já deixou de sê-lo. Agamben lê nisso uma ética superior: "Quem é feliz não pode saber que o é [...]. Quem sente prazer de algo por encanto escapa da *hybris* implícita na consciência da felicidade, porque a felicidade, embora ele saiba que a tenha, em certo sentido não é sua" (G. Agamben, *Profanações*, p. 24).

> Um cão
> que morre
> e que sabe
> que morre
> como um cão
> e que pode dizer
> que sabe
> que morre
> como um cão
> é um homem.[38]

Como nos sugere o poeta, a consciência é sempre consciência machucada. Consciência da finitude, da imperfeição, do descompasso entre a realidade e nossos desejos. Quem nasceu primeiro, a morte ou a consciência da morte? O fato é que só tem sentido falar de morte a partir da consciência de que aquela visível dissolução de nossa vida não deveria estar acontecendo. Por que esta coisa boa tem de desaparecer? Ou, como na letra que Vinicius de Moraes colou na melodia de Toquinho:

> Aí pergunto a Deus: "Escute, amigo,
> Se foi pra desfazer, por que é que fez?"[39]

Antes de encarar as prováveis respostas disponíveis, os primeiros capítulos vão se concentrar na apresentação dos perguntadores, isto é, qual imagem de ser humano vai-se configurando através das inúmeras maneiras de abordar o sofrimento, a dor e a morte? Nesse sentido, no lugar de procurar a adequação última dos mitos e imagens do divino com a pressuposta realidade para a qual apontam, partirei de uma curiosidade básica: que espécie de ser humano se constrói nos embates contra o mal? A percepção do mal se revela, dessa forma, em chave de leitura para uma visão antropológica que, como será visto, se reconstrói constantemente; é dinâmica, histórica e,

---

[38] Apud J. L. Ruiz De La Peña, *La muerte*, p. 11. Apud: M. Fraijó, *O cristianismo*, p. 40.

[39] O verso é da linda e terrível canção: *Cotidiano n° 2 (Como dizia o Chico)*. http://letras.mus.br/vinicius-de-moraes/86811/. Acesso: 09/10/2012.

portanto, cultural. Creio que tal esforço acolhe o que mais chamou a atenção na originalidade da teologia latino-americana.

Isto posto, convém fazer mais uma consideração. Aqui vou articular o interesse pelo tema do mal com a pergunta pelo sentido. Embora o mal seja, por excelência, o *sem-sentido*, é justamente por isso que se precisa descobrir um sentido para além ou apesar das dores deste mundo, a começar pelas mais estapafúrdias. Como distingue B. Vergely em seu ensaio sobre o sofrimento,[40] há duas acepções do termo sentido: como finalidade e como significação na linguagem. No primeiro caso, visa-se a direção correta – "para que lado fica o estádio do Corinthians?". Uma vez conhecida, só nos resta segui-la; senão, podemos cometer algum erro. No segundo caso, o sentido é fruto de uma tradução – como dizer que "a vaca foi para o brejo" em inglês? – e o potencial de erros aumenta, pois temos maior margem de escolha. Como se vê, a primeira acepção enfatiza a meta; a segunda prioriza a liberdade. Podemos ser livres sem errar e atingir o destino correto sem nos sentirmos coagidos a fazê-lo?

A distinção de Vergely prepara sua abordagem dos males físicos. O autor chama nossa atenção para dois extremos e seus consequentes riscos. O primeiro extremo consiste em conferir, a qualquer preço, um sentido para o sofrimento, procurando mostrar sua utilidade. Assim, o sofrimento pode ser um sinal ou sintoma (ponto de vista médico-científico), um indicador de nossas limitações (ponto de vista pedagógico), um meio de reparação dos erros cometidos (ponto de vista moral e político) ou um passaporte para o paraíso (ponto de vista espiritual). Para o autor, tal enfoque corre três riscos. O primeiro é considerar o sofrimento de fora e ficarmos indiferentes aos males cotidianos pelos quais todos têm de passar, algum dia ("Eu sei que dói, mas preciso extrair o tumor". "Tirando mortos e feridos, todos se salvaram"). O segundo risco é ver o mal como se fosse um bem, dada a sua eficácia para atingir determinado objetivo. O terceiro é interiorizar tais explicações e acostumar-se com ou conformar-se à infelicidade.[41]

---

[40]   B. Vergely, *O sofrimento*, p. 9-15.

[41]   Ibid., p. 43-105.

Mas ainda há o outro extremo, que deságua na expectativa de só ver algum sentido na oposição firme ao sofrimento. Assim, o sofrer para nada serve, a não ser suscitar o surgimento de muitas invenções úteis contra ele. Não se trata de justificar ou tolerar o que nos faz sofrer, mas de reconhecer o valor de nossas lutas contra esses males todos. Vergely é simpático (quem não seria?) a tal inversão, embora vislumbre também aí três riscos importantes. O primeiro é a ilusão de que basta o avanço da medicina ou um maior apuro moral e político para extirparmos o mal da sociedade. O segundo risco consiste em abandonar o sofredor sem resposta, diante da dor ou da morte invencível ("Nada mais pudemos fazer!"). O terceiro encerra a finalidade da vida no que Vergely chama de "corrida irresponsável atrás da felicidade" como finalidade da vida.[42]

Ambos as pontas são, no fundo, soluções técnicas, que veem o problema de fora, e assim o empobrecem, pois ou temos de aceitar que somente o sofrimento nos libertará ou que, no porvir, nos libertaremos de todo e qualquer padecer. Tais discursos menosprezam uma experiência humana radical: a própria vida é o mistério anterior que nos envolve. Assim, o mal é, no fundo, a própria vida correndo o risco de não ser mais vida; e sofrer é suportar tal risco, a ele resistindo.[43] Para dizê-lo sem atenuantes: "O mal não é fim para nada";[44] só existe porque existimos nesta dimensão e condição terrena. O individualismo das sociedades modernas tem-nos enfraquecido diante do mal porque tantas vezes racionaliza tal experiência para fugir de seu peso. "Melhor não falar dessas coisas", parece dizer.

Entretanto, mitos e ritos ancestrais, filosofias e espiritualidades tradicionais, têm-nos ensinado, pelos séculos afora, a recusar o mal e a manter pacientemente o que Freud chama de "pulsão de vida". Na esteira ou em oposição a tais projetos, é possível detectar cinco atitudes básicas diante da realidade do mal. J. Gevaert descreve a primeira delas como recusa a enxergar tal realidade e tentar iludir-se mediante vários tipos de fuga. Outra atitude é aceitar o sofrimento e o mal de maneira fatalista. A terceira,

---

[42]   Ibid., p. 107-160. Sobre este tema, lê-se com proveito G. Lipovetsky: *A sociedade pós-moralista*; *A felicidade paradoxal*.

[43]   B. Vergely, *O sofrimento*, p. 13.

[44]   A. Torres Queiruga, *Repensar o mal*, p. 208.

menos comum entre nós, mas reconhecida na literatura existencialista do século passado, é a adoção de uma rebeldia absurda e estéril. Seu contrário é a quarta atitude, praticada por quem tenta situar-se acima do mal com um desprezo estoico. Finalmente, há os que decidem lutar, na esperança, com todos os meios disponíveis, contra os efeitos e contra as causas do mal, tanto no plano individual quanto no estrutural.[45] Cada uma delas representa uma teodiceia determinada. A teologia da libertação chamou-nos a atenção para o fato de que só a última atitude seria compatível com o cristianismo. Mas é ingênuo pensar que as demais sejam simplesmente descartáveis por alguma espécie de infusão iluminista.

Da divisão capitular e da confissão de preferências

Os próximos capítulos pretendem, portanto, vistoriar esse legado e explicitar as atitudes a ele subjacentes. Na Parte I, interessa-me destacar a pluralidade de cosmovisões que subjazem às explicações do mal e do maligno. E assim é porque também plurais são as antropologias que as conduzem, isto é, as maneiras com que o ser humano entende a si mesmo e a sua relação com o outro, com o mundo e com os deuses. Em quatro capítulos, abordarei o que o filósofo italiano C. Ciancio chama de as três estratégias de remoção do mal: a estetização (arte), a consolação (religião) e a racionalização (filosofia).[46] Assim, o primeiro capítulo partirá desta incontida necessidade de transformar a dura realidade, expulsando-a de nós em pinturas, esculturas, danças e narrativas. Socorridos, como dizia P. Valéry, pelas coisas que não existem. O capítulo seguinte considerará alguns modelos religiosos de teodiceia, unidos em sua ambiguidade pelo esforço de amparar nossa miséria e acolher nossas dores. Em termos mais duros, poderíamos dizer, com P. Berger, que "há uma atitude fundamental, em si mesma muito irracional, subjacente a todos eles: a atitude da capitulação de si mesmo ante o poder ordenador da sociedade".[47] O terceiro capítulo complementará o anterior,

---

[45] J. Gevaert, *El problema del hombre*, p. 292-294, apud A. G. Rubio, *Unidade na pluralidade*, p. 498.

[46] C. Ciancio, *Del male e di Dio*, p. 7-26.

[47] P. L. Berger, *O dossel sagrado*, p. 66. Em seu contexto, a afirmação não é, como parece, pejorativa. Nem aqui.

pondo em destaque a(s) resposta(s) bíblica(s) para o mal. Fechando esta Parte, o quarto capítulo revelará a filosofia como o lugar do mais decidido deslocamento ou justificação do mal; missão de grandeza admirável, apesar dos pífios resultados que nos legou em suas fracassadas teodiceias. O capítulo se conclui fazendo a ponte para a Parte II ao dialogar com um grupo de teístas – filósofos e teólogos ali representados por J. A. Estrada – cujo mote principal é o combate ao mal.

Uma vez pavimentado o caminho, a Parte II vai se ocupar das idas e vindas da teologia contemporânea com relação ao mistério da iniquidade. Restringi o leque das tentativas teológicas a dois grupos principais: descartados os que preferem apenas a luta pragmática contra a maldade – o que não é nada pouco, na lida diária –, considero primeiramente aqueles que, como A. Torres Queiruga, recolocam a discussão no quadro de uma prévia ponerologia, para daí dar novo fôlego à teodiceia clássica na moldura de uma pisteodiceia (quinto capítulo); e encerro apresentando a posição dos que, como J. L. Segundo, aceitam o desafio de Darwin, Freud e de seus continuadores, e retomam o problema do mal tendo ao fundo a imagem de um universo inacabado e de um Criador que, de seu Futuro Absoluto,[48] nos atrai a todos para a sua plenitude amorosa (sexto capítulo).

No diálogo com os teólogos, privilegiei autores que publicaram sobre o assunto na última década do século passado. Com isso, lidaremos com textos que podem servir como resenha e balanço retrospectivo do que de melhor se escreveu até então sobre o tema. Além do mais, esses autores dividem uma simpatia crítica pela teologia da libertação e a expectativa comum de que já esteja moribundo o cristianismo pré-moderno que conseguiu chegar até o século XXI.[49]

---

[48] J. Haught, *Deus após Darwin*, p. 105-129. Na verdade, era K. Rahner quem falava de Deus como o "Futuro Absoluto". Como recorda um de seus ex-alunos, Rahner afirmava, com enorme vigor antropológico, que "o homem levará sempre a si mesmo suficientemente a sério para jamais renunciar a um futuro absoluto" (M. Fraijó, *Dios, el mal y otros ensayos*, p. 71).

[49] Outra maneira de ilustrar a representatividade de suas posições seria imaginar um gradiente que vai do pessimismo ilustrado de Estrada ao otimismo de Torres Queiruga, numa tensa equidistância da proposta segundiana. Mas há que se ter parcimônia no uso de tais adjetivos, pois há sempre mal-entendidos à espreita.

Enfim, seja qual for o posicionamento final do leitor, espero que este exercício possa auxiliá-lo em uma melhor compreensão do estado atual da questão e estimulá-lo a seguir revisitando outros trabalhos da recente produção teológica, porque està é, seguramente, uma prosa para muitas luas e longo curso.

Parte I

Percursos mítico-filosóficos

1.

O conduíte eficaz do sentido

> A vida, tal como a encontramos, é árdua demais para nós; proporciona-nos muitos sofrimentos, decepções e tarefas impossíveis. A fim de suportá-la, não podemos dispensar as medidas paliativas [...]. As satisfações substitutivas, tal como as oferecidas pela arte, são ilusões, em contraste com a realidade; nem por isso, contudo, se revelam menos eficazes psiquicamente, graças ao papel que a fantasia assumiu na vida mental. [Mas...] Não é simples perceber onde a religião encontra seu lugar nessa série.[1]

Potencial da linguagem icônica e viabilização da organização social

Tinha razão P. Valéry ao sugerir que nada somos sem o auxílio daquilo que inexiste,[2] pois, como diz o poeta M. de Barros, "as coisas que não existem são mais bonitas".[3] Nenhuma vida social se sustenta no longo prazo se as pessoas não pressupuserem – e como elas precisam se deixar convencer disso! – que há luz no fim do túnel e ordem detrás do caos. Qualquer instituição social básica depende desse postulado, "a despeito da renovada intrusão na experiência individual e coletiva dos fenômenos anômicos... do sofrimento, do mal e, sobretudo, da morte".[4] Porém, mais que superadas

---

[1] S. Freud, *O mal-estar na civilização*, p. 83.

[2] Para P. Valéry, "Como a barbárie é a era do *fato*, é necessário, pois que a era da ordem seja o império das *ficções* [...]. É preciso a força da ficção [...]. A ordem exige, portanto, a ação de presença de coisas ausentes [...] essenciais à sociedade" (apud A. Novaes, *Poetas que pensaram o mundo*, p. 8).

[3] M. de Barros, O livro das ignorãças, p. 299.

[4] P. L. Berger, *O dossel sagrado*, p. 65.

(como resolver a morte?), tais "anomalias" precisam ser explicadas de forma a serem acomodadas na ordem presumida. Qualquer esforço nessa direção pode chamar-se teodiceia.[5] Uma teodiceia que se queira realmente convincente – mais até: sedutora! – deverá vir embalada em um conduíte flexível e eficiente o bastante para cativar, motivar e direcionar. E este é a linguagem simbólica ou icônica.[6]

A linguagem icônica não substitui a observação científica nem a especulação filosófica, mas, de certa maneira, as inclui e ultrapassa, na medida em que nomeia seus postulados indemonstráveis.[7] Daí vem sua força como ducto de teodiceias, pois, se há uma área de nossas preocupações em que a explicação do problema conta mais que sua eventual resolução ou eliminação, é exatamente esta. Sendo assim, não admira a atenção que a linguagem tenha recebido da filosofia no século XX e mesmo o tempo e o cuidado que

---

[5]   Essa definição de teodiceia é mais ampla que o uso do termo no pensamento teológico cristão. Berger a emprestou de Weber (M. Weber, *The Sociology of Religion*, p. 138ss, apud P. L. Berger, *O dossel sagrado*, p. 65).

[6]   O Houaiss explica o termo "icônico" como um adjetivo que representa ou reproduz com exatidão e fidelidade (uma ideia, um objeto) sem artifícios. Aqui usarei o termo, como se verá mais à frente, no sentido específico em que o empregam G. Bateson e, depois dele, J. L. Segundo. Ver, por exemplo, G. Bateson, *Pasos hacia una ecología de la mente*.

[7]   A ciência ou qualquer teoria sobre a realidade não é possível sem um mínimo de crença numa realidade à espera de ser "descoberta". Sem ir muito longe nessa discussão, mencionemos aqui talvez o primeiro filósofo a considerar a distância existente entre os fatos e os enunciados de leis e teorias, D. Hume (D. Hume, "Investigação acerca do entendimento humano" (1777), em *Hume: vida e obra*, p. 17-154). Segundo Hume, qualquer experiência científica pressupõe que o futuro será semelhante ao passado, que a totalidade dos fatos será semelhante a alguns examinados. Formular uma teoria é crer na continuidade e homogeneidade do real, na unidade do passado e do futuro; em suma, uma combinação entre hábito e fé. Os fenômenos repetiram-se tanto dessa forma (de modo idêntico), que nos persuadimos a fazer um ato de fé: o futuro deve ser análogo ao passado. Não existiria ciência sem o pressuposto de que o universo seja, justamente, belo e ordenado, ou seja, *cosmo* (p. 47-71). A tese de Hume é retomada, mais tarde, por K. Popper: "O método científico pressupõe a imutabilidade dos processos naturais, ou seja, pressupõe o 'princípio da uniformidade da natureza'". Os enunciados teóricos referem-se a uma ordem universal (invisível). Para verificar uma teoria seria necessário ver o invisível, ou ainda examinar todos os fatos cobertos pelo seu enunciado universal. Foi pensando nesse impasse que Popper propôs sua famosa via da falseabilidade como credencial adequada à ciência (K. R. Popper, *A lógica da pesquisa científica*, p. 275-311; aqui: 277). Popper cita explicitamente a crítica de Hume à indução em p. 29 e 420-421.

alguns teólogos lhe votaram.[8] Também é compreensível que diante das atrocidades cometidas no século passado – cujo paradigma acabou sendo Auschwitz[9] – a especulação filosófica e teológica tenha guardado "um estranho silêncio"[10] e dado lugar a relatos testemunhais[11] e a criações ou redescobertas literárias.[12] "A arte", afirma C. Ciancio, "liberta do mal pelo próprio fato de representá-lo, antes até que pelo modo de representá-lo", porque "representar o mal significa arrancá-lo para fora de nós" a fim de que o vejamos melhor e seu poder seja diminuído.[13]

O projeto de fôlego de P. Ricoeur intitulado *Finitude e culpabilidade*, em grande parte dedicado à *Simbólica do mal* – e que inspira os principais teólogos que visitaremos nesta obra – partia justamente da convicção de que não chegamos à realidade existencial e histórica com a simples especulação; precisamos ter contato com a experiência mesma, que se expressa nos símbolos e nos mitos (e nos ritos e nos credos...). A reflexão, diz Ricoeur, precisará beber dessas palavras primordiais se quiser encontrar a experiência e poder pensá-la filosoficamente. Sua "repetição" – o exame cuidadoso e empático dessa palavra simbólica – "constitui a mediação indispensável: a repetição 'não é mais religião vivida e ainda não é filosofia'".[14]

Um leitor crítico contemporâneo certamente se incomodaria com a afirmação da relevância do simbólico-icônico perante o científico e se perguntaria se a verdade e o princípio da verificabilidade das proposições não estariam sendo minados. Acontece que a linguagem icônica tem critérios

---

[8] Segundo, por exemplo, dedicou o primeiro volume dos três tomos de sua cristologia justamente a esse pressuposto epistemológico. Ver J. L. Segundo, *O homem de hoje diante de Jesus de Nazaré*, v. I (Fé e Ideologia), principalmente as p. 179-196.

[9] "Auschwitz foi conceitualmente devastador porque revelou uma possibilidade na natureza humana que esperávamos não ver" (S. Neiman, *O mal no pensamento moderno*, p. 280) ou mesmo não ver mais, em pleno século XX.

[10] P. L. Berger, *O dossel sagrado*, p. 91.

[11] Ver, por exemplo, E. Wiesel, *A noite*.

[12] Ver, de A. Camus, *A peste* (1947), e *A queda* (1956) e tantos outros. S. Neiman analisa no último capítulo de seu citado livro os reflexos desse silêncio filosófico sobre Auschwitz, só quebrado por ensaios fragmentares como os do próprio Camus e, principalmente, H. Arendt (S. Neiman, *O mal no pensamento moderno*, p. 263-357).

[13] C. Ciancio, *Del male e di Dio*, p. 9.

[14] P. Ricoeur, apud A. Torres Queiruga, *La constitución moderna de la razón religiosa*, p. 271-272.

próprios de verificabilidade. Estimulado pelo segundo Wittgenstein (o de *Investigações filosóficas*), que reconhecia a cada tipo de linguagem uma lógica própria, e municiado por G. Bateson, que estudara os caminhos ecológicos da aprendizagem humana,[15] Segundo esclarece os três tipos ou níveis de verificabilidade da linguagem conotativa.

A linguagem icônica é primariamente composta de conotações afetivas. É este valor, e não outro, que provoca em mim sinalizações positivas (alegria, segurança, esperança…). Assim, posso ser tocado por um conto de Guimarães Rosa (*A hora e vez de Augusto Matraga*, por exemplo) ou por uma composição de Chico Buarque de Hollanda (*O que será?* ou *Cálice*), ou ainda por um recanto ou uma pessoa recém-conhecida. Algo nessa pessoa ou nesses objetos/lugares me toca, me afeta. Em seguida, essa primeira experiência me levará a discernir e a me comprometer para que tais sinalizações se repitam. Assim, "uma linguagem tem sentido e significação se dela, ou daquilo que é dito por ela, depende que todo o meu agir e meu existir sejam de um modo ou de outro".[16] Ou seja, vou reler o conto de Guimarães Rosa, ouvir de novo a canção do Chico, e procurar conhecer suas outras criações na expectativa de ser, mais uma vez, afetado por elas.

Essa segunda consequência, ético-existencial, deságua numa terceira: a repetição comunitária; isto é, eu pretendo que também os demais se apercebam da razoabilidade de minha escolha. A dificuldade, nesse nível, é que não se trata de um fenômeno físico cuja hipótese, cedo ou tarde, será cientificamente confirmada ou não. Nesta sede não há uma teoria submetida à realidade; antes, é a premissa que vigora soberana, exigindo minha "fé". "No mundo da significação, uma premissa jamais cede; ao contrário, ela se impõe à realidade. Todo *dever-ser* é assim, e tal é a característica de todo *valor*: valida-se a si mesmo. Mais que 'demonstração' eu exijo 'fé' no meu valor".[17]

O terceiro grau de verificabilidade apela, de um ou de outro modo, a uma experiência escatológica. "*Em parte*, portanto, toda estrutura de valores se fundamenta, de maneira necessária, na satisfação *última* que se espera da conjunção da prática desse valor ou conjunto de valores por um lado, e da

---

[15] Sigo aqui G. Bateson, *Pasos hacia una ecología de la mente*; *Mente e natura*.

[16] J. L. Segundo, *O homem de hoje …*, v. I, p. 191.

[17] Ibid., p. 193. Itálicos do autor.

(presumida) realidade".[18] Ela pede, da parte de meu interlocutor, o exercício muito humano da fé.

Essa verificabilidade final se identifica com o conceito segundiano de "dado transcendente" – aquele dado que eu aceito por intermédio de testemunhas referenciais –, pessoas ou obras de ilibada reputação – sem me deter em verificações. Também porque seria impossível comprová-lo, até as últimas consequências, antes de torná-lo meu. O icônico autêntico, diz J. L. Segundo, continuamente me persuade, numa espécie de raciocínio circular, de que *dado tal fato* (*datum*), *que eu assumo como verdadeiro* (ainda que não o possa verificar empiricamente por enquanto), *no final se verá que era melhor agir assim…*".[19]

Conforme explicará Segundo em *O dogma que liberta*,[20] a linguagem icônico-simbólica entra em relação com a problemática existencial do ser humano. O icônico, na mesma expressão da resposta, alude inequivocamente àquilo que incomoda o leitor/ouvinte/expectador e autoriza/recupera a emoção que gerou tais questionamentos. Em segundo lugar, a narração (e a arte em geral) torna críveis os postulados que dão sentido à comunidade envolvida nesses enredos e faz com que se "veja" a racionalidade subjacente a esta ou aquela realidade. Essa comunhão de sentimentos em torno dos valores que nos afetaram nos relatos gera, em última instância, a cultura – e haverá tantas culturas quantas forem as variações nessas criações icônicas.[21]

---

[18] Ibid., p. 194. Itálicos do autor.

[19] Ibid., p. 195 (Itálicos do autor). Segundo desdobra essa "definição" com outros pormenores em *O homem de hoje…*, v. II/1 (Sinóticos e Paulo), p. 3-16. Ver também: *A história perdida e recuperada…*, p. 13-97.

[20] Id., *O dogma que liberta*, p. 185-187.

[21] Para o conceito de cultura que pressuponho aqui, sigo a sugestão da colega antropóloga M. A. Vilhena, que entende que a cultura "abrange os vários aspectos e dimensões da vida societária […], desde as formas pelas quais a base material da vida de um grupo é produzida e conservada, passando pelas organizações sociais, distribuição do poder, até as formas pelas quais tudo isso é interpretado e significado pelo grupo. [Ele inclui] o modo de produção, a tecnologia, a distribuição e consumos dos bens, a distribuição social dos homens pelas forças de produção, as instituições sociais, associações, a administração das várias formas de poder, regras, leis, valores, moralidades, tradições, as crenças e as linguagens […], as formas pelas quais as pessoas interpretam, significam e explicam o universo, o mundo, o lugar onde vivem, a vida, a história e os acontecimentos, ou seja, a cosmovisão de um povo" (M. A. Vilhena & A. M. L. Soares, *O mal: como explicá-lo*, p. 20).

O mesmo se diga da pluralidade de símbolos e narrativas que tentam nos fortalecer ao depararmos com guerras, epidemias, carências, e toda forma de injustiça e demais eventos indesejáveis e intoleráveis, quer culminem ou não na morte. Nossa dinâmica diversidade cultural faz com que também o mal seja experimentado e interpretado de múltiplas formas, em geral por meio de narrações acolhidas como sagradas, em que a origem de tudo – e, portanto, também do sofrimento e da morte – está vinculada à presença e à ação de seres sobrenaturais.

A título de exemplo, consideremos a narrativa abaixo, recolhida por J. G. Frazer na Indonésia. Ela intitula-se *A pedra e a banana.*

> Conta-se que no princípio o céu estava muito perto da terra, e o Criador, que vivia nele, costumava enviar seus dons aos homens amarrando-os na ponta de uma corda e descendo-os até o chão. Um dia, ele fez descer uma pedra como dom, mas nossos primeiros pais não sabiam o que fazer com ela, e chamaram o Criador: "O que fazemos com essa pedra? Dá-nos alguma outra coisa". O Criador aceitou o pedido e puxou a corda de volta. A pedra foi subindo, subindo até se perder de vista. Em seguida, viram que a corda descia novamente do céu. Porém, desta vez havia em sua extremidade uma banana no lugar da pedra. Nossos primeiros pais correram até a banana e tomaram-na. Então, escutou-se do céu uma voz que dizia: "Por terdes escolhido a banana, vossa vida será como a vida da banana. Quando a bananeira dá seu fruto, o tronco morre; assim, morrereis vós e vossos filhos quando ocuparem vossos lugares. Se tivésseis escolhido a pedra, vossa vida seria como a vida da pedra, imutável e imortal". O homem e sua mulher lamentaram-se de sua escolha fatal, mas já era muito tarde. E assim foi: por nossos pais comerem de uma banana, a morte entrou no mundo.[22]

Nem é preciso delongar-se na interpretação dessa narrativa[23] para perceber, pela chave oferecida na afirmação final, que o texto quer lidar com

---

[22] Apud J. S. Croatto, *As linguagens da experiência religiosa*, p. 485-486.

[23] Recomendo a leitura perspicaz que M. A. Vilhena faz desse mito em: A. M. L. Soares & M. A. Vilhena, *O mal: como explicá-lo?*, p. 22-24.

o terrível desconforto suscitado pela morte.[24] Embora não seja inerente à natureza humana, o certo é que todo ser humano, qual bananeira que deu cacho, um dia perecerá. Nesse caso, a imagem cultural disponível no local de origem do relato vem bem a calhar. Sem a banana, aqueles grupos sociais não sobreviveriam. Contudo, sem a morte das bananeiras, outras bananas não renasceriam para alimentar a população.

Lógica similar é recolhida dos evangelhos cristãos. Também amparado por um conjunto de observações do cotidiano, Jesus de Nazaré ensinava que, assim como o grão de trigo cai na terra e morre para poder frutificar, o Filho do Homem terá de morrer para ressurgir, vitorioso (Jo 12,20-33) – e, na sua esteira, todos nós. Em todo caso, banana ou trigo, tais elementos oriundos da experiência diária promovem a atribuição de um sentido translatício, que vai da produção da vida material ao imaginário das misteriosas questões que concernem ao mal e à morte. E, na ambiguidade que cerca tais experiências de constatação e enfrentamento dos limites humanos, a única certeza vislumbrada é que não estamos sós, ao deus-dará. Como sugere o discreto símbolo da corda no conto indonésio, há, ainda que tênue, uma ligação de dependência entre o mundo humano e aquele divino. Imagem que, segundo M. A. Vilhena, indica uma sociedade fundada no valor/princípio da ajuda mútua e do reconhecimento da dádiva.[25]

Último lembrete: não podemos ser demasiadamente afoitos no transportar imagens simbólicas próprias de uma cultura para outras formações culturais. Mesmo uma experiência como a morte poderá ter distintas valências, segundo a cultura que a narrar simbolicamente.[26] Prova de que somos eternos insatisfeitos com seja lá o que for que nos derem em definitivo, é um dos mitos iorubanos sobre a origem da mortalidade. Este aponta *Icu* (orixá da morte) como símbolo da solução encontrada para ajudar os jovens contra os anciãos. Diz o relato que, como todo o mundo era imortal, a certa altura o clamor dos mais jovens começou a subir ao *orun*, pois eles se viam sufocados

---

[24]   Todavia, não fosse pelos dois últimos parágrafos, acredito que até uma mensagem positiva poderia ser tirada da "invenção" da morte.

[25]   Para aprofundar este tema, ver, por exemplo: A. Caillé, *Antropologia do dom*. Ver também P. H. Martins (org.), *A dádiva entre os modernos*.

[26]   Devo essa observação às produtivas discussões havidas com a colega livre-docente M. A. Vilhena.

pelos mais velhos, perenes detentores dos melhores postos de trabalho e locais para morar. A morte surge após um tremendo dilúvio, do qual só sobreviveram os mais jovens e os mais aptos, pois correram em tempo para as montanhas. Daquele dia em diante, ninguém mais deixou de perecer, e o povo saudou o advento da mortalidade com uma grande festa.[27]

Como se vê, árdua tarefa é enveredar-se pelos símbolos do mal e da maldade. Entretanto, embora seja inevitável que nos curvemos em silêncio a certa altura, há muito a ser dito antes de, finalmente, nos calarmos perante o *mysterium iniquitatis*. O símbolo é justamente este vir à tona do mistério que nos envolve e em cuja rede teimamos em não ficar quietos. Basta, aliás, um passar de olhos em algum dicionário especializado para constatar o número e a pluralidade de símbolos relacionados ao mal e à maldade. Dentre eles,[28] gostaria de, ao menos, destacar alguns mais recorrentes em nossa herança ocidental: dragão (serpente), escorpião, flechas e espada, lobo, raposa, rede, lado esquerdo.[29]

Arco e flecha são armas comuns desde nossos primeiros ancestrais. Sem eles, o caçador não teria como sustentar o grupo. São também defesa e garantia de sobrevivência do grupo atacado. Donde a frequência com que sinalizam, dentre os antigos, os poderes divinos. *Neith*, a deusa egípcia da guerra, é simbolizada por um par de flechas cruzadas. O deus cananeu *Reshef* é chamado de "senhor da flecha", pois, quando as atira (assim como o Zeus grego, que lança os relâmpagos) provoca doenças e mortes repentinas. A esse deus alude um salmo bíblico (76,4) quando chama as flechas de "*Reshef* do arco". No livro de Jó, a personagem-título assim desabafa: "Levo cravadas na carne as flechas de *Shadai*" (6,4). No candomblé brasileiro, temos o

---

[27] A versão cubana desse relato iorubá é contada na película *Guantanamera*, um filme cubano/germano/espanhol de 1995, dirigido por T. G. Alea e J. C. Tabío. Uma versão em chave negativa, mais parecida com a visão dos antigos gregos, é recolhida por R. Prandi em *Mitologia dos orixás*. Nela, Obatalá, "cansado dos desmandos dos humanos, a quem criara na origem do mundo [...], decidiu que os homens deveriam morrer, cada um num certo tempo, numa certa hora. Então, Obatalá criou Icu, a Morte" embora "só Olodumare possa decidir a hora de morrer de cada homem" (p. 506-507).

[28] E, olvidando, por enquanto, a recomendação de Vilhena de não ceder a generalizações de imagens simbólicas.

[29] Quando não informado diferentemente, os exemplos seguintes provêm de: M. Lurker, *Dicionário de figuras e símbolos bíblicos*.

orixá *Oxossi*, representado como o caçador de arco e flecha. Seu mito diz que esse valente guerreiro saiu certa feita a caçar, vislumbrou a longa distância, com seu olhar de lince, um alvo misterioso e fugaz, mirou seu poderoso arco naquela direção e desferiu um tiro certeiro de sua flecha que acertou em cheio o… coração do próprio Oxossi. Só então ele compreendeu quem/o que ele estivera procurando em todas aquelas infindáveis caçadas. Ou, na insuperável voz de Milton Nascimento, "Eu, caçador de mim!".[30] Como se vê, também são fortes as referências à ascensão espiritual e à iluminação.[31]

Entretanto, como em outros símbolos, também aqui há ambivalência, pois, em várias ocasiões (os primeiros escritores cristãos, por exemplo) a flecha é associada ao amor do deus que chega ao ser humano. Também ambivalentes são os símbolos da rede e da espada. A rede tanto pode ser prisão (nos laços da morte) como salvação (os "pescadores de homens" convocados pelo profeta Jesus). Já a espada pode expressar justiça ou violência desmedida, como no caso de outro orixá, *Ogum*, o ferreiro, desbravador da selva com sua faca afiada. No Brasil escravocrata, ele se transmuta em deus da guerra.

A experiência do ser humano com suas mãos dá origem à popular antítese *direita-esquerda*, em que a destra é a mão correta e a outra, a desengonçada (em italiano é a *sinistra*). Assim, a mão esquerda, no Oriente, era a mão com que se repeliam os demônios. Na Bíblia, são comuns expressões como "sentar-se à direita", "a destra de Deus". O juízo final descrito no Evangelho de Mateus (25,33-41) coloca os justos (ovelhas) à direita do Filho do Homem e os bodes (ímpios) à sua esquerda para serem entregues aos demônios. Nas representações de Jesus pregado na cruz, o pé direito está sempre sobre o

---

[30] *Caçador de mim* é da autoria de Luís Carlos Sá e Sérgio Magrão. Devo esta sugestão de interpretação da música cantada por Milton Nascimento a uma vídeo-aula do prof. Paulo Cezar Bottas.

[31] Há um similar na tradição católica italiana (século V), ligada ao Santuário de São Miguel no sul da Itália. Conta-se que um dia um rico senhor de Siponto apascentava o gado junto ao monte Gargano quando, de repente, o mais belo de seus touros desapareceu. Após uma fatigante busca, ele o encontrou de joelhos à entrada de uma gruta. Irado, atirou uma flecha contra o animal rebelde, mas de modo inexplicável, em vez de ferir o touro, a flecha atingiu o próprio pé do arqueiro. O caso chegou ao bispo local que, após ter ordenado três dias de oração e de penitência, teve uma visão do Arcanjo Miguel que lhe disse ter escolhido aquela caverna para si e lá queria um santuário. Detalhe: o relato informa que o bispo chegou a hesitar antes de obedecer, porque o lugar era misterioso e quase inacessível e tinha sido palco de "cultos pagãos" ao deus Apolo (http://www.gargano.it/sanmichele/appariz.htm).

esquerdo, para indicar a vitória do bem sobre o mal, do espiritual sobre o sensível. Mais: em muitas igrejas cristãs, até recentemente o lado esquerdo era reservado às mulheres, o direito aos homens.

O peçonhento *escorpião* é, geralmente, símbolo de poderes obscuros, geradores de morte. Sua picada mortal o tornou, entre os cristãos, símbolo da heresia e do demônio. Aparece no livro judaico do Eclesiástico (Eclo 39,30) como instrumento, juntamente com as víboras, da vingança de Deus sobre os ímpios. Do poder e temor das víboras, a *serpente* egípcia *Apófis* também é exemplar. Todos os dias, ela põe em perigo o equilíbrio e a ordem cósmica ao atacar a barca em que *Rá*, o sol nascente, faz seu trajeto noturno. Na Índia, é a serpente *Vritra* que incorpora as forças do mal; mas é vencida por *Indra*.

O mesmo simbolismo ofídico é usado na tradição mesopotâmica, personificado pelo dragão feminino *Tiamat*, expressão das forças caóticas vencidas por *Marduk*, deus da Babilônia. O *dragão*, aliás, representa em muitas religiões o inimigo (algumas vezes, dos deuses; outras, dos humanos). Em muitas narrativas, vencer o dragão é dominar o caos. Além de *Marduk*, o deus grego Apolo mata *Piton*, o dragão em forma de serpente; e *Ahriman*, o deus do mal entre os persas, solta sobre a terra um dragão que devora um terço da humanidade. Em todo caso, essa figura que, tantas vezes, nos tirou o sono na infância – réptil alado com cabeça de lobo ou de crocodilo – só se torna popular no Ocidente a partir da Idade Média.

O *lobo* também não fica atrás nessa galeria. Tanto para o zoroastrismo como para o judaísmo, ele é imagem do mal. Em mais um exemplo da ambivalência bem-mal, o deus Apolo, embora irradie luz, também possui seu lado obscuro, denominado *Lycaios* (lobo), que envia peste e morte a seus inimigos. Segundo os medievais, o lobo é a forma preferida pelo diabo para suas aparições públicas. Rivalizando com o lobo no poder de assombrar, está a *raposa*, símbolo de astúcia e maldade. Sua cor avermelhada também lhe rendeu fama de diabólica e encarna o *tinhoso* em várias representações pictóricas.

Havendo tempo e espaço, essa lista poderia se prolongar quase *ad infinitum*. Aqui se tratava tão somente de um aperitivo nesse mar inesgotável de exemplos. E nem cheguei a dar o devido destaque ao fato de que, em culturas como as de todo o Oriente (Japão, China, Índia etc.), nas quais o tempo não é linear, mas cíclico, Bem e Mal não são antinomias, mas faces absolutamente necessárias da mesma moeda ou eventos que sucedem necessariamente um ao outro. Teríamos de entendê-los, portanto, como a causa do movimento cíclico.

O que, por plurais que sejam suas formas, todo símbolo do mal evoca é a inconformidade do bicho-homem ante a realidade da dor e do sofrimento. Nem é preciso multiplicar mais os exemplos – pois os temos às pencas, se quisermos. Mas talvez ajude para o melhor equacionamento da necessidade humana de extravasamento de seus males se nos detivermos um pouco mais na proposição de algumas breves chaves de leitura da expressão simbólica e das narrativas míticas do mal.

Símbolos que expressam o mal

Além dos indonésios, muitos outros povos entendem que a irrupção da morte em nosso mundo teve origem em algum equívoco primordial nas relações humanas com o sobrenatural. Há sempre divindades relacionadas com o bem e o mal, sejam elas representadas como entidades que se opõem, como realidades mútua e simultaneamente presentes na natureza e na história, ou mesmo como forças indistintas. É, por isso, pertinente que aqui se trate das expressões simbólicas do mal, tal como são concebidas no universo das crenças e práticas religiosas.

Em seu livro sobre *As linguagens da experiência religiosa*,[32] J. S. Croatto estuda o tema do mal dentro de suas considerações sobre o mito. Gostaria de destacar três tópicos que se encontram dispersos ao longo dessa obra e que me parecem importantes numa consideração antropológica da compreensão do mal: a expressão *simbólica* do mal, sua configuração *divina* e a manifestação *mítica* dessa experiência.

A pergunta genérica e abstrata acerca do mal – que, em tons ricoeurianos, só é mal quando for experimentado como *excesso*[33] – já é, de início, uma pergunta filosófica. Como o item anterior já ilustrou, em um rastreio antropológico por variadas culturas, é fácil encontrar uma pluralidade de

---

[32] J. S. Croatto, *As linguagens da experiência religiosa*, p. 118-121; 169-172; 315-319; 364-375.

[33] P. Ricoeur, *O mal.*

modalidades e expressões para tal experiência, que é vivenciada nas limitações físicas, na doença e na morte, nas desgraças naturais e nas angústias existenciais. A riqueza de interpretações do mal é inumerável e denota nosso potencial simbolizador para falar daquilo que apreendemos como mistério.

É o que sugere a seguinte oração-poema babilônica – *Ludlul bêl nêmeqi* ("Louvarei ao Senhor da sabedoria") – eloquente exemplo do protesto humano contra o sofrimento (aqui entendido como consequência do desígnio e do abandono temporário do devoto por parte dos deuses tutelares):

Meu deus se esqueceu de mim e desapareceu,
minha deusa falhou e mantém-se à distância (I:43s)
Chamei meu deus, mas ele não me mostrou seu rosto,
orei para minha deusa, mas ela não levantou a cabeça (II:4s).
Quem conhece a vontade dos deuses no céu?
Quem entende os planos dos deuses do mundo inferior?
O que ontem estava vivo, hoje está morto.
Abatido por um momento, subitamente está exuberante.
Por alguns momentos cantamos alegres;
no momento seguinte, gememos como carpideiras profissionais
(II:36-42).
Quanto a mim, o exausto, uma tempestade me leva,
uma doença debilitante foi solta em meu interior (II:49s)
(lista de doenças)
Quando o trigo é servido, engulo-o como erva ruim,
a cerveja, vida da humanidade, parece-me sem gosto;
minha doença, de fato, é muito longa.
Por falta de alimento, minha fisionomia mudou,
minha carne é flácida, e meu sangue diminui;
meus ossos foram separados e estão cobertos (só) com pele...
(II:88-93).
Meu Senhor agarrou-me,
o Senhor me colocou sobre meus pés,
o Senhor me deu vida,
resgatou-me do poço,

convocou-me da destruição.
Ele que me bateu, Marduk, ele me restaurou (IV:2-6.9s).[34]

Esse e outros textos que poderiam ser aqui acrescentados não deixam dúvidas quanto ao mal experimentado como sofrimento em excesso. E aí, ao contrário do que rezava o dogma positivista de Wittgenstein – "Sobre as coisas das quais não se pode falar deve-se calar" (§ 7 do seu *Tractatus*) – nossos ancestrais tiveram de abordar o mal em suas preces e mitos. Anteciparam em milênios a resposta irônica de U. Eco a Wittgenstein: "Essas coisas sobre as quais não podemos teorizar devemos narrar".[35] Mesmo quando certos textos são portadores de alguma orientação filosófica ou se apresentam em versões secularizadas, estes têm sua origem mais remota no mito.

Croatto entende que a experiência humana (e religiosa) do mal é a experiência de uma falta. Amparado na famosa exegese ricoeuriana dos símbolos primários do mal, ele descreve a falta em três níveis: impureza, pecado e culpa.[36] Primeiramente, ela é captada como impureza. O impuro é algo físico que mancha, contamina. Conforme explica a antropóloga M. A. Vilhena, não é difícil localizar tal concepção, evidenciada

> em manchas epidérmicas, entre povos que passaram por epidemias ou doenças como lepra, tumores, úlceras, chagas, cancros, afecções do couro cabeludo etc. Associado à imundície, o mal é afastado por meio de regras, interditos e proibições. Que facilmente serão elevadas à condição de proteção da estrutura e das relações sociais. Temos, portanto, um crescendo de tabus que, de sanitários evoluem a sociais e, mais tarde, atingem o plano moral – porta de entrada da consciência religiosa.[37]

---

[34] Ibid., p. 508-509. Para uma releitura antropológica deste texto, ver A. M. L. Soares & M. A. Vilhena, *O mal: como explicá-lo*, p. 25-27.

[35] A frase está na quarta capa da edição inglesa de U. Eco, *O nome da rosa*. O autor a comenta e explica em entrevista concedida a L. A. Zanganeh, The art of fiction, n. 197, em: *The Paris Review*, n. 185, 2008 (http://www.theparisreview.org/interviews/5856/the-art-of-fiction-no-197-umberto-eco). Último acesso em 9/10/2012.

[36] P. Ricoeur apresenta os símbolos primários da mácula, do pecado como transgressão e da culpa personalizante na primeira parte de *Finitud y culpabilidad*, p. 235-446.

[37] A. M. L. Soares & M. A. Vilhena, *O mal: como explicá-lo*, p. 28-29.

De volta ao mistério da iniquidade

Nesse ponto, tal experiência exige rituais de separação e purificação que recuperem a relação originária com o sagrado. Por analogia, tal compreensão pode se referir também a vivências internas, espirituais, que exigem também gestos purificatórios.

Um mito da tradição oral nagô (iorubana), recolhido por J. E. dos Santos,[38] pode ilustrar melhor esse nível inicial. Como em toda tradição oral, há várias versões da narrativa. Em sua versão mais breve, o mito nos conta que, há muito tempo, os dois planos da existência – o *àiyé* (mundo) e o *òrun* (além) – estavam unidos. Assim, os orixás viviam no *àiyé* e os seres humanos podiam ir ao *òrun* e de lá voltar vivos. Porém, certo dia, um homem tocou indevidamente o *òrun* com mãos sujas [o tema tão universal do *tabu*] e isto acendeu a ira de *Olorun*. Assim, ele soprou seu ar divino (*òfurufu*) que se transformou em atmosfera, separando as duas dimensões originais definitivamente. Tal barreira é o *sánmò* (firmamento, céu-atmosfera). Ultrapassá-la, ainda que momentaneamente, será tarefa de rituais específicos. Essas práticas humanas de restauração da ordem anterior, embora tidas como exigência da divindade, denotam também a crença no poder humano para reverter, ou diminuir, o mal.

Nesse mesmo nível está o seguinte relato bíblico do livro de Gênesis (6,1-4), colocado imediatamente antes da narração do dilúvio universal. É comumente aceito que a versão final contemplada na Bíblia conjuga pelo menos duas tradições distintas acerca do dilúvio: uma o explica como fruto de uma falta ritual, como desrespeito a um tabu; outra enxerga nele a consequência inevitável da escalada da maldade (mal moral) sobre a face da terra. O trecho a seguir faz parte da primeira tradição. O dilúvio decorre de uma interpenetração indevida entre o mundo divino e o mundo humano (e não por culpa dos seres humanos!) que acaba diminuindo a duração de nossa existência mortal. Observemos:

> Quando os homens começaram a ser numerosos sobre a face da terra, e lhes nasceram filhos, os filhos de Deus [dos deuses] viram que as filhas dos homens eram belas, e tomaram como mulheres todas as que lhes agradaram. Iahweh disse: "Meu espírito não se responsabilizará

---

[38]   J. Elbein dos Santos, *Os nàgô e a morte*, p. 53-56.

48

indefinidamente pelo homem, pois ele é carne; não viverá mais que cento e vinte anos". Ora, naquele tempo (e também depois), quando os filhos de Deus [dos deuses] se uniam às filhas dos homens e estas lhes davam filhos, os Nefilim habitavam sobre a terra; estes homens famosos foram os heróis dos tempos antigos.

Essa perícope bíblica pertence a um vasto rol de mitos de heróis civilizadores, sempre nascidos do encontro divino-humano. Aliás, à parte o fato de que, hoje em dia, para a maioria da população mundial, a capacidade de viver bem durante 120 anos soe mais como bênção, parece termos aí um exemplo de mistura de dimensões ou planos de existência semelhante ao do mito iorubá.

Todavia, o mal também pode ser experimentado como pecado (falta moral). O pecado pressupõe uma relação com alguém. É mais do que mera impureza; esta gruda na pessoa descuidada (adentrar um recinto ou tocar em algo proibido, por exemplo), enquanto o pecado indica certa relação que estabeleço com outrem. Na linguagem e nos ritos, tal experiência é expressa, por exemplo, com imagens de afastamento, separação ou exílio. E será sanada com ritos de remissão do pecado, a partir de símbolos de conversão. O Caim bíblico é expulso da terra do Senhor após ter assassinado o irmão; mas a marca (incisão) ritual que leva no corpo o protege da espiral da violência (Gn 4). O rito impede que o fratricida seja totalmente separado da comunidade e, ao menos simbolicamente, o reintegra ao grupo.[39]

Outro exemplo de falta como pecado é esta interessante *Declaração de inocência* que, segundo a tradição egípcia, devia ser proferida pelo defunto ao ser julgado pelo deus Osíris (cap. 125 do *Livro dos mortos* do antigo Egito, 18ª Dinastia, século XVI a.e.c.):

Palavras ditas por ... (nome do falecido):
Salve, grande deus, senhor das duas Maat (= balança, regra de justiça). Venho até ti, meu Senhor, tendo sido trazido para ver tua perfeição. Eu conheço. E conheço o nome dos 42 deuses que estão contigo nesta sala

---

[39] Estou levando em conta algumas sugestões de M. Schwantes, *Projetos de esperança*; A. I. Arana, *Para compreender o livro do Gênesis*.

das duas Maat, que vivem do cuidado dos pecados e bebem seu sangue no dia da avaliação das qualidades [...]

Não cometi iniquidade contra os homens. Não maltratei ninguém.

Não cometi pecados na Praça da Verdade. Não tentei conhecer o que não é (para conhecer).

Não fiz o mal.

Não comecei o dia recebendo uma comissão vinda das pessoas que deviam trabalhar para mim, e meu nome não chegou à função de chefe de escravos.

Não blasfemei contra deus. Não empobreci um pobre em seus bens.

Não fiz o abominável aos olhos de deus. Não causei aflição.

Não causei a fome. Não fiz chorar.

Não matei. Não mandei matar. Não fiz mal a ninguém.

Não diminuí as oferendas de alimentos nos templos. Não adulterei o peso na balança.

Não tirei o leite da boca das crianças.[40]

Como podemos ver, o curioso excerto antecipa em pelo menos quatro séculos – se tomarmos por base o movimento mosaico-javista – o que se convencionou chamar, bem mais tarde, de religião ética ou profética do Antigo Israel. Só que, neste caso, conforme nos informa M. A. Vilhena, o que temos é uma "confissão negativa" de inocência feita diante de um tribunal de quarenta e dois deuses, sob a presidência do deus-faraó Osíris. "Se tais deuses de fato representam cada uma das unidades administrativas do antigo Egito", teríamos aqui, conforme Vilhena, a entidade histórica, política e administrativa do Estado elevada à esfera do divino. A ação humana, individual, de pecar tem, portanto, o agravante de atentar contra os interesses do supremo poder político.[41]

É claro que há gradações nessa compreensão, mas o fundamental a reter são os primeiros movimentos na direção de uma aproximação causa-efeito entre o "mal cometido" pelo ser humano e o "mal sofrido" infligido a seus semelhantes.

---

[40] Tirado de J. S. Croatto, *As linguagens da experiência religiosa*, p. 509-510. Ver também J. Baines, Sociedade, moralidade e práticas religiosas, p. 150-244.

[41] A. M. L. Soares & M. A. Vilhena, *O mal: como explicá-lo*, p. 31.

O CONDUÍTE EFICAZ DO SENTIDO

Finalmente, a culpa é o nível de maior interiorização da falta. Se o pecado se dá na relação com outra pessoa, a culpa é experimentada como peso no próprio agente da falta. Desse modo, esclarece-nos Croatto, a culpa é mensurável e pode ser quantificada por um juiz idôneo. O pecado, em vez, é o ato da ruptura de uma relação com alguém. Imagens de leveza e alívio simbolizam a libertação da culpa.

Entretanto, convém ter em conta que esses dois últimos níveis, pecado e culpa, estão mais próximos do universo judaico-cristão (pecado e culpa original, necessidade do redentor etc.) – embora não sejam exclusivos desse universo, como ilustrou a *Declaração de Inocência* dirigida a Osíris. Tradições como a do candomblé brasileiro desconhecem a dicotomia bem–mal, ao menos nesses termos. R. Segato verifica em suas pesquisas sobre o sincretismo religioso afro-católico que, aos olhos dos filhos de santo que entrevistou, candomblé e catolicismo são suplementares, coexistentes, complementares. O catolicismo oferece o limite moral (separação entre o bem e o mal) e a possibilidade de transcendência; o candomblé articula um discurso para o mundo social, as relações interpessoais e a dimensão psíquica. Os orixás são um "léxico para a introspecção", aproximando o candomblé de uma sociologia e de uma psicologia práticas, das quais está ausente uma linguagem de redenção (pecado, salvação, céu).

Portanto, no entender dos adeptos, candomblé e catolicismo (popular, neste caso) oferecem uma complementaridade sem superposição: um é filosófico, o outro, ético; um é utópico, o outro, pragmático. Eis o depoimento que Segato recolhe de um pai de santo:

> O Deus cristão coloca o limite, porque o orixá não dá sentido moral do bem e do mal, não dá religiosidade nesse sentido. Para isso, o fiel vai para o catolicismo. Por outro lado, o 'culto do ori' [fazendo referência à cerimônia de dar de comer à cabeça do novo adepto com que começa o processo de iniciação] faz você se conhecer. Os orixás são forças da natureza. Essas forças podem servir tanto para se construir como para se aniquilar. Eles não dão limites. Então, para essa religiosidade, a gente necessita lançar mão do catolicismo.[42]

---

[42] R. L. Segato, O candomblé e a teologia, p. 75-84 (aqui: p. 78). É difícil ponderar estatisticamente quão representativo seja esse ponto de vista no universo plural das lideranças religiosas afro-brasileiras. Mas é significativo que alguns pais de santo (e não padres católicos) o façam.

O divino como configuração do mal

A experiência de encontro com o transcendente – "a sobre-coisa, a outra coisa", diria Riobaldo Tatarana, de *Grande sertão: veredas* – é, geralmente, ambivalente. Como disseram M. Eliade, G. Dumézil e, antes deles, R. Otto, aproximar-se do "sagrado" é, simultaneamente, tremendo e fascinante. Posso sair ferido, ou mesmo perecer, ao passar por uma experiência dessas. Um exemplo, dentre tantos, da mitologia grega pode nos dar uma ideia disso. Conta-se que a mortal Sêmele, tendo-se unido a Zeus, concebera Zagreu (Dioniso). Aconselhada pela ciumenta e vingativa deusa-esposa Hera, pediu a Zeus que a deixasse vê-lo de frente com seus olhos mortais. Ao se apresentar a Zeus, porém, Sêmele não pôde suportá-lo em toda a sua radiante manifestação. Morreu carbonizada e o feto só se salvou em virtude da intervenção direta de Zeus, que o tirou em tempo do ventre materno e o enxertou em sua própria coxa até que se completasse a gestação, e o garoto pudesse nascer.[43]

Do livro do *Gênesis* (Gn) nos vem outro exemplo do gênero. Narra o combate de Jacó com o Anjo de Adonai ao longo da madrugada (Gn 32,23-31). Ao raiar do dia, peleja empatada, Jacó exige que a criatura noturna o abençoe para que ele a solte. Temendo, ao que parece, o alvorecer, o estranho ser abençoa Jacó e some. Só então o hebreu se dá conta de que emendara força com o divino (ou com o lado sombrio e abissal da própria divindade?). Ele recebe a bênção, tem seu nome mudado para Israel (= aquele que luta com El), mas sai dali para ser coxo na vida, isto é, marcado para sempre pela sua experiência-limite.[44]

Para uma discussão mais ampla sobre o sincretismo afro-católico, ver A. M. L. Soares, *Interfaces da revelação*.

[43] V. D. Salis, *Mitologia viva*, p. 70-76.

[44] Como diz Adélia Prado, na bela reiteração do poeta Drummond que ela faz em *Com licença poética*: "Vai ser coxo na vida é maldição pra homem". Mas além dessa minha homenagem, pode haver algum jogo de palavras entre o coxear de Israel e seu nome anterior (Jacó = "calcanhar")

O CONDUÍTE EFICAZ DO SENTIDO

Outros não tiveram tanta sorte. Em 1Sm 6, deparamos o exemplar oximoro da maldosa bondade divina. Ou de sua bondosa maldade. Oza, filho de um sacerdote hebreu contemporâneo de Davi, foi rachado em dois por um tremendo raio enviado do céu por Adonai. Porém, o que fizera o jovem aprendiz das rubricas sacerdotais? O contexto da cena é o de uma procissão com a Arca da Aliança acomodada em um carro de bois a caminho de Jerusalém. Oza é um dos que escoltam a Arca. A certa altura da estrada, em uma curva acentuada à beira de um desfiladeiro, o carro de bois empina e ameaça tombar. Oza, mais do que depressa, segura firmemente a Arca para que não tombe ladeira abaixo. O carro é controlado, a Arca é salva, mas Adonai, enfurecido por ter sido tocado de forma profana, mata Oza. Pelo que se pode depreender do contexto imediato da cena (salvo melhor juízo de algum rabino), tal acontece porque o gesto de segurar algo que está caindo é um gesto meramente profano, sem os necessários escrúpulos rituais. Não se toca a Arca da Aliança como se fosse uma coisa qualquer. Mesmo que as intenções do profanador sejam as melhores possíveis – como, de fato, eram, no caso evocado.

Pois bem, a experiência ubíqua de males e maldades gera, evidentemente, a imperiosa necessidade de se salvar deles. Tal explica o surgimento de deuses cuja função é nos libertar do mal. Antes desse estádio, porém, as deidades servirão como representação do mal (no nível do símbolo, como hierofanias ou manifestações do sagrado) e depois como explicação (no nível do mito) de sua origem.[45]

Às vezes, como nos exemplos acima, a mesma entidade pode enviar tanto o sofrimento como a felicidade. Porém, a tendência verificada pelos cientistas da religião, ao menos no Ocidente, é o progressivo distanciamento e oposição das duas experiências fundamentais do bem e do mal. O processo culmina no chamado "dualismo", fenômeno localizável tanto em tradições politeístas como monoteístas. São exemplos dessa visão de mundo o zoroastrismo; os sistemas gnósticos, sobretudo o maniqueísmo; e grupos sectários como os cátaros (= puros) medievais. Cristianismo (mais) e judaísmo (menos)

---

como "aquele que nos puxa pelo calcanhar" ("trapaceiro"). Retomarei essa questão no terceiro capítulo, ao apresentar a imagem hebraica do "deus terrível".

[45] P. Ricoeur, *O mal*, p. 26-46.

53

DE VOLTA AO MISTÉRIO DA INIQUIDADE

são, em geral, compreendidos como tradições de dualismo mitigado ou camuflado, dada a importância e o espaço que dedicam ao demoníaco e a suas manifestações.

O dualismo pode manifestar-se na forma de um *trickster* ou "enganador", que frequentemente é teriomórfico (em forma de animal). Croatto nomeia alguns, tais como o *coiote*, o *lobo* das montanhas (entre os aborígines da América setentrional), a *raposa* (em algumas culturas africanas ou entre os aborígines da Patagônia), o *lobo marinho* (entre os tehuelches da Patagônia). O *trickster* mostra muitas vezes, porém, um caráter ambivalente. O deus Seth egípcio, que assassina e esquarteja seu irmão Osíris, embora já tenha sido comparado a um "enganador", também pode ser benfazejo, desde que invocado corretamente. O mesmo vale para Prometeu, "traidor" do Olimpo mas herói da raça humana.[46]

Na *Tradição dos orixás*, muito popular no Brasil, *Exu* é o orixá mais próximo da função *trickster*. Muitas vezes, chega a ser erroneamente confundido com o diabo cristão. Porém, seria redutivo acomodá-lo a essa noção. Tido como o mais enigmático dos orixás, os mitos sempre o retratam surpreendendo alguém, ateando fogo nos pertences das pessoas, arrumando encrenca no pedaço, e se divertindo a valer com tudo isso. Aprender a lidar com ele é fundamental para contribuir com a harmonia da realidade, pois *Exu* representa, a seu modo, o imponderável da vida, sua complexidade e seus imprevistos, outra face da imanipulabilidade do divino. E assim é porque *Exu* precede a ordem do universo. Na verdade, nas palavras de Pai Cido de Oxum, *Exu* é a ordem.[47]

A *coincidentia oppositorum* é o esforço de captar o sagrado/divino como uma *totalidade*, apesar de, no concreto de suas hierofanias (= manifestações reveladoras do sagrado), experimentá-lo em apenas *uma* de suas manifestações. Quando representada pelo dualismo religioso, diferentemente de oposições complementares como as de céu-terra, ying-yang, masculino--feminino, dia-noite, e outras, tal coincidência dos opostos significa que um dos polos assume o papel de simbolizar o mal. Nesse caso, algumas vezes,

---

[46] J. S. Croatto, *As linguagens da experiência religiosa*, p. 169-170.

[47] A. M. dos Reis (Pai Cido de Òsun Eyin), *Candomblé*, p. 79-87.

o opositor é um anticriador negativo, pois estraga a criação já feita ou cria o contrário do que já fora criado como bom.

Exemplo dessa *coincidentia oppositorum* é o mito indiano de Varuna, deus celestial e arquétipo do Soberano universal que, ao mesmo tempo, é deus do oceano, morada da serpente. O mito faz convergir o aspecto celestial (segurança) e o ofídico (ameaça, imprevistos) no seio da divindade. Também é ilustrativo a respeito a narrativa sagrada iraniana (no masdeísmo ou zoroastrismo) do nascimento de *Ohrmazd* e *Ahriman* como filhos gêmeos do Tempo (*Zurvan*). Os dois são os princípios do bem e do mal. *Ohrmazd* (forma derivada do antigo *Ahura Mazda*) e *Ahriman* (de *Angra Mainyu*, nome do Espírito mau) representam dois aspectos fundamentais da experiência humana com projeção no sagrado. Embora opostos, o mito faz com que eles coincidam primordialmente no seio do Tempo.

Doutrina dos dois espíritos (Zoroastro)
Escutai com vossos ouvidos o que é o soberano bom;
considerai com pensamento claro os dois partidos,
entre o que cada homem deve escolher por si mesmo,
cuidando por antecipação para que a grande prova
cumpra-se a nosso favor.
Por conseguinte, no início os dois espíritos, que se
revelam como gêmeos são, um, o melhor; o outro, o mal,
em pensamento, palavra e ação. E entre os dois
os inteligentes escolhem bem; os tolos, não.
E quando esses dois espíritos se encontraram,
estabeleceram no início a vida e a não vida,
e que no final a pior existência será para os malvados,
mas para o justo o Melhor Pensamento.
Desses dois espíritos o malvado escolheu fazer as coisas piores;
mas o Espírito Muito Santo, vestido com o céu mais firme, aderiu à Justiça,
e assim fazem todos os que se alegram em agradar,
com suas ações retas, ao Senhor Sábio.
Os falsos deuses não escolheram bem entre os dois espíritos,
já que o erro apoderou-se deles enquanto refletiam,

> de maneira que escolheram o Pior Pensamento.
> Correram então para se unir à violência, para corromper
> com ela, a existência do homem.[48]

Às vezes, como no caso do combate entre *Ahura Mazda* e *Angra Mainyu*, o bem e o mal são tidos como coeternos e simétricos. O mesmo se diz do confronto entre Deus (espírito) e a matéria (demônio) no maniqueísmo. Entretanto, são mais comuns variáveis de dualismo não absoluto. Assim, o mal tanto pode ter uma origem independente como pode ser produzido pelo criador por vontade própria ou por emanação. A saída é conveniente, pois, como anticriador, este limita o criador e evita que tenha responsabilidade sobre tudo.

Na religião de Israel, como vimos nos exemplos acima mencionados, Adonai pode causar males, mas, pouco a pouco, o gênio judeu procurará desvincular seu Deus dessa realidade. Talvez o *Livro de Jó* seja um divisor de águas nesse processo. A afirmação monoteísta e a convicção da misericórdia divina parecem forçar a introdução de um dualismo mitigado entre o Deus único e as legiões demoníacas. Na verdade, tais legiões são formadas por deuses antigos agora rebaixados à condição de espíritos satânicos com a passagem de Israel da monolatria para o monoteísmo propriamente dito.[49] Exemplo da releitura feita por Israel de suas antigas tradições é o recenseamento que teria sido ordenado pelo rei Davi e que terminaria por causar ao povo de Israel o castigo da peste. No segundo livro de *Samuel*, a peste vem direto de Adonai (24,1); já o segundo livro das *Crônicas*, escrito séculos mais tarde, após a invasão babilônica, atribui o mal a Satã (21,1). Embora não seja ainda o diabo medieval, Satã já começa a se mostrar como o anti-Adonai mais promissor. Enfim, as peripécias do demônio como responsável pelo mal, chegando a ameaçar o poder divino, mereceriam um livro à parte, tais as suas nuances e reviravoltas. O que foi pontuado até aqui, todavia, já é suficiente para este primeiro sobrevoo antropológico.

---

[48] J. S. Croatto, *As linguagens da experiência religiosa*, p. 511-512.

[49] Para uma introdução ao tema, ver, entre outros, C. R. F. Nogueira, *O diabo no imaginário cristão*, p. 5-16. Também: M. Fraijó, *Satanás em baixa*, p. 41-52 ("Satanás, uma figura marginal no Antigo Testamento").

O mal manifestado em mitos

Uma experiência humana tão significativa como combater o mal está nas entranhas do mito. Não a interpretação filosófica e, por conseguinte, abstrata, mas a narração que pondera a experiência do sofrimento em suas dimensões concretas. Assim, como manifestações primordiais e espontâneas da vivência do encontro humano com o Absoluto, o símbolo, o mito e o rito não passam ao largo do *mysterium iniquitatis*.

Embora não seja escopo desta seção oferecer uma introdução ao mito, algo a seu respeito convém dizer antes de abordar a mitografia do mal. Consideremos a seguinte definição operativa, proposta por Croatto: "O mito é o *relato* de um *acontecimento originário*, no qual *os deuses agem* e cuja finalidade é *dar sentido* a uma realidade significativa".[50] Amparado em M. Eliade – o que, de per si, já nos colocaria no âmbito da teologia –, Croatto entende que o mito, na verdade, descobre essa realidade, a qual é objetivamente transcendente[51] e inacessível à experiência lógica superficial. O mito "interpreta" tal realidade e, com isso, visa ordená-la e estruturá-la.

Conhecemos a já popular leitura junguiana, segundo a qual o mito provém do inconsciente coletivo – isto é, de camadas mais profundas da alma humana – sendo, antes de tudo, manifestação psíquica que descreve o ser da alma. Nessa mesma direção, J. Campbell[52] dizia que o mito não é apenas a busca de um sentido para a vida. Mitos são ressonâncias, no interior de nosso ser, da experiência de viver. Seu escopo final é integrar o ser humano à natureza e à sociedade e, desse modo, superar o informe, o indeterminado. O caos, enfim.

Essa expressão religiosa fornecida pelo mito também contempla um componente racional. Há um elemento intelectual do mito, uma vez que sua particular forma de linguagem é, de fato, transmissora do pensamento humano mais antigo. Em seus mitos, rituais, orações, relatos históricos e textos

---

[50]   J. S. Croatto, *As linguagens da experiência religiosa*, p. 209.

[51]   Transcendente aqui não precisaria ser, contudo, necessariamente transcendental, no sentido de uma realidade sobrenatural. O conceito de "dado transcendente" de J. L. Segundo – a ser explicitado a seguir – pode nos ajudar nessa direção.

[52]   Para uma introdução didática a respeito, ver, por exemplo, J. Campbell, *Isto és tu*; *O poder do mito*; S. Keleman, *Mito e corpo*.

sapienciais, o *homo religiosus* nos interpela sobre nossa origem e destino, nosso lugar no cosmo, o sentido da vida e suas vicissitudes, o mundo e as coisas. Todas essas são questões metafísicas, trazidas à luz através da experiência religiosa, e vertidas em imagens e palavras no símbolo e no mito. O rito nada mais faz do que re-(a)presentá-las continuamente. E a oração, por sua vez, "expressa" tal visão do mundo como algo que se deseja desde as profundezas do espírito.

Entretanto, se, por um lado, é verdade que "a cada cabeça, uma sentença", de outro, também é evidente que os membros da raça humana não colecionamos, afinal, desejos profundos tão disparatados e antagônicos. Isso significa que, por mais opostos e irredutíveis que sejam entre si, os mitos das várias culturas humanas acabam se reencontrando em uma espécie de circularidade ou participação. Estudiosos das religiões identificam inúmeras similaridades entre mitos de culturas americanas e outros indo-europeus ou de povos semitas. E, afinal, Campbell parece ter razão. Quando lemos mitos de outros povos, diz ele – e não os de nossa própria cultura ou religião (que tendemos a aceitar como "fatos") –, estamos mais livres para captar sua mensagem comum. O mito nos ajuda a colocar a mente em contato com a experiência fascinante de estarmos vivos.[53]

Numa perspectiva mais ricoeuriana, J. M. Gagnebin explica os mitos como "invenções linguísticas e narrativas que os homens elaboram para tentar converter em sentido(s) o real que encontram e que os submerge"[54] Isso explicaria, por exemplo, algumas semelhanças e diferenças notadas por Ricoeur entre os mitos de origem do mal. Parece haver uma transição que vai dos mitos que interpretam o mal como anterior ao ser humano até aqueles cujo nascedouro é o próprio ser humano.[55] No primeiro caso, alinham-se o mal ontológico pré-criacional do *Enûma elish* (isto é, o mal como realidade pré-existente), o mal trágico como destino fatal da própria existência e o mal da alma exilada no corpo, explicado pelo orfismo. No segundo, estão

---

[53] Ver também, além do que já citei, J. Campbell & F. Boa, *E por falar em mitos*.

[54] J. M. Gagnebin, Uma filosofia do *cogito ferido*: Paul Ricoeur, em: *Lembrar escrever esquecer*, p. 165.

[55] P. Ricoeur, *Finitud y culpabilidad*, Segunda Parte (La simbólica del mal).

narrativas como a do terceiro capítulo do livro do *Gênesis*, que veremos logo à frente.

Eis, portanto, em ação o fenômeno da circularidade: o mito de Adão (vigente entre culturas semitas) informa explicitamente a origem antropológica do mal, isto é, foi o pecado do primeiro casal humano que inaugurou a corrente de sofrimentos da qual ninguém mais escapou (nem o próprio Deus-Filho, se dermos crédito à "metáfora cristã do deus encarnado"[56]). Todavia, a própria composição literária da narração retoma elementos simbólicos que aludem a um mal, por assim dizer, "pré-humano". Ou não está escrito que Adão e Eva são seduzidos por uma serpente que não fora criada por eles e já andava por ali, à espreita?

Uma última consideração, antes de passarmos à mitografia do mal. Todo mito é parcial, pois narra e expressa a instauração do sentido de uma realidade concreta. Por outro lado, todo mito é também totalizador, já que, ao apresentar a origem de determinada realidade – o mal, neste caso –, atrai outro mito sobre sua destruição. Dizendo o mesmo, em palavras mais eruditas: a cosmogonia (princípio/origem do universo) propõe ou sugere uma escatologia (fim/finalidade do cosmo).

Consideremos o mito judaico-cristão do pecado do primeiro ser humano. A narração de Gênesis 3, ao mesmo tempo em que informa sobre o mal desencadeado, sugere, implicitamente, o desejo de sair dessa amarga situação. Na interpretação de Croatto,[57] quando o texto indica o mandamento e a proibição de certas árvores do jardim (Gn 2,16-17) servindo-se da mesma linguagem com que Moisés receberá as leis do Sinai, o alvo é destacar que o Senhor não deseja o mal, mas a bênção. Assim, a obediência futura do povo poderá reverter a situação. Por outro lado, o que o mito de referência não explicita é retomado, mais tarde, pelo apóstolo Paulo com o mito do "segundo Adão" (Rm 5,12-21). Esse "segundo Adão", ou "contra-Adão", restaura a condição originária do ser humano.

Com essas ressalvas e precauções, poderemos, enfim, nos capítulos seguintes, acompanhar algumas tentativas de organizar a variedade de

---

[56] Aludo aqui à polêmica sugestão de John Hick em seu *A metáfora do Deus encarnado*.

[57] J. S. Croatto, *As linguagens da experiência religiosa*, p. 284.

interpretações religiosas – e, portanto, culturais ¬ para o drama do sofrimento humano. Essa transição será iluminadora para a discussão posterior, propriamente teológica.

2.

Modelos religiosos de compreensão do mal

> Ficamos inclinados a dizer que a intenção de que o homem
> seja "feliz" não se acha incluída no plano da "Criação".[1]

Narrativas que consolam e salvam do absurdo

Abordar o tema do mal é aventurar-se numa viagem rumo ao nó central das tradições religiosas. "Como encontrar um Deus que me possa salvar?" (Lutero).[2] Embora específica das religiões abraâmicas, talvez essa pergunta-angústia resuma a questão por excelência de toda religião. Antes de teodiceia propriamente dita, a justificação de Deus é um clamor que brota da experiência humana. Como gosta de repetir R. Alves, de que serviriam os deuses se não fosse para nos empoderar diante do sofrimento, da injustiça, do absurdo e da morte?[3] A resposta ao clamor é religião; e a tentativa de tornar mais razoável a resposta, diante das inevitáveis objeções e desmentidos da realidade, é teodiceia.

No caso das tradições bíblicas, cuja ousadia mor é afirmar a revelação de um *Deus Soter*, é explícita a abertura da experiência religiosa para a esperança. Porém, como dizia E. Bloch, e nos recorda Estrada: "Onde há esperança, a religião está presente, embora nem sempre haja esperança nas

---

[1]   S. Freud, *O mal-estar na civilização*, p. 84.

[2]   J. A. Estrada, *A impossível teodiceia*, p. 15.

[3]   R. Alves, *O suspiro dos oprimidos*.

experiências de uma religião".[4] Brote de onde brotar, o *homo religiosus*[5] precisa agarrar-se ao mais tênue fio de esperança, já que só lhe restaria, como alternativa, o absurdo e – segundo a sugestão de Camus[6] – o suicídio. Nisso consiste o caráter universal da "religião", ou do que quer que, independentemente do termo escolhido, venha responder a essa interpelação presente em todas as culturas, momentos históricos, sociedades e povos: a saber, a problemática universal do mal.

Encontrável desde épocas arcaicas da humanidade, a preocupação religiosa com o mal não dá sinais de fadiga. Ao contrário, parece ser o trunfo da religião para resistir à secularização e ao avanço científico, ao incremento da informação e aos contatos inter-religiosos que relativizam as pretensões absolutas de respostas tradicionais. Nem a filosofia pode com ela, pois, embora atenda às inquietudes dos homens e mulheres modernos, e especule sobre o mal propondo meios de abordá-lo em termos práticos, não tem o poder religioso de nos motivar, inspirar e amparar diante do mal. A filosofia (e a teologia) especula e traça modelos; a religião convoca para o engajamento e o combate ao mal. Na opinião de autores como J. A. Estrada, isso basta para estabelecer a superioridade da religião com relação à filosofia, no que tange ao problema do mal. Porém, como admite o mesmo Estrada, nem por isso a resposta religiosa fica isenta de ser "logicamente consistente, culturalmente plausível e racionalmente argumentável e digna de crédito".[7]

Sendo assim, nada entendeu da religião quem continua buscando nela informações sobre o ser humano e o universo – no nível do que J. L. Segundo chamava, repetindo G. Bateson, de protoaprendizagem ou aprendizagem de primeiro grau[8] –, embora os relatos míticos que a caracterizam sejam

---

[4]   Apud J. A. Estrada, *A impossível teodiceia*, p. 15.

[5]   M. Eliade, *O sagrado e o profano*.

[6]   A. Camus, *O mito de Sísifo*, p. 17. Ver também o testemunho de H. Mumma que, chegado aos 93 anos, revela os diálogos que manteve com o autor de *A Peste* na década de 1950 (Mumma, H. *Albert Camus e o teólogo*).

[7]   J. A. Estrada, *A impossível teodiceia*, p. 16-17.

[8]   J. L. Segundo, *O homem de hoje diante de Jesus de Nazaré*, v. I. Fé e Ideologia, *passim*. O autor considerava a interação entre fé e sistemas de eficácia (ideologia) também do ponto de vista pedagógico-formativo, em dois níveis simultâneos da aprendizagem humana. O primeiro é aprender (a fazer) coisas; o segundo, aprender a aprender. As ideologias pertencem ao primeiro grau; a fé, por sua vez, "é um processo total a que o homem se entrega, e esse processo é uma

MODELOS RELIGIOSOS DE COMPREENSÃO DO MAL

tesouros de sabedoria sobre os mistérios do mundo e as mazelas da vida, que até hoje encantam artistas, místicos, literatos, historiadores e psicanalistas: É, portanto, o poder de orientação e de motivação da religião, provindo dos valores absolutos de que ela dá testemunho – o nível da deuteroaprendizagem, em termos segundianos – que seduzem o *homo religiosus* e permitem que ele enfrente os problemas existenciais, dentre os quais o mistério da iniquidade.

É preciso, porém, que se diga que a "superioridade" da religião propalada por Estrada não é um juízo tão óbvio nem de fácil defesa. Basta, para não ir muito longe, termos presente a polêmica entre dois filósofos ateístas franceses – L. Ferry e A. Comte-Sponville – com relação à asserção do primeiro de que o específico da filosofia nada tem a ver com o mero exercício da reflexão crítica. A filosofia, propõe Ferry (ao menos a que foi explicitada em todas as grandes concepções filosóficas de Platão a Nietzsche), é antes "uma tentativa grandiosa de ajudar os seres humanos a alcançar uma 'vida boa' superando os medos e as 'paixões tristes' que os impedem de viver bem, de ser livres, lúcidos e, se possível, serenos, amorosos e generosos". Em suma, as visões de mundo filosóficas são em primeiríssimo lugar "doutrinas da salvação", uma vez que se propõem a nos salvar do perigo da infelicidade.[9]

Mas, assim definida, a filosofia não seria, então, quase uma espécie de religião? Ferry concorda. "A filosofia de fato nos promete a mesma coisa [que as grandes religiões], mas nos garante que podemos chegar a isso pela razão e por conta própria!" Ou seja, filosofar é propor uma doutrina da salvação sem Deus.[10]

Nem preciso recordar o quanto de controvérsia jaz embutida nessa tese. Mas pelo menos Ferry não declara tais filosofias como superiores à religião. Ao contrário, reconhece a genialidade do cristianismo ao propor o amor – principal problema para se pôr em prática o desapego exigido pelos estoicos

---

aprendizagem através das ideologias, para criar as ideologias necessárias para novas e inéditas situações históricas" (id., *Libertação da Teologia*, p. 133).

[9] L. Ferry, *Vencer os medos*, p. 15-21. A objeção de Comte-Sponville, que argumenta a favor da existência de filosofias teístas e cristãs, é reproduzida nas p. 100-104; a réplica de Ferry, nas p. 105-134.

[10] Ibid., p. 18.

DE VOLTA AO MISTÉRIO DA INIQUIDADE

– como solução de nossa finitude e miséria: "Em vez de ser a origem de nossos tormentos, agora é ele que nos salva, com a única condição de ser amor em Deus". Os cristãos superaram os gregos com "uma promessa que corresponde em todos os pontos a nossos mais caros desejos". Contanto que se tenha fé, o cristianismo é imbatível como doutrina de salvação. Por isso, "não espanta", conclui Ferry, que ele "tenha conseguido vencer a filosofia e isso, quase sem concorrência, durante quase quinze séculos".[11]

Neste livro parto da constatação de que a concorrência tem sabido dar o troco com eficiência. Para ilustrá-lo – e procurando delimitar o arco do trajeto de um modo que, se não for imparcial, ao menos seja coerente – analisarei na Parte II duas tentativas exemplares de responder teologicamente às objeções modernas contra a percepção cristã do problema do mal. Aliás, o exercício de encarar tais objeções não é alheio a nenhuma corrente ou tradição teológica, uma vez que o conjunto da tradição judaico-cristã é incompreensível se não for colocado na moldura do combate ao mal. Que consistência teriam os conceitos teológicos de criação, providência, encarnação, redenção, reinado de Deus, ressurreição ou parusia senão como pretensas respostas ao problema que aqui nos ocupa? Entretanto, justamente para que tais respostas cristãs façam algum sentido e ainda possam prestar alguma ajuda à humanidade do século XXI, convém situá-las no contexto mais amplo das demais respostas religiosas de ontem e de hoje.

Para fazê-lo sem antes precisar reescrever outro tratado de história das religiões,[12] recorro a uma ajuda de percurso de P. Ricoeur. Ele propõe a contingência humana como ponto de partida antropológico para a apreensão dos símbolos do mal.[13] Essa nossa labilidade é que permite o mal moral, pois a desproporção existente entre a finitude e o anseio de infinitude abre passagem para que o mal-possibilidade se torne mal-realidade, do qual somos responsáveis.[14] Serão os mitos a demarcar o contraste entre a inocência e a

---

[11] Ibid., p. 43.

[12] Que, de resto, não seria mesmo de minha competência.

[13] P. Ricoeur, *Finitud y culpabilidad*, p. 210-229.

[14] Nas palavras de Ricoeur: "Que queremos dizer ao afirmar que o ser humano é 'lábil'? Essencialmente isto: que o homem leva marcada constitucionalmente a *possibilidade* do mal moral" (ibid., p. 149. Tradução minha).

Tipologias do mal no Oriente Antigo

culpa, ao tentarem esclarecer a passagem da primeira à segunda. Daí decorrem as diferentes tipologias do mal, as quais servirão de trampolim para aceder às discussões dos próximos capítulos.

Tipologias do mal no Oriente Antigo

Para descrever e interpretar a "simbólica do mal",[15] Ricoeur vasculha o contexto das religiões do antigo Oriente Próximo e da Grécia em busca das formas com que se "interpreta" a experiência do mal. Ele agrupa seus resultados em quatro modelos fundamentais de mito: o teogônico, o adâmico, o trágico e o órfico. Em virtude de sua didaticidade, escolhi esse mapa como ponto de partida das considerações, procurando ponderá-lo com contribuições pontuais de outros autores, tais como X. Pikaza,[16] além dos já citados Croatto e Estrada.[17] Sendo assim, Ricoeur não é culpado do uso que estou fazendo de suas categorias.

Iniciemos, então, com o *mito teogônico* ou *etiológico*. Se há um modelo de mito que mais mereça tal nome é justamente esse, pois tal classe de relatos está presente nas narrativas que procuram explicar a origem do mundo, do ser humano e da divindade. Um exemplo sempre mencionado desse primeiro tipo é o poema sumério *Enûma Elish*, que descreve/celebra o conflito cósmico entre a ordem e o caos, com a derrota deste perante a primeira.[18] Em diferentes povos, descobrimos relatos ensinando que no princípio era o caos, o abismo, a indistinção, a ambiguidade dos deuses; dos entrechoques

---

[15] O panorama traçado por Ricoeur da mitologia do Oriente Próximo, em relação com o problema do mal, pode ser encontrado em ibid., p. 513-542.

[16] X. Pikaza, *Dios es Palabra*. Algo da tipologia de Pikaza sobre as fases religiosas e sua cota de violência é sintetizado por M. C. L. Bingemer, Crer depois do 11 de setembro de 2001, p. 99-135.

[17] Estrada também se inspira em Ricoeur ao apresentar como as tipologias bíblicas enfocam o problema do mal, dividindo-as em: mitos etiológicos, mitos trágicos, mitos de queda (aí incluindo, contra Ricoeur, o mito adâmico) e o mito de Jó (J. A. Estrada, *A impossível teodiceia*, p. 58-93).

[18] O *Enûma Elish* parece ter tido grande influência, tanto sobre a tradição helenística (Homero e Hesíodo) como sobre a judaica. Em Gn 1, os especialistas são hoje unânimes em afirmar – por exemplo, entre outros, os já citados M. Schwantes e A. I. Arana – um nítido confronto de teologias (religião babilônica *versus* sacerdotes judeus) em que, de certa forma, algo da visão mesopotâmica acaba assumido: "No princípio, Deus criou o céu e a terra. A terra era um 'caos' informe; as trevas cobriam o abismo, e um vento de Deus soprava sobre as águas" (Gn 1,1-2).

DE VOLTA AO MISTÉRIO DA INIQUIDADE

dessas forças primordiais e de muita violência desferida por um deus guerreiro – seja Marduk, que estraçalha sua mãe Tiamat;[19] Crono, que castra o pai Urano; ou Zeus, que submete a Crono – a ordem é (re-)estabelecida. Porém, a qualquer momento, o caos pode ultrapassar as fronteiras de onde fora acuado.

O que ou quem representa esse ponto fraco por onde o caos avançaria? Em geral, o ser humano: vencidos pela temporalidade e pela mortalidade, nós vivemos em nós mesmos esse amálgama de ordem e caos. Como bem descreveu M. Eliade, os mitos de origem elegem esse drama como uma de suas temáticas centrais.[20] E como amostra de que tal angústia – longe de ser privilégio do Antigo Oriente – singra os oceanos da terra, observemos o seguinte mito dos mapuches sul-americanos: *Kai Kai e Treng Treng*:

Treng Treng era uma montanha e também um espírito bom que ajudava as pessoas. Kai Kai era um pássaro marinho, um espírito do mal, que prejudicava as pessoas. Assim foi como Treng Treng salvou os mapuches e triunfou sobre o mal. Um dia, Kai Kai decidiu aniquilar todos os mapuches e fez com que o mar se levantasse até inundar a terra. Muitos mapuches conseguiram subir até Treng Treng com os seus animais, junto com os animais selvagens que os seguiram. Quando Kai Kai falou: "kai kai kai kai", o mar subiu quase até cobrir o cume de Treng Treng, ameaçando as pessoas e os animais que aí estavam. Ao ver isto, Treng

---

[19] "Quando no alto (= *Enûma Elish*) o céu não se nomeava ainda e embaixo a terra firme não recebera nome". Assim começa o poema cosmogônico da religião acadiana. Em síntese, o relato diz que, no princípio, só existiam Apsu, a massa de água doce, e Tiamat, as águas salgadas. Deles dois vieram os demais deuses. Mas os jovens deuses faziam tanta algazarra que Apsu, querendo sossego para dormir, decidiu matá-los, mesmo com a desaprovação de Tiamat. Então, "o onisciente Ea" toma a iniciativa de atacar e matar Apsu, tornando-se o deus das águas abissais, gerando, com Damkina, o deus da Babilônia, Marduk. Tiamat, decidida a vingar a morte de Apsu, armou Kingu como chefe de seu exército e lhe entregou as tábuas do destino. Mas o valente Marduk se atreveu a afrontar Tiamat, com a condição de ser entronizado como rei dos deuses e fixar com sua palavra os destinos. Os deuses aceitaram. Marduk, então, matou sua avó Tiamat, prendeu Kingu e lhe arrebatou a tábua dos destinos. Depois, partiu o corpo de Tiamat em dois: uma metade pôs sobre a terra como firmamento; com a outra, construiu o mar e a terra firme. Depois, Marduk matou Kingu e Ea criou a humanidade com o sangue de Kingu, para que os deuses descansassem dos trabalhos domésticos do templo e recebessem dos homens o sustento cotidiano (M. Eliade, *História das crenças e das ideias religiosas*, t. 1, v. 1, p. 93-97).

[20] M. Eliade, *O mito do eterno retorno*; *Mito y realidad*; *O sagrado e o profano*.

Treng elevou-se ainda mais. A briga continuou até que Treng Treng alcançou a altura que tem hoje; então, toda a água do mar esgotou-se e Kai Kai estava vencido. Assim foram salvas todas as pessoas e os animais que haviam subido até Treng Treng. Isso mostra o poder de Treng Treng. Venceu Kai Kai e salvou as pessoas.[21]

Como se vê, a narrativa pressupõe a pré-existência de forças antagônicas, entre as quais vão circulando, como podem, os humanos. Assim, o que aí poderíamos chamar de "mal" pré-existe à criação ou à configuração do mundo conhecido e a ela se opõe como "deus" do mal. Seja o Kai Kai mapuche, a babilônica Tiamat ou seu correlato cananeu Yam (o Mar), o oponente de Baal, a origem do mal é coextensiva à origem das coisas. Ricoeur também chama nossa atenção para um efeito importante dessa visão, a saber, quando funda o mundo, o deus responsável pela façanha age como seu libertador. Assim, do ponto de vista tipológico, o mal equivale ao "caos", ao *sem-forma*, e a salvação é idêntica à própria criação. O mal absoluto seria não existirmos. Existir já é, por si só, salvar-se do nada.

O fundamental desse primeiro tipo de explicação mítica é que se consegue dar, ao mesmo tempo, um significado ao sofrimento e, de outro lado, desculpar o ser humano das desgraças e injustiças dessa vida. Aliás, até os próprios deuses são, por assim dizer, ameaçados pelo mal, e devem, se o quiserem vencer, combater o caos por meio da ordenação do cosmo. Não deixa de ser, enfim, uma visão dualista que, no fundo, aponta a esfera divina como origem do mal. Ao mesmo tempo, os ritos, as leis e toda a organização social legitimam o deus que luta para sobrepor o bem (a ordem, o sentido) ao mal; e este, por sua vez, dará respaldo e sustentação ao modelo de sociedade que o fortifica ritualmente.[22]

Não é preciso se deter nisto por enquanto, mas é importante chamar a atenção para as características específicas do mito judaico da criação. Como já se tornou clássico afirmar – ao menos, desde Von Rad –, o judaísmo

---

[21] Versão de J. S. Croatto, *As linguagens da experiência religiosa*, p. 318-319.

[22] Entretanto, como mostra o já citado X. Pikaza (*Dios es Palabra*, p. 37-40), as religiões da deusa-mãe ou grande deusa seguem em outra direção, destacando as caóticas forças da vida em sua força centrífuga. Também M. Maffesoli parece identificar a "subversão pós-moderna" com uma espécie de retorno a essa concepção ancestral (M. Maffesoli, *A parte do diabo*).

assimila progressivamente os relatos da criação a partir de sua experiência como povo escolhido pela providência libertadora do Senhor Deus (modelo exodal). Será da certeza da presença divina na história que o gênio judeu irá deduzir, séculos mais tarde – sobretudo, após o drama da invasão babilônica –, o papel de um Deus único nas origens da realidade.[23] Um pormenor bastante original da versão judaica do mito teogônico (Gn 1–2) é a ausência dé violência e de combate entre forças antagônicas.[24] Embora – sobretudo na versão mais recente do relato (Gn 1,1–2,4a)[25] – haja certa oscilação entre o Deus que cria apenas pela palavra e sua necessidade de manipular elementos, o certo é que tais elementos – pré-existentes ou não – curvam-se serenamente à sua vontade criadora. Diga-se, entretanto, que há versões antiviolentas da criação ou modelação do mundo também em outras culturas, como, por exemplo, entre os iorubás.[26]

Ao contrário, porém, da explicação teogônica típica, alguns autores detectam no mito judaico "uma contradição irresolúvel quanto à apresentação

---

[23] G. Von Rad, *Teología del Antiguo Testamento I*, p. 177-203; W. Kern, La creación como presupuesto de la Alianza en el Antiguo Testamento, p. 490-505; 514-517; 560-584.

[24] Ao menos, se considerarmos a versão canônica desses relatos de origem – e salvo alguma possível insinuação mitigada nas entrelinhas que os exegetas sempre podem descobrir.

[25] Comparem com a versão mais antiga: Gn 2,4b-25.

[26] Ver, por exemplo, a versão iorubana sobre como "Orixanlá cria a Terra": "No começo, o mundo era todo pantanoso e cheio d'água, um lugar inóspito, sem nenhuma serventia. Acima dele havia o Céu, onde viviam Olorum e todos os orixás, que às vezes desciam para brincar nos pântanos insalubres. Desciam por teias de aranhas penduradas no vazio. Ainda não havia terra firme, nem o homem existia. Um dia, Olorum chamou à sua presença Orixanlá, o Grande Orixá. Disse-lhe que queria criar terra firme lá embaixo e pediu-lhe que realizasse tal tarefa. Para a missão, deu-lhe uma concha marinha com terra, uma pomba e uma galinha com pés de cinco dedos. Orixanlá desceu ao pântano e depositou a terra da concha. Sobre a terra pôs a pomba e a galinha e ambas começaram a ciscar. Foram assim espalhando a terra que viera na concha até que terra firme se formou por toda parte. Orixanlá voltou a Olorum e relatou-lhe o sucedido. Olorum enviou um camaleão para inspecionar a obra de Oxalá e ele não pôde andar sobre o solo que ainda não era firme. O camaleão voltou dizendo que a Terra era ampla, mas ainda não suficientemente seca. Numa segunda viagem o camaleão trouxe a notícia de que a Terra era ampla e suficientemente sólida, podendo-se agora viver em sua superfície. O lugar mais tarde foi chamado Ifé, que quer dizer ampla morada. Depois Olorum mandou Orixanlá de volta à Terra para plantar árvores e dar alimentos e riqueza ao homem. E veio a chuva para regar as árvores. Foi assim que tudo começou. Foi ali, em Ifé, durante uma semana de quatro dias, que Orixá Nlá criou o mundo e tudo o que existe nele" (R. Prandi, *Mitologia dos orixás*, p. 502-503).

do mal".[27] Deus é bom e tudo o que criou é bom, mas existe o mal, simbolizado pelo caos ou pelas potências destruidoras, que não sabemos de onde vêm, pois não são divinas nem resultam da obra criadora. O mesmo enigma encontra-se no ser humano: não é um composto, dotado de uma alma aprisionada na matéria (conforme a popular explicação de sabor platônico) nem (como relata o *Enûma Elish*) um ser feito da mistura do barro com o sangue de Kingu, ou ainda (na versão de *Gilgamesh*) uma criatura composta de dois terços de divindade contra um de humanidade. Seríamos, em vez, oriundos do sopro do Deus criador (Gn 2,7); mas, apesar de tudo, pecadores e vítimas do mal. Como diz J. A. Estrada,

> o relato da criação, o mito em sua versão judaica, não responde à indagação sobre a origem do mal, do caos e das trevas que o simbolizam. Esse mal está aí, é original e primário, constituindo um existencial com o qual o homem se depara. Sua origem nunca é explicitada, mas não se escamoteia sua facticidade. A questão agora gira em torno de uma criação que é obra boa de Deus, mas requer uma redenção que supere o mal. O *unde malum, si Deus est* já se apresenta como uma contestação cabal da razão religiosa a um postulado mítico e teológico.[28]

O que se pode deduzir disso é que, mesmo nessa parada quase "filosófica" para olhar o passado remoto, o interesse do gênio judaico continua sendo o futuro prometido e a disposição salvífica da providência divina. Seu mito das origens está mais interessado em assegurar quem é esse Deus libertador e o que ainda vale a pena esperar de sua atuação na história. Enfim, já estamos adentrando, com isso, uma segunda categoria de mitos, conforme a classificação de Ricoeur.

Tal categoria é justamente o *mito adâmico*, que tem como referência clássica – embora não exclusiva – a narração do terceiro capítulo de *Gênesis*. Aí a serpente, o mais astuto de todos os animais dos campos, induz a mulher a comer do fruto da árvore que está no meio do jardim, garantindo à mulher: "Não, não morrereis! Mas Deus sabe que, no dia em que dele comerdes, vossos olhos se abrirão e vós sereis como deuses, versados no bem e no mal". A

---

[27] J. A. Estrada, *A impossível teodiceia*, p. 65.

[28] Ibid., p. 67.

mulher tomou do fruto, comeu e deu-o também a seu marido. Então se abriram os olhos dos dois e o final da história é conhecido. Iahweh Deus disse à mulher: "Multiplicarei as dores de tuas gravidezes, na dor darás à luz filhos. Teu desejo te impelirá ao teu marido e ele te dominará". E disse ao homem: "Maldito é o solo por causa de ti! Com sofrimentos dele te nutrirás todos os dias de tua vida. Ele produzirá para ti espinhos e cardos, e comerás a erva dos campos. Com o suor de teu rosto comerás teu pão até que retornes ao solo, pois dele foste tirado. Pois tu és pó e ao pó tornarás". E o expulsou do jardim de Éden para cultivar o solo de onde fora tirado.

A força sugestiva desse relato continuará servindo de inspiração à tradição filosófica posterior, pois, como nos esclarece Ricoeur, trata-se de uma reflexão sapiencial sobre o livre-arbítrio e a autonomia, sem deixar de ilustrar, com acertada plasticidade, a indigência humana.[29] O mal aqui se associa à culpa, e tem sua origem numa ação do ser humano. Em termos mais técnicos, o mal é posterior à cosmogonia e à antropogonia. Para vir à tona, ele depende da liberdade humana. Daí a função das proibições na narrativa genesíaca. A salvação, como antes já fora a queda, será fruto de uma história de liberdades que culminará na escatologia. A queda é uma perturbação da criação acabada e perfeita. Algo, por assim dizer, "imprevisto"[30] que poderá, no entanto, ser contornado em uma história (um processo) original de salvação.

O mito adâmico é a versão judaica dos mitos de queda. É hoje consensual seu paralelismo – que não exclui sensíveis diferenças – com o mito sumério-acádico de *Gilgamesh*. Na versão judaica, o mito é transformado e adaptado a sua experiência religiosa nos moldes de uma meditação sobre a realidade do pecado e a necessidade de expiá-lo. Não se trata de uma história real, nos termos em que Santo Agostinho a encerrou, mas de uma tentativa de tirar lições de experiências muito reais da história daquele povo.[31] Na opinião de Ricoeur, aliás, nem é bom associá-lo aos chamados mitos de

---

[29]   P. Ricoeur, *Finitud y culpabilidad*, p. 558-582.

[30]   Valem as aspas, pois os resultados livres das opções humanas também poderiam ter sido calculados pelo Criador, como sugeriram, entre outros, Karl Rahner e Juan Luis Segundo (ver, à frente, o último capítulo).

[31]   Uma boa explicação para não iniciados encontra-se em M. Schwantes, *Projetos de esperança*.

queda, pois, no seu entender, o mito de queda pressupõe um grau ou realidade superior, do qual se decai (do *topos noetos* para o mundo material, por exemplo). Ele prefere falar aqui de um mito de desvio ou de distanciamento, já que o pecado humano teria acarretado aos infratores a perda da inocência, mas não um rebaixamento na hierarquia dos seres.[32]

Segundo o relato bíblico, é decorrência da própria criação a fundação da moral. Quando uma criatura ousa dominar o mistério da vida e da criação, colocando-se acima do bem e do mal (= ser Deus), o resultado só pode ser uma catástrofe (Gn 3–11). Chega a ser irônico que a promessa da serpente se cumpra quase ao pé da letra: "Sereis como deuses, detendo o conhecimento do bem e do mal". De fato, ao comer do fruto da árvore, o primeiro casal humano perde a inocência (que, no fundo, é um estado pré-humano) e começa a experimentar na própria pele o potencial autodestrutivo da ambivalência: o que é bom para mim torna-se mau para meu semelhante; o que eu retenho, a outro faltará; a tentação de livrar-se de minha responsabilidade e incriminar o outro é sempre iminente ("A *mulher* que *o Senhor me deu* apresentou-me deste fruto, e eu comi"; "A *serpente* enganou-me e eu comi": Gn 3,12-13); e, por fim, fecha-se o círculo quando, ao querer determinar arbitrariamente o bem e o mal em função de meus próprios interesses, mergulho no abismo do mal, que é a perda da própria noção de bem e mal.

Submetidos a essa inevitável ambiguidade da condição humana, somos socorridos pelos mandamentos divinos que se nos apresentam como orientação cultural na concretização do bem e do mal. Existem em função da sobrevivência e do desenvolvimento do próprio ser humano e não como proibição arbitrária de Deus. Assim, ao proibir algo, Deus estaria, ao mesmo tempo, reconhecendo e limitando a liberdade humana, porque sabe que a autodeificação simplesmente não nos fará livres de forma alguma. Como dizia Santo Tomás de Aquino (*Suma teológica* I, Ilae, q. 19, a. 5-6.10), o mal não se deve a uma determinação divina, pois Deus só proíbe o que nos prejudica. E não se trata de exigir cega obediência a leis absurdas ou mal compreendidas, pois a consciência errônea tem o direito de seguir seus próprios ditames. Até

---

[32]   P. Ricoeur, *Finitud y culpabilidad*, p. 544; 543-608.

seria contraproducente uma lei que coibisse totalmente o erro, sem tolerância alguma (Ia, IIae, q. 96, a. 2; q. 95, a. 3).[33]

Aceite-se ou não a argumentação tomasiana, a nota original desse tipo de mito é deixar claro que, de um lado, está a santidade de Adonai; de outro, a ação má pela qual o ser humano assume a responsabilidade e o consequente sofrimento como castigo (Gn 3,1-23; 6,12-13). Portanto, uma coisa é a bondade da criação; outra, a história como lugar do mal. Dessa forma, o mito visa superar a visão de um combate ancestral entre caos e ordem ou a proposta da condição trágica da vida. Todavia, o leitor atento não deixará de constatar que mesmo a ênfase na liberdade e responsabilidade humanas não elimina sobrevivências ancestrais e pontos cegos do mito. Por exemplo, não obstante os argumentos supramencionados, será que Deus protege mesmo o ser humano de seu "desejo de ser como Deus" (Gn 3,6) ou tem ciúme de tal possibilidade? Ou ainda: que Deus santo atiçaria a curiosidade mortal de seus filhos, chamando-lhes a ingênua atenção (num jardim repleto de árvores) para uma árvore tão perigosa?

É opinião difusa entre exegetas e teólogos que o pecado adâmico não fala do mal como de uma necessidade natural, inerente à constituição humana, mas como resultante de uma livre orientação que, de um lado, só é possível graças à finitude e à contingência, e de outro, como fruto do desejo de absoluto. Contudo, de onde vem a falibilidade humana, pressuposto para a catástrofe que irá estourar a seguir? Não estaríamos mais uma vez às voltas com um círculo vicioso? A fragilidade dá origem ao desejo de sermos absolutos como Deus, e ceder a tal desejo, negando a finitude e a contingência, é pecado. Não há um mal constitutivo da natureza; ele é um produto da liberdade. Porém, se somos livres por nossa própria natureza, não é constitutivo da natureza humana errar e pecar? Em suma: se a figura da serpente

---

[33] Todavia, como observa J. A. Estrada, ao comentar essa passagem da *Suma*, a hermenêutica tomasiana acabou – infelizmente – "superada quando se subordinou a consciência à verdade objetiva, revelada pela natureza ou pela instância hierárquica" (J. A. Estrada, *A impossível teodiceia*, p. 78, n. 37). Veja também: J. L. Segundo, *O dogma que liberta*, cap. 4. Aí Segundo constrói uma argumentação muito próxima à de Tomás, alegando (com respaldo no magistério de Pio XII e do Cardeal Lercaro) que, muitas vezes, é melhor tolerar o erro em vista de um bem maior, a saber, a verdade que se aprende humanamente.

simboliza o caráter extrínseco do mal, não seria isto um sinal de algo integrante do caos e, portanto, de um mal anterior ao humano?

Sempre digo a meus alunos que é indelicado fazer certas perguntas aos relatos bíblicos, pois eles não estão aí para substituir a filosofia e a pesquisa científica. Entretanto, se eles são de fato, como parecem ser, tentativas conscientes de se contrapor às narrativas míticas circunvizinhas, sobretudo as que fundam os sucessivos impérios que esmagavam o povo judeu, não é demais perguntar-se sobre em que medida os elementos míticos criticados foram realmente superados. E mais, querendo ou não – aí está toda a filosofia grega para ilustrá-lo –, o símbolo mitológico é um campo fértil para a reflexão.[34]

A teologia, no fundo, tem por missão levantar perguntas incômodas ao mito antes que ele dê asas a visões extremadas que deponham contra o próprio sentido buscado no relato. Muitos veem no mito cristão do pecado original um exemplo de visão extrema a que pode ser associado o modelo adâmico. Esse mito, em sua versão agostiniana, quase nega o ser humano a fim de enaltecer a divindade. Dele partirão as filosofias cristãs posteriores a fim de desculpar o Criador pelo mal. O mal aqui se origina do "mal moral". Entretanto, é a própria literatura bíblica que depõe contra essa hermenêutica (hereticamente pessimista, diria G. K. Chesterton[35]) quando oferece um contraponto importante a tal vertente: a figura de Jó, o justo sofredor. Embora o denso poema que ocupa a maior parte do livro pareça inocentar a divindade ao final – chamada de *Shadai* na maior parte do texto – nem Jó é condenado. Todavia, a nota de destaque é que o Deus de Jó é intimado por este a sentar-se no banco dos réus e se explicar. No epílogo da obra, a

---

[34] Não vou me deter aqui nas variadas propostas de interpretação feitas por consagrados exegetas – uma mais criativa que a outra. Além das obras que já mencionei, veja, acerca do significado da árvore do bem e do mal: J. A. Estrada, *A impossível teodiceia*, p. 74-81.

[35] Diz Chesterton, em seu *Ortodoxia*, que o "paradoxo fundamental do Cristianismo é que a condição comum do ser humano não é seu estado de sanidade e sensibilidade normal: a própria normalidade é anormal. Essa é a mais profunda filosofia da Queda" (p. 259). Para Chesterton, a doutrina do pecado original é "a única visão alegre" da vida humana, e a mais realista (*Autobiografia*, p. 175), pois nos recorda que "abusamos de um mundo bom, e não caímos simplesmente na armadilha de uma realidade má" (*Perché sono cattolico e altri scritti*, p. 136). Extraí os excertos de: G. Bordero, *G. K. Chesterton: l'avventura di un uomo vivo*, p. 12 (http://www.parrocchiasangiuseppe.com/files/chesterton.pdf; último acesso: 9/10/2012).

DE VOLTA AO MISTÉRIO DA INIQUIDADE

divindade toma de fato a palavra, mas, em vez de nos explicar algo sobre as razões do mal, devolve-nos ao mistério. Ressalte-se, porém, que, ao dialogar com o justo de Uz, Adonai acaba reconhecendo a legitimidade de sua queixa. Além disso, Jó se recusa a admitir – ao contrário de um de seus prováveis contemporâneos, o indiano Sidharta Gautama – que seu sofrimento seja mera ilusão.[36]

O modelo adâmico, entretanto, não se circunscreve ao paradigma judaico. Em *As religiões no Egito Antigo*, o egiptólogo J. Baines vê sinais de questionamentos semelhantes em textos funerários que remontam ao Médio Império egípcio (2100-1785 a.e.c.). Há trechos de apologia explícita do deus criador, em que este não aceita ser responsabilizado pelos erros humanos: "Fiz cada homem igual a seu semelhante. Não ordenei que fizessem a 'desordem'. Foram seus desejos que estragaram o que eu tinha dito". Segundo a *Instrução de Merikare*, também estudada por Baines, após o criador ter gerado o cosmo e tê-lo adequado à humanidade, esta quase foi a pique por causa de seus próprios erros.[37] Em suma, a porta aberta por tal modelo de culpabilização do ser humano lança as bases para outras considerações sobre nossa responsabilidade ética perante os sofrimentos que campeiam mundo afora. Voltarei ao tema no próximo capítulo, ao considerar a herança judaico-cristã.

O *mito trágico* é o terceiro modelo proposto por Ricoeur e contempla uma situação intermediária entre os dois primeiros. Aqui o mal está ligado ao destino do ser humano (vide as tragédias gregas). Os deuses tentam, cegam e extraviam. Embora não cometa a falta, ou não saiba exatamente que falta cometeu, o herói é culpado de alguma maneira. É como se o deus que o fere dissesse: "Você não sabe por que está apanhando, mas eu sei por que estou batendo".

Se, nos relatos teogônicos, o combate se dava entre deidades (caos *versus* ordem), agora o mal é experimentado como resultante do enfrentamento entre deuses e seres humanos. Se já fazia parte da natureza dos deuses serem imprevisíveis e desconcertantes, agora eles passam a ser perigosos,

---

[36] J. L. Segundo, *Que mundo? Que homem? Que Deus?*, p. 45-51. Segundo comenta que Jó afunda-se no arrependimento, no pó e na cinza (Jó 42,2-6), mas não se retrata! Sobre o tema, ver o fascículo da revista *Concilium* 307 intitulado: O Deus de Jó.

[37] J. Baines, Sociedade, moralidade e práticas religiosas, p. 198-212.

traiçoeiros e cruéis. Como nas antigas teogonias, o bem e o mal continuam habitando as profundezas da divindade; só que desta vez se enfatiza sua hostilidade para conosco tanto quanto a inutilidade dos esforços humanos para escapar da Moira (o Destino). Porque, afinal, se são deuses, seu desejo é realidade; o que querem é o certo. A nós, seres imperfeitos e limitados, manchados pela condição terrena, ctônica, material, resta a corda bamba entre destino e liberdade, predestinação e heroísmo, cólera divina e revolta, culpa e infortúnio, medo e compaixão, sem nunca saber, enfim, que surpresas os céus nos reservam para daqui a pouco.[38]

Segundo Ricoeur, a única salvação possível, nesse modelo, é a libertação estética (no sentido de *aisthesis* ou sensibilidade interior), alcançada quando se interioriza na profundidade da existência a própria tragédia, convertendo-a em compaixão por si mesmo. Assim, compreender a própria situação de penúria já é libertar-se. É o que apreciamos no belo exemplo de modelo trágico que é *Édipo Rei*, de Sófocles. Trata-se de um autêntico paradigma do indivíduo obcecado (-*cegado*), que é levado pelos deuses à perdição. Ei-lo, a seguir, sucintamente.[39]

Édipo (literalmente, "o de *pés inchados*") é filho de Jocasta e de Laio (o *torto, cambaio, canhestro*), e neto de Lábdaco (o *coxo*). Seus pais reinam sobre Tebas e se angustiam com o que lhes diz o oráculo de Apolo em Delfos: o filho que terão matará o pai e desposará a mãe. Laio entrega a criança recém-nascida a um pastor para que a liquide e o oráculo não se cumpra. O pastor perfura os *pés* do menino, suspende-o pelos *calcanhares* em um arbusto e o deixa exposto aos animais da floresta. Salvo por pastores de Corinto,

---

[38] Sobre essa ambiguidade da experiência religiosa na tradição grega, ver P. Ricoeur, *Finitud y culpabilidad*, p. 513-542.

[39] Vou fazê-lo ensaiando uma síntese de várias versões, a começar pela do próprio dramaturgo ateniense: Sófocles, *Édipo Rei*. Confortado por Lévi-Strauss (*Antropologia Estrutural I*, p. 250), quando garante que o mito define-se "pelo conjunto de todas as suas versões", pois elas o compõem, consultei, principalmente: J. de S. Brandão, Os Labdácidas: o mito de Édipo, p. 233-286; E. Rocha, *O que é mito*, p. 45-92 (Édipo: as interpretações de um supermito); J.-P. Vernant, *O universo, os deuses, os homens*, p. 162-180 ("*Édipo, o inoportuno*"). Dos resumos com interpretações psicologizantes, cito: J.-Y. Leloup, *O corpo e seus símbolos*, p. 39-53 e V. D. Salis, *Mitologia viva*, p. 173-178. E, apenas como aperitivo, um exemplo da abundante obra crítica de Vernant, é seu trabalho O tirano coxo: de Édipo a Periandro, em: J.-P. Vernant & P. Vidal-Naquet, *Mito e tragédia na Grécia Antiga*, p. 179-198.

ele é adotado pelos reis daquela cidade. Vive feliz até descobrir sua sina, por intermédio do oráculo de Delfos. Édipo *foge*, então, dos que pensa serem seus pais, mas acaba tomando a *direção* de Tebas. No *caminho*, cruza-se com Laio e o mata, enfurecido, pois, o carro do rei passara por cima de seu *pé* (novamente "inchado"). Acaba desposando Jocasta como prêmio por livrar Tebas da terrível Esfinge (gr. *sphingo* = estrangular).[40]

A solução do enigma da Esfinge – "qual é o animal que pela manhã tem quatro pernas, ao meio-dia, duas e ao entardecer, três?" – encerra o destino de Édipo e de todos nós: "O homem é o tornar-se este homem". Anos mais tarde, o sábio Tirésias, que é *cego*, revela ao casal real – Édipo e Jocasta – toda a verdade. Jocasta se enforca e Édipo vaza seus próprios olhos. Seu destino se cumpriu e agora ele deseja iniciar uma *viagem interior*, com a visão de Tirésias.[41] Conduzido por sua filha Antígona (que, segundo algumas interpretações, aqui representa *Anima*, a intuição), parte rumo à terra sagrada da Ática e chega ao santuário das Eríneas – deusas com cabelos de serpentes e guardiãs dos infernos.[42] Para quem não as teme, são chamadas de Eumênides. Édipo passa por elas sem sentir repulsa nem atração. Está em outro nível. Acompanhado, daí para frente, pelo herói mítico Teseu, atravessa a região sagrada, alcança uma grande rachadura na terra e, ao adentrá-la, é introduzido na morada divina.

Os especialistas têm puxado vários fios desse relato clássico, muito mais rico do que nos fez supor a exegese freudiana.[43] Contudo, as palavras que fui grifando ao longo da narrativa deixam perceber a ênfase dada à jornada do herói, tão cara ao mitólogo J. Campbell.[44] A tragédia abate-se sobre

---

[40] Entre parênteses: qualquer semelhança entre a Esfinge – que, na versão grega, geralmente tem pés de touro, corpo de leão, rosto andrógino e asas de águia – e as figuras que representam os quatro evangelhos canônicos dos cristãos – o touro para Lucas, o leão para Marcos, a figura humana para Mateus e a águia para João – talvez não seja mera coincidência.

[41] Daqui para frente, trata-se de *Édipo em Colono*, do mesmo Sófocles.

[42] Na maioria das versões, as Eríneas nasceram do sangue que jorrava do falo decepado de Urano e penetrava a terra, enquanto seu filho e algoz Crono ia carregando o membro viril do pai para atirá-lo em Oceano. Aliás, foi da explosão que se seguiu ao choque do falo urânico ferido em águas oceânicas que nasceu Afrodite.

[43] Para quem quiser se familiarizar com o tema, E. Rocha traça um bom panorama de tais interpretações, destacando as de Foucault, Freud e Lévi-Strauss. Ver o supracitado: *O que é mito*.

[44] J. Campbell, *O herói de mil faces*; *Mitologia na vida moderna*.

nós e dela não se pode fugir. Porém, também não podemos ficar paralisados no horror e na culpa. A saída é encarar o inevitável e, depois, arrancar de dentro nossa própria culpa. Vazá-la. Uma vez aliviados do peso, podemos ver além do bem e do mal, além dos contrários. Começa a libertação.

Com efeito, a ambiguidade da divindade manifesta-se em Édipo na indistinção entre o demoníaco e o divino, acarretando sua tragédia. O tabu – neste caso, parricídio e incesto – foi, ainda que inconscientemente, transgredido, e isso basta para que o terror humano diante do divino seja acionado. Eis como a religião e a cultura helenísticas sublinham a dimensão trágica da vida humana: um confronto entre deuses e heróis em que estes, tal qual o Édipo de Sófocles, "oscilam entre a culpa e a inocência, entre a liberdade desmesurada e o desconhecimento temerário, entre a adoração submissa e a revolta blasfema contra os deuses".[45]

Contudo, nem só de tragédias viviam os gregos. Platão refutará com veemência esse tipo de justificação do sofrimento humano, pois

> Deus, dado que é bom, não é a causa de tudo, como se pretende vulgarmente; é causa apenas de uma pequena parte do que acontece aos homens, e não o é da maior, já que os nossos bens são muito menos numerosos que os nossos males e só devem ser atribuídos a Ele, enquanto para os nossos males devemos procurar outra causa, mas não Deus. [...] É impossível, portanto, admitir, de Homero ou de qualquer outro poeta, erros acerca dos deuses tão absurdos como [este]: [...] que Zeus é para nós dispensador tanto dos bens como dos males.[46]

O pensamento platônico remete-nos a outra modalidade de respostas ao mal: a reflexão filosófica. Porém, é sabido que Platão e outros pensadores foram influenciados por determinadas correntes míticas e espirituais da Antiguidade que merecem ser recordadas. Trata-se do quarto modelo mítico, que virá a seguir.

---

[45] J. A. Estrada, *A impossível teodiceia*, p. 68.

[46] Platão, *A República*, p. 67-68. Na realidade, o Sócrates de Platão admite a noção do castigo reparador divino. Portanto, se o poeta "disser que os maus precisavam de castigo, sendo infelizes, e que Deus lhes fez bem castigando-os, devemos deixá-lo [o poeta] livre" (p. 69).

O *mito órfico* remonta, como parece óbvio, à figura de Orfeu. Teria, contudo, existido um Orfeu histórico, em torno do século VI a.e.c., na base da doutrina religiosa desse lendário poeta e místico da Trácia antiga? Talvez. O que conhecemos, porém, é a relevância do orfismo nos primórdios da filosofia grega, tendo influenciado bastante filósofos do quilate de Platão e Aristóteles. Típica religião mistérica, o orfismo se distancia da religião pública helênica, famosa pela variedade de representações dos deuses e pela simplicidade com que explicava os fenômenos naturais e humanos. Por sua vez, a doutrina órfica garante que todos somos deuses por herança divina e voltaremos, um dia, à plenitude da divindade.

O que se entende por mal se situa no corpo, e este, como dirá Platão, é o cárcere da alma. Aí ela é mantida aprisionada, exilada. O mal não depende de nossa vontade; é fruto de uma degeneração, de uma decaída da alma para as regiões mais densas onde habitamos. Os mitos órficos narram justamente como a alma, cuja origem é divina, se tornou humana, e como o ser humano se esqueceu dessa distinção, permitindo que a corporeidade se tornasse um lugar de castigo, de tentação e de expiação. O mal, portanto, não está na origem de tudo; ele decorre da perturbação causada pela queda original, da qual derivamos todos nós. Vivemos, então, nessa contradição entre o espírito anterior à queda e a matéria dela decorrente.

É o que explicita a seguinte máxima órfica: "Alegra-te, tu que sofreste a paixão: antes, desconhecias o que era o sofrimento. De homem, nasceste Deus!". Ou esta: "Feliz e bem-aventurado, serás Deus ao invés de um mero mortal! De homem, nascerás Deus, pois *és* filho do Divino!".

O mito de Orfeu foi recontado nesse novo contexto como descrição desse mal prévio que desterrou nossa alma para as profundezas.[47] Apaixonado pela ninfa Eurídice, Orfeu a perde pouco antes das núpcias. Morta pela picada de uma serpente (de novo, a víbora!), ela é conduzida aos domínios do deus Hades. O herói vai a seu encalço e quase consegue libertá-la da morte. Hades (Plutão) e Prosérpina (Perséfone) impuseram-lhe como condição que ele seguisse à frente de Eurídice e não olhasse para trás até que tivessem transposto os limites do mundo das sombras. Orfeu não conseguiu.

---

[47] F. Comte, *Os heróis míticos e o homem de hoje*, p. 146-161.

Provavelmente – segundo algumas interpretações de cunho psicológico[48] – porque ainda estivesse apegado ao passado, à vida concreta e carnal (olhar para trás). Paradoxalmente, só renunciando a ela teria obtido uma união imorredoura com sua *anima* Eurídice.

De onde se origina, porém, essa condição dividida, essa separação de nossas origens? A antropologia órfica toma emprestada uma narração mítica dos cultos dionisíacos (isto é, celebrados em honra ao deus Dioniso) acerca do crime dos Titãs contra Zagreu. Já mencionei anteriormente[49] a primeira tentativa feita por Hera, deusa-esposa de Zeus, de liquidar Sêmele e o feto do futuro Zagreu (ou Dioniso ou Baco). Naquela oportunidade, Zeus interviera a tempo de salvar ao menos o bebê. Mais tarde, numa segunda tentativa sob as ordens de Hera, os Titãs raptaram Zagreu, mataram-no, cozinharam-no em um caldeirão e o devoraram. Furioso ao tomar conhecimento do crime, Zeus os fulminou e os transformou em cinzas. Uma das versões do relato diz que foram dessas cinzas que teriam nascido os seres humanos, sendo esta a razão de nossa dupla natureza: enquanto o mal nos advém graças a nossa herança titânica, herdamos o bem do pequeno Dioniso (Zagreu) devorado pelos Titãs. Mas esta centelha divina que nos habita é ambivalente, pois Dioniso é o deus da fertilidade e da morte. Embora reconstituído e ressuscitado por Rea, deusa-mãe de Zeus e esposa de Crono, o Tempo (ou, em outra versão, por Demeter e sua filha Perséfone, esposa de Hades), Dioniso não mais perderá esse lado que flerta com as sombras e os subterrâneos da existência.

Esse relato, que já se situa no limiar do mito filosófico acabado, explica a mescla de bem e mal no ser humano como uma combinação de pelejas intradivinas (teogonia), tragédia (a queda) e culpa (nossos ancestrais titânicos). Agora pelo menos (parece que) sabemos por que estamos apanhando. Como foi dito, será o platonismo a tradição filosófica que melhor assimilará essa mitologia. Talvez com a ajuda também dos pitagóricos, Platão receberá o caminho já pavimentado pelo orfismo, pois este muda o final do enredo e

---

[48]   V. D. Salis, *Mitologia viva*, p. 91-95.

[49]   Ver, atrás, no capítulo 1, o item "O divino como configuração do mal". Ver também: V. D. Salis, *Mitologia viva*, p. 70-76. Em vez da etimologia *Dios nusos* = semelhante a Zeus, para explicar o nome "Dioniso", Salis defende *dias nissa* = deus-ilha. E interpreta: "Aquele que veio ensinar aos homens os caminhos para romper seu isolamento original [...] e abrir os caminhos para o encontro do outro" (p. 70).

abre uma esperança soteriológica. Como escapar dessa triste condição? Para nos salvarmos, será preciso, de encarnação em encarnação (*metempsicose*), que nos purifiquemos da matéria por meio do conhecimento, deixando progressivamente de lado os desejos e as paixões.[50] Aliás, os órficos resolveram o problema da culpa de forma original na cultura grega: a culpa é sempre de responsabilidade individual e por ela se paga aqui; quem não conseguiu se purgar nesta vida pagará por suas faltas no além e nas outras reencarnações até a *catarse* (purificação) final. Decorre, portanto, do mito órfico um conjunto de práticas e ritos que auxiliam a alma aprisionada a tomar consciência e assumir o controle de seus ciclos reencarnatórios.

O orfismo, que atingiu a maturidade no período helenístico, mas que hoje sabemos ter existido já no século VI a.e.c., foi um movimento que assimilou elementos da religião olímpica (popularizada por Homero e seus discípulos, além de Hesíodo, Píndaro e outros) com as de Elêusis (culto às divindades femininas Demeter e Perséfone) e Dioniso. Na opinião de especialistas como D. Leeming,[51] foi mais uma filosofia que uma religião, e enfatizou um movimento que vai do ovo primevo original até a paulatina desordem do mundo, enfim reorganizado na figura do Dioniso órfico que ressurge das cinzas graças a Perséfone/Demeter – em claro vínculo, já reconhecido desde Heródoto, com o deus egípcio da ressurreição, Osíris, e sua irmã-esposa Ísis.

Estratégias semelhantes para tal libertação vamos encontrar também entre os gnósticos contemporâneos ao cristianismo nascente, certamente influenciados por ideias do orfismo. Para dizê-lo sucintamente, os gnósticos eram grupos dentro do cristianismo (mais tarde considerados heréticos) que pregavam a salvação pela via do saber.[52] Este saber era o requerido conhecimento dos mistérios, só acessível aos poucos que se dispusessem a trilhar o devido caminho iniciático. Eram grupos de tipo *esot*érico, enquanto o cristianismo se propunha como movimento *exot*érico, isto é, como portador de

---

[50] P. Ricoeur, *Finitud y culpabilidad*, p. 609-644; W. Jaeger, *La teología de los primeros filósofos griegos*, p. 60-76.

[51] D. Leeming, *Do Olimpo a Camelot*, p. 53-60.

[52] *Gnose* aqui é conhecimento, mas não no sentido científico moderno, pois inclui: conhecimento em termos gerais, comunhão mística e relação sexual. Os três sentidos estão presentes no *Novo Testamento*. P. Tillich, *História do pensamento cristão*, p. 44.

uma salvação acessível a todos, sem distinção, sem degraus iniciáticos para conhecê-la. Bastava a experiência do amor ao próximo.

Entretanto, mesmo entre os gnósticos, eram variadas as estratégias de superação do mal que se grudava na matéria e no corpo. Às vezes, até se opunham. Para alguns, a solução era privar o corpo de todos os seus desejos e necessidades, mesmo as mais elementares. A certa altura, a voz do corpo seria calada e a alma liberta. Outros entendiam que o caminho mais rápido e eficaz para calar o corpo era saciá-lo até a exaustão, em orgias infindáveis, até que, no limite, a alma fosse libertada.[53]

Notemos, porém, que também há quem considere o orfismo – graças às figuras arquetípicas de *Orfeu* ("aquele que veio curar pela luz") e *Eurídice* ("aquela que nos ajuda a encontrar a justa medida, a justiça divina") – "a primeira religião do amor que se instalou em solo europeu, sendo considerado o fundamento original e arcaico do cristianismo".[54] Se observarmos que o ponto comum desses desdobramentos do orfismo é sua visão dualista da realidade, fincada na convicção de que o ser humano define-se pela alma, que pode ou não estar presa a um corpo, estaremos de acordo que o cristianismo histórico também bebeu dessa fonte. Esse modelo está em continuidade com a gnose e, muito mais, com a *jnana* do hinduísmo clássico e seu correlato, a *moksha* libertadora. Deus ou os deuses, portanto, não têm com isso nada a ver; o mal está na matéria.

***

Como se pode depreender do que foi visto até aqui, as opções por esta ou aquela tipologia não são equipolentes. Os mitos, evidentemente, não são neutros nem ingênuos; trazem e propagandeiam propostas de estruturação social e de convívio *ad intra* e *ad extra*. A este ponto, porém, já estamos às portas do pensamento filosófico. A viagem pelos modelos míticos de explicação do mal mostra-nos *flashes* de uma dramática e milenar busca de respostas para o mistério da vida humana. Todos os modelos têm sua coerência interna, mas também seus pontos cegos e fios soltos; fios que, em geral, são

---

[53] Ibid., p. 44-47.

[54] V. D. Salis, *Mitologia viva*, p. 91. Também Campbell defende a proximidade entre os mistérios de Elêusis e a revelação atingida por São Paulo na estrada de Damasco (J. Campbell, *As transformações do mito através do tempo*, p. 178-196).

sobrevivências de modelos anteriores que se pressupunham ultrapassados. E nem poderia ser diferente, já que toda experiência religiosa comporta um traço de ambiguidade e de ruptura, de suspeita e de crença. Ela é ambígua porque nossa própria condição humana nos impede de considerar o todo fora de um ponto de vista; é suspeita porque – como nos recorda R. Alves – só pode haver fé onde há dúvida,[55] isto é, onde há outras possibilidades de explicar ou de se aproximar de determinado fenômeno; e, por fim, resolve-se em crença, porque é imperativo correr a fita até o final e ter certeza do *happy ending* antes de empregarmos nossas melhores energias em algumas causas. É a fé como "poupança energética" e "verificabilidade escatológica" de que nos falava J. L. Segundo.[56]

Criador e criatura de seus próprios mitos, o ser humano capta a suposta manifestação divina, mas também a interpreta e codetermina quando a recebe, comunica e reflete sobre ela. Embora pré-reflexivo e pré-teórico, o fenômeno religioso não equivale a desinteligência ou preguiça mental; ele desemboca em um conjunto de conceitualizações que fazem parte da tradição religiosa. Cedo ou tarde, algumas perguntas deverão ser feitas ao núcleo mítico dessa tradição, dando ensejo àquilo que o Ocidente habituou-se a chamar de filosofia. E não será pelo seu alto poder de "empobrecer a experiência, em virtude de seu nível de abstração e de sua incapacidade de admitir o não racionalizável" (Estrada),[57] que o esforço racional-conceitual deve ser desprezado ou "demonizado".

Toda religião inventa suas próprias regras para discernir e avaliar suas experiências religiosas, checando sua coerência interna. Com o cristianismo não é diferente. Ele surgiu como nova síntese que claramente incorporou elementos dos modelos míticos até aqui estudados, tendo por cadinho a crítica profética à idolatria. Por outro lado, não há como negar o papel do gênio grego (helenístico, sobretudo) na teodiceia cristã. O novo contexto em que a nova αἵρεσις (*hairesis*) pretendia expandir-se assim o exigiu, e a majestosa construção mental grega não podia ser deixada de lado. Motivo suficiente

---

[55] R. Alves, *Protestantismo e repressão*, passim. Mas talvez seja mais preciso dizer "onde *havia* dúvida".

[56] J. L. Segundo, *O homem de hoje diante de Jesus de Nazaré*, v. I: Fé e ideologia.

[57] J. A. Estrada, *A impossível teodiceia*, p. 25.

para que façamos no quarto capítulo uma breve parada na filosofia, esse legado grego do qual até hoje não nos despedimos.

Mas, antes disso, vou antecipar uma parte da viagem que faremos mais à frente com J. L. Segundo, para aproveitar algumas de suas intuições e colocar em destaque o que Ricoeur chamou de mito adâmico sobre a origem de nossos males. O intuito é mostrar que, mesmo sob esse guarda-chuva comum, existem, como nos mostra Segundo, distintas imagens do divino, que escondem diferentes percepções do maligno e da melhor estratégia para combatê-lo. Tudo isso confluindo naquela personagem decisiva para a história das religiões: o profeta Jesus de Nazaré e seu confronto definitivo com o mistério da iniquidade.

3.

O adâmico na lente de aumento: Israel e o profeta Jesus

> Deus vem, guia a gente por uma légua, depois larga.
> Então, tudo resta pior do que era antes. Esta vida é de
> cabeça-para-baixo, ninguém pode medir suas perdas e colheitas.
> Mas conto. Conto para mim, conto para o senhor.
> Ao quando bem não me entender, me espere.[1]

O mal na tradição judaica pré-cristã

Ao seguir no capítulo anterior a tipologia proposta por P. Ricoeur, foi inevitável traçar comparações com a tradição judaico-cristã. Até porque o próprio Ricoeur, bem como seus comentaristas supracitados (Croatto e Estrada), também o fazem. O teólogo J. I. González Faus, ao comparar entre si as quatro explicações descritas por Ricoeur, destaca o aparente pessimismo da segunda, a única a colocar o mal no interior da pessoa humana. Todavia, argumenta o teólogo, "é a menos fatalista, porque, ao por o mal no interior, o situa parcialmente ao alcance do homem: em algo que o homem *pode* combater e talvez vencer". Esse pormenor muda, segundo Faus, a função do mito: de simples explicação ele se converte em ensinamento orientado para a prática. Neste caso, conclui, seria melhor situar o mito adâmico no contexto de uma criação "a caminho de sua perfeição" e não – como diz Ricoeur (e J. L. Segundo depois dele) – "acabada e perfeita".[2]

---

[1] J. Guimarães Rosa, *Grande sertão: veredas*, p. 160-161.

[2] J. I. González Faus, *Proyecto de hermano*, p. 361.

Na trilha dessa sugestão, ampliarei o quadro descortinado até aqui, à medida que o for complementando com a antropologia judaica do mal. É inegável, aliás, que toda a mitologia europeia e ocidental nela se tenha banhado,[3] o que, por si só, já justificaria o esforço. Porém, além disso, no caso brasileiro em especial, não é possível entender todas as variações de ritos, rezas, bênçãos, simpatias e outras estratégias de combate e proteção contra o mal sem fazer referência à tradição mítica judaico-cristã. Isso não nega outros componentes importantes do "mal à brasileira"[4] neste formidável sincretismo que caracteriza a sociedade nacional. Apenas destaca um de seus fios mais robustos.

Para tanto, convém antecipar uma introdução à perspectiva de J. L. Segundo sobre o mal, cuja proposta de um roteiro das imagens do divino documentadas na Bíblia hebraica vem bem a calhar. Segundo apresentou-a pela primeira vez em meados da década de 1960, e voltou seguidamente a essa tipologia nos anos seguintes.[5] Há aqui uma discreta influência da tipologia de Ricoeur,[6] embora o autor confesse tê-la aprendido de fato com G. Lambert, seu professor de Sagrada Escritura (Antigo Testamento) em Egenhoven, Bélgica. Veio de Lambert a ideia de que há diferentes etapas, de que há crises no interior da Bíblia e de que essas crises deram lugar a diferentes teologias no interior da Bíblia hebraica. Mas foi outro professor, L. Malevez, quem o ajudou a iluminar um pressuposto importante da leitura de Lambert: a ideia de que na Bíblia não há inspiração individual, somente inspiração coletiva. De nada adiantaria um texto escrito se não fosse

---

[3]   D. Leeming, *Do Olimpo a Camelot*, passim.

[4]   Aludo aqui ao importante estudo feito na década de 1990: *O mal à brasileira*, organizado por P. Birman, R. Novaes, S. Crespo. O tema foi retomado e atualizado cinco anos mais tarde em: B. Lewgoy (org.), O mal revisitado. Sobre o sincretismo, ver meus trabalhos anteriores: *Interfaces da revelação* e *No espírito do Abbá*.

[5]   Uma primeira versão deste estudo apareceu em 1964: J. L. Segundo, *Etapas pre-cristianas de la Fe*. No mesmo ano saiu *Concepción Cristiana del Hombre* (no Brasil, em 1970). Para este item, baseio-me nos seguintes trabalhos de J. L. Segundo, *As etapas pré-cristãs da descoberta de Deus*; *A nossa ideia de Deus*, p. 187-205; *Teología abierta* III, p. 161-197; *O dogma que liberta*, p. 51-197; *Que mundo? Que homem? Que Deus?*, p. 241-300.

[6]   Aliás, P. Ricoeur foi o orientador de uma das teses doutorais de Segundo, que saiu em espanhol (1964) numa versão mimeografada: *La cristiandad, una utopia?*; v. 1: Los hechos, v. 2: Los princípios.

reconhecido pelo povo leitor, se este não visse suas experiências retratadas naquele e não identificasse nessa caminhada histórica cheia de avanços e percalços a companhia divina.[7]

Pensar a fé em suas etapas pré-cristãs é uma chave de leitura decisiva do pensamento segundiano e não será coincidência o fato de que atravessem toda a sua bibliografia, cada vez mais bem elaboradas e enriquecidas. Situando-as em sua época e contextos originais, Segundo as dividia em quatro imagens teológicas básicas, que por sua vez sugeriam quatro concepções ou fés antropológicas e – como defenderei aqui – uma teodiceia quadrifurcada: o deus mistério tremendo; o deus providência moral; o deus transcendente e criador; e o deus legislador justo. A cada imagem do divino corresponderia uma antropologia, a saber, uma maneira do ser humano se localizar no mundo, em relação com os deuses, com os demais membros do grupo social e consigo mesmo.

Obviamente, Segundo não faz nenhuma descoberta exegética nesta área. Sua tipologia vale mais pela plasticidade didática – com todos os limites de uma síntese desse tipo – que facilita a compreensão de um período tão vasto (a partir de 1800 a.e.c.) quanto significativo para o pensamento ocidental ulterior (os últimos dois milênios). Mesmo assim, as consequências lógicas desse pressuposto estão longe de serem consensuais na teologia oficial das igrejas e mesmo em teólogos contemporâneos ao Concílio Vaticano II.

Embora, como já foi dito, a pergunta principal do autor não fosse, diretamente, o tema que aqui nos ocupa, é evidente que suas intuições têm fôlego suficiente para jogar alguma luz sobre a questão do mal. Entretanto, alguns elementos precisam ser esclarecidos desde o início. Apesar de coadjuvado, na versão brasileira da obra original, pelo antropólogo P. Sanchis,[8] o modelo proposto por Segundo é, de fato, teológico. Mais: sua intenção apologética, isto é, de defesa da fé cristã, desemboca numa demonstração dessas

---

[7]   Informações coletadas de entrevista concedida por J. L. Segundo a: J. C. Coronado, *Livres e responsáveis*, p. 29-32.

[8]   J. L. Segundo & P. Sanchis, *As etapas pré-cristãs da descoberta de Deus*.

imagens do divino como etapas evolutivas rumo à descoberta do Deus cristão. Apresenta-as como quatro momentos da revelação pré-cristã de Deus.[9]

Não obstante esse *locus* apologético imediato, o modelo evolutivo de Segundo pode interessar também à Ciência da Religião, pois consegue evidenciar que tais imagens são distintas e profundamente interligadas. Mesmo se, aos olhos rigorosos do pesquisador, nem sempre será defensável que, historicamente, elas tenham sido consecutivas no Antigo Israel – caminhando de uma imagem do divino como tremendo e cruel para outra, de um deus legislador e juiz –, no fundo, essa sucessão não aleatória de concepções da divindade demonstra que as mudanças histórico-sociais remodelam a compreensão que o ser humano tem de si mesmo e, por conseguinte, levam a uma recriação do mito. Assim, elementos específicos de certa configuração do supremo Senhor de Israel são modificados para que, na sua nova expressão, voltem a ser paradigmas da nova realidade.

Mas não deixa de ser interessante que a tradição judaica, por paradoxal que possa parecer, contemple e respeite simultaneamente imagens tão distintas – às vezes, até antagônicas – como palavras pertinentes sobre o mistério divino. Isso significa que uma leitura rigorosa, em sentido moderno, não poderia – em nome do princípio de não contradição – mantê-las ao mesmo tempo como igualmente "verdadeiras" (salvo algum artifício apofático que se contente com o postulado de que, no fundo abissal do mistério, o absurdo faz sentido). Porém, diga-se desde já que, conforme nosso autor, não há aqui

---

[9] Assim, em *As etapas pré-cristãs...*, o modelo das quatro imagens do divino é aplicado à religiosidade cotidiana dos cristãos latino-americanos para demonstrar que o cristianismo nominal não implica cristianismo de fato. Em *A nossa ideia de Deus* o esquema é subsídio para discutir a imagem cristã de Deus (p. 187-205); no volume 3 (Reflexões críticas) de *Teología abierta*, é retomada com mais profundidade a discussão sobre o processo rumo à dimensão eclesial da revelação (p. 170-195). *O dogma que liberta* faz uma espécie de síntese-balanço da teologia da revelação e vê no esquema das etapas (a gradualidade) uma das três principais características do dogma (as outras duas são a linguagem icônica e o papel da comunidade na formação do cânon). Em *Que mundo? Que homem? Que Deus?*, o fio condutor da apresentação (p. 241-363, incluindo os Sinóticos e Paulo) é "essa aventura da liberdade, que começa no Antigo Testamento e termina na madura concepção antropológica das grandes cartas paulinas" para fundamentar a seguinte questão: é possível, a partir dessa experiência, "reformular os dogmas que têm relação com a liberdade do homem diante de Deus?" (p. 362). Diga-se também que o modelo das quatro imagens/etapas depende, em parte, da já superada teoria das quatro fontes (J, E, D, P), mas não precisa dela para se sustentar.

incoerência alguma. Apenas está em ação o que ele chama de "processo do aprender a aprender" (ou deuteroaprendizagem) da revelação bíblica.[10] Nesse percurso, mais decisivo do que informar algo correto e sem erro da parte de Deus é "fazer o educando pensar";[11] é ensiná-lo a pensar.

Outro alerta prévio: nada impede que imagens semelhantes tenham-se configurado em outras culturas em ordem inversa ou simplesmente diferente. Como admite o próprio teólogo uruguaio, este "não [é] o único processo de aprender a aprender que a história nos apresenta"; apenas "é aquele cujos rastros podemos seguir visivelmente até o momento em que Jesus, base de nossa fé, se insere nele".[12] Mais: tais concepções do divino – e, no nosso caso específico, das implicações entre mal, maldade e deidades – estão mais arraigadas em nossa gente do que teólogos e evangelizadores cristãos gostariam de admitir. Para dizê-lo com Segundo,

> somente se refletimos sobre [a Bíblia hebraica] como sobre um processo da fé *que estou percorrendo atualmente*, em suas diferentes etapas – as quais, por mais superadas que pareçam, ressurgem nos momentos mais inesperados, como essas gafes verbais que Freud analisa e que surgem do inconsciente – somente assim poderiam dizer algo para minha vida atual.[13]

Isto posto, podemos, finalmente, acompanhar as quatro imagens do divino recolhidas por Segundo naqueles textos que os cristãos também chamam de Primeiro Testamento. Como foi dito, a abordagem vai se concentrar em descobrir, em cada uma delas, como o ser humano encara a experiência do limite, da doença e da morte.

O deus mistério tremendo – Esta primeira imagem encontra-se nos textos mais antigos da Bíblia hebraica que tratam a divindade ora pelo nome de *Iahweh*, ora de *Elohim*. Os textos remontam ao período da formação de Israel, entre 1200 e 900 a.e.c., que corresponde a seu processo de sedentarização.

---

[10] Ver, entre tantos outros: J. L. Segundo, *Libertação da teologia*, p. 133; *O dogma que liberta*, p. 77-118.

[11] Id., *O dogma que liberta*, p. 117.

[12] Id., *Teología abierta* III, p. 170, n. 9.

[13] Id., *Que mundo? Que homem? Que Deus?*, p. 244. Itálicos do autor.

De volta ao mistério da iniquidade

Na realidade, são fragmentos da memória oral de uma religião (ou religiões) que não mais existe à época de sua escrituração. Embora banhados em um contexto politeísta caracterizado por uma pluralidade de deuses locais, parece segura, no período, a tendência monolátrica, isto é, a adoração de apenas um dentre os vários deuses que se supõe existirem, no interior dos vários clãs.

Dentre aqueles grupos siropalestinenses que deram origem a Israel, o deus *El* era o mais popular. Tido por clemente e venerável, era o rei dos deuses, o criador do mundo, o pai de todos os deuses e seres humanos. Ele e sua esposa *Ashera* não estavam presos a lugar nenhum e zelavam pela boa ordem dos ciclos da natureza. Outro deus importante é *Iahweh*, protetor da região desértica e montanhosa que se estende do mar Morto ao mar Vermelho. Ele se manifesta em terremotos, tempestades e dá fecundidade e força aos beduínos onde quer que estejam. Os contatos de tais povos do deserto com os da planície acabaram por fundir as duas figuras em um único deus. Marca desse sincretismo bíblico é o popular nome próprio *Elias*, cujo significado hebraico vem a ser literalmente: *El é Iahweh*.[14]

Que tipo de religião se forma em torno a esse "novo" deus? Atentemos para uma aparente contradição: a extrema liberdade e sensibilidade das pessoas nas relações entre si e com deus no âmbito do "profano" em oposição ao terror diante do "sagrado". Praticamente tudo pode ser feito, sem nenhum constrangimento, desde que o sagrado seja rigorosamente observado em suas prescrições rituais.

Exemplo paradigmático é a manifestação divina (teofania) a Moisés na sarça ardente (Ex 3,1ss). Ao se aproximar, Moisés é advertido a não profanar o mistério do lugar, pois, as consequências seriam terríveis. "Descalça as sandálias".[15] Se não cumprir a determinação ritual, não importa se esse

---

[14]   Sigo neste parágrafo a H. Vorgrimler, *Doctrina teológica de Dios*, p. 54-56. Para o cotejo do que aqui se diz sobre as quatro etapas, ver p. 52-69.

[15]   Vale registrar a interessante explicação do rabino Apta para esse comando, recordada por N. Bonder: o tirar as sandálias/sapatos remete a tocar o chão sem aquilo que amolda nossos pés e os distanciam da realidade tal qual ela é. "Descalça teus sapatos, retira de ti o habitual que te envolve e reconhecerás que o lugar onde estás nesse momento é sagrado. Porque não há lugar ou momento que não seja sagrado". Mesmo que, às vezes, a superfície irregular e desconfortável da qual os sapatos nos protegiam possa até nos ferir, "esta será", garante Bonder, "uma

Moisés poderá ser o grande libertador de seu povo: ele será incinerado como qualquer outro. O rito é sempre impositivo e arbitrário. Desconhecê-lo ou, pior, desobedecê-lo atrai miséria, doença, esterilidade, derrotas e vida curta. Portanto, os males dessa vida são atribuídos à inabilidade no trato com a divindade, que tem no ritual seu privilegiado canal de acesso.

Por outro lado, é incrível a preferência de deus (*El* ou *Iahweh*) pelo "enganador". Os chamados "patriarcas de Israel" – Abraão, Jacó, às vezes Moisés, e até Davi – são protegidos mesmo em sua astúcia de moral duvidosa, talvez porque deus compreenda que, na luta pela sobrevivência (em terras tão inóspitas), valha tudo. Vale Abraão enviar sua esposa Sara ao harém do faraó para conseguir algum dinheiro, e vale Jacó enganar seu pai e seu irmão mais velho a fim de obter a bênção que não lhe pertencia por direito.

A menção a Jacó requer um parêntese. Curiosamente, o caçula de Isaac talvez seja a personagem sobre quem mais sabemos na Bíblia hebraica. Há mais capítulos do Gênesis dedicados a ele e a seus filhos do que a qualquer outro patriarca. Nós o acompanhamos desde o útero até os últimos momentos de vida. Suas aventuras juvenis pertencem, segundo o rabino H. S. Kushner,[16] à tradição literária do maquinador, o herói amoral que usa a astúcia, e não a força física, para suplantar o adversário – tradição que inclui, entre tantos, o nórdico deus Loki, o Ulisses homérico[17] e até nosso querido burlão Pedro Malasartes.[18] À diferença destes, porém, o Jacó bíblico parece ter crises de consciência quanto aos méritos de sua esperteza. O conhecido episódio de sua luta contra o anjo do Senhor (Gn 32,23-31) seria um exemplo disso. Ao emendar força com o ser divino, Jacó – cujo nome significa calcanhar[19] – é ferido na perna pelo adversário angélico. Aquele que pega seu irmão pelo

---

experiência singela de libertação e expansão. Sentir o chão é reencontrar a vida" (N. Bonder, *Tirando os sapatos*, p. 21-23).

[16] H. S. Kushner, *Que tipo de pessoa você quer ser?*, p. 24-38.

[17] J.-P. Vernant, *O universo, os deuses e os homens*, p. 98-143.

[18] Figura tradicional nos contos populares da Península Ibérica, a popular figura de Malasartes encarna o burlão cínico, sem escrúpulos nem remorsos. A menção mais antiga a suas estripulias está numa cantiga do *Cancioneiro da Vaticana*, datado dos séculos XIII e XIV.

[19] Na luta, que o deixa ferido e mancando, Jacó, o trapaceiro, se torna Israel, aquele que luta com Deus. No hebraico, diz Kushner, o nome Jacó possui também a conotação de *akov* (torto), enquanto Israel remete ao termo *yashar* (reto). H. S. Kushner, *Que tipo de pessoa você quer ser?*, p. 34.

calcanhar – no ponto fraco, malandramente – desde o nascimento, agora leva um troco da "sobre-coisa".

Mas Kushner tem uma interpretação bastante sugestiva para o misterioso agressor do futuro patriarca:[20] ele é parte do próprio Jacó. Por isso, surge quando Jacó está sozinho e tem exatamente a mesma força que Jacó. O "mal" em questão, neste caso, seria o lado negativo, rejeitado, da personalidade em combate com o lado luminoso. Outra exegese interessante é oferecida pelo rabino N. Bonder, para quem a especialidade de Jacó "é trair o outro" – uma espécie de "símbolo das transgressões que todos os seus filhos e descendentes repetirão". A luta com Deus no episódio referido acima é a "busca de novo equilíbrio", "a escolha de um novo 'correto' na relação com um igual e com um outro".[21]

Fecho o parêntese. Talvez, na realidade, tudo isso simplesmente nos esteja insinuando que este deus tremendo guarde distância de tudo o que é humano e mundano; ele intervém, a seu bel-prazer, somente por meio do sagrado, enquanto este/isto paire ou se manifeste em ritos, ciclos, pessoas e objetos.[22]

O deus providência moral – No viés de J. L. Segundo, esta imagem traduz principalmente a cosmovisão dos chamados profetas pré-exílicos e a do livro do Deuteronômio. Um lento caminho na direção do monoteísmo estrito vai sendo trilhado. Esses grupos, atuantes entre os anos 900 e 600 a.e.c., combatem vigorosamente os excessos da monarquia em Israel. Os reis são vistos como opressores do povo, e a sensação de injustiça é generalizada. Deuses apenas sedentos de rituais não mais satisfazem. É preciso retocar algumas coisas. O resultado é que o deus dos profetas continua suscitando o terror, mas agora sua fúria se estende também ao âmbito profano. De certa forma – e aqui corro o risco de incorrer em algum anacronismo pelo uso de uma interpretação moderna de alguns termos (sagrado, profano etc.) –, o profano quase engole o espaço cúltico. Em outras palavras, a divindade está de olho em tudo o que fazemos, e não apenas no que fazemos durante as cerimônias rituais ou com pessoas ou objetos tidos como sagrados.

---

[20] Ibid., p. 32-38.

[21] N. Bonder, *A alma imoral*, p. 43-45.

[22] J. L. Segundo, *Teología abierta* III, p. 173, n. 15.

E por que isso ocorre? Porque as condições para obter os favores divinos são agora éticas. O conceito de *aliança* entre Adonai, o "Deus de nossos pais" (Dt 26,5-9), e o povo de Israel é aprofundado. Desconfia-se de uma aliança apenas ritual. A sinceridade e a fidelidade do povo serão medidas pelos gestos concretos a serem feitos em favor do próximo. Portanto, pode-se dizer que é parte essencial da aliança que Israel constitua uma sociedade justa e humana, à imagem de Adonai, deus justo e misericordioso. Este é o espírito original do Decálogo, uma espécie de primeira constituição civil-religiosa de Israel, proclamada pelos antigos profetas hebreus. Esse projeto garante, por meio da estrutura concêntrica em que foi formulado e, mais tarde, redigido, que o único jeito do povo hebreu não regressar à "casa da escravidão" é preservar a Vida (*Não matarás*), garantindo a unidade da Família (*Honra teu pai e tua mãe* e *Não cometerás adultério*), defendendo o direito ao Trabalho livre e a seus frutos (*Lembra-te do dia do sábado* e *Não roubarás*), cultivando o reto uso da Palavra (*Não pronunciarás o nome de Javé teu Deus em vão* e *Não apresentarás um falso testemunho contra o teu próximo*) e atentando para um Desejo e uma Imaginação saudáveis e geradores de plenitude (*Amarás a Deus acima de tudo e não farás para ti imagem* e *Não cobiçarás a casa de teu próximo*). Esses mandamentos são indecifráveis sem serem situados em um contexto de crítica social e de defesa dos direitos tribais dos mais fracos.[23]

De onde viria o mal, então? Este seria consequência da ruptura da aliança; um castigo enviado por deus em virtude de dois possíveis pecados: o povo não cumprir sua parte na aliança ou querer invadir a parte de Adonai. A monolatria (adorar somente o deus que escolheram) e a justiça social (fartamente esmiuçada pelos profetas) é a parte do povo; dirigir a natureza e os acontecimentos é a parte divina. Portanto, se quiser vencer a guerra contra seus adversários, basta Israel ser fiel a seu deus.

Dessa forma, chega-se à convicção expressa no Salmo 1: feliz o homem justo, tudo o que ele faz prospera; infeliz do ímpio, todos os seus projetos terminam em ruína. Essa convicção de que o mal físico, concreto decorre de um "mal moral" anterior fez história no Ocidente. Assim, saúde, riqueza, longevidade e prole numerosa são bênçãos divinas; seus contrários são sinal

---

[23] E. M. Balancin, Decálogo: educação para a libertação e para a vida, p. 2-3.

de castigo ou maldição. Como dirá o salmista: "Fui jovem, hoje sou velho, mas nunca vi um justo abandonado, nem sua descendência mendigando o pão" (Salmo 37,25). Porque, se estiver na penúria ou na doença, só pode se tratar de um pecador.

Com isso, Israel acredita ter introduzido uma racionalidade religiosa nos acontecimentos históricos. A superação dos males deste mundo parece estar ao alcance da causalidade humana. De um modo indireto, é verdade, pois, no fundo, é o Senhor quem dirige a história, embora dependendo, afinal, daquilo que seus devotos israelitas decidem fazer.

O deus transcendente e criador – A configuração desta terceira imagem divina deve muito à crise deflagrada pela queda de Judá sob o império babilônico (537 a.e.c.) e à consequente revisão teológica por ela desencadeada. Por mais que o povo pusesse em prática a pregação profética, a sensação generalizada era de que não bastava uma correta conduta ética para controlar os acontecimentos da vida. Inspirando-nos na análise de um pensador contemporâneo como P. Ricoeur, poderíamos questionar se tanto sofrimento assim, quando comparado à capacidade comum dos simples mortais em suportá-lo, não seria um abuso ou um excesso.[24] O lamento do Salmo 44,18 – que mais tarde se transformaria com Jó em queixa e, desta, chegaria à contestação – era que o Senhor parecia ter abandonado seu povo. E sem culpa proporcionada, pois era muita desgraça para pouco pecado que pudesse ter sido cometido pela nação. Por que Adonai não interveio em defesa de sua gente? Ou não quis, embora pudesse fazê-lo (então, não nos ama mais); ou não pôde, embora tivesse tentado (então, o Marduk babilônio é mais forte). Entretanto, só interessava ao povo judeu uma terceira alternativa: o Senhor continuava querendo e podendo libertá-los! O problema com essa alternativa é que, pelo visto, não podia ser comprovada pelos fatos. Afinal – dizendo-o qual Epicuro –, se o Senhor podia e queria, por que, então, não resolvia logo aquilo?

Para tornar ainda mais sombria a crise iminente dos modelos anteriores, alguns textos – tais como: o Salmo 73, o Livro de Jó e o Eclesiastes – deram conta de outra experiência angustiante: os que sofriam eram principalmente

---

[24] P. Ricoeur, *O mal: um desafio à filosofia e à teologia*, p. 29-30.

os indivíduos justos.[25] Nem a inocência os poupara de padecer o mal. O clímax dessa nova consciência parece ter sido Jó 24,2-12, que, no juízo de Gustavo Gutiérrez, revela-se "a mais radical e cruel descrição do tormento dos pobres que se pode encontrar na Bíblia".[26] O que fazer? A saída de Israel nesta etapa foi inusitada: ao roçar a fronteira do "ateísmo" ou da debandada geral para Marduk, optou, em vez, pelo monoteísmo estrito. Podemos apreciá-la numa das versões do mito da criação (Gn 1,1–2,4a): o Senhor Deus é o criador do céu e da terra. Exceto Adonai, tudo mais é criatura. Ele é tão poderoso que é capaz de criar antes a luz, no primeiro dia, e só depois, no quarto dia, criar o sol, a lua e as estrelas como meros luzeiros da terra.

Como dirá Isaías Júnior (Is 40), diante de Adonai os outros deuses não são de nada. Deus é transcendente, está acima de nossas intrigas cotidianas e não se prende a nossos rituais ou cobranças de retribuição. Ninguém está em condições de exigir que o Senhor cumpra a sua parte divina na aliança, pois, afinal, "pode o homem ter razão diante de Deus? Ou pode um mortal ser puro diante de seu Criador?" (Jó 4,17). Pois, se "até mesmo em seus anjos encontra defeitos" (4,18), quanto mais "no homem, esse verme, e no filho do homem, essa larva!" (25,6).[27] Aliás, e este é um dos recados do *Livro de Jó*, se a criatura existe, é porque Adonai já cumpriu a sua parte. Só resta a quem quer que seja – judeu, egípcio ou babilônio – submeter-se a seu criador.

A bem da verdade, o autor de *Jó* furta-se com habilidade a propor uma explicação definitiva acerca do significado e do propósito do sofrimento dos

---

[25] Para outras visões acerca da importância da literatura desta etapa para o tema do mal, ver: J.-P. Prévost, *Dizer ou maldizer seu sofrimento*; C. G. Jung, *Resposta a Jó*; P. De Benedetti, *Quale Dio?*; A. R. Ceresko, *A sabedoria no Antigo Testamento*, p. 74-99 (para o livro de Jó) e 100-129 (para o Eclesiastes).

[26] G. Gutiérrez, *Falar de Deus a partir do sofrimento do inocente*, apud A. R. Ceresko, *A sabedoria no Antigo Testamento*, p. 92. Confirmando esse juízo está o estudo de M. Grenzer, fruto de sua tese doutoral, que vê aí "a descrição provavelmente mais abrangente da miséria dos pobres que se encontra em toda a Bíblia" (M. Grenzer, *Análise poética da sociedade*, p. 13).

[27] Conforme observa J.-P. Prévost, a fim de justificar a ação de Deus, os amigos de Jó [as citações no texto vêm, respectivamente, de Elifaz e Bildad] "sentem necessidade de rebaixar o ser humano" (*Dizer ou maldizer seu sofrimento*, p. 37). Na outra borda, porém, o Salmo 8 já exclamava: "Que é o homem [...] para pensardes nele? [...] Vós o fizestes quase igual aos deuses, de glória e honra o coroastes" (vv. 5-6)!

inocentes. Porém, deixa clara a insuficiência das explicações disponíveis: o sofrimento como retribuição (4,7-9; 8,20; 22,4-5), como função disciplinar (5,17) que nos afasta do mal e esvazia nosso orgulho (33,16-17), como propósito probatório daqueles que Deus "ama" (prólogo), como episódio temporário (8,20-21; 11,13-17), inevitável, dada a fraqueza e a propensão humana ao mal (5,7), espantosamente casual (21,23.25-26) e, em decorrência da insondável perfeição de *Shadai*, misterioso (11,7-8; 36,26; 42,3).[28]

De outra parte, o "terror" de Adonai volta com toda a força, ao mesmo tempo em que a criatura experimenta a insaciável sede do divino de que tratam os Salmos 42 e 63. "Minha carne te deseja com ardor." Quanto aos sofrimentos que acometem a criatura indefesa, uma das respostas divinas sugeridas a Jó (capítulos 38—42) demarca uma nova atitude espiritual: se o ser humano não compreende os planos da criação – "Onde estavas quando eu criava a terra?" (38,4) –, como pretende entender sua divina providência?[29] Em outras palavras, o Senhor é insondável: somente ele conhece o que o ser humano jamais poderá compreender ou alterar, seja qual for a sua conduta. A resposta prática virá na esteira do livro do *Eclesiastes*: uma vez que "homem algum é capaz de averiguar toda a ação, em seu conjunto, que Deus realiza debaixo do sol" (8,17), resta-nos aprender a cultivar uma postura sábia perante as contingências da vida.

A rigor, porém, J. L. Segundo vê no *Eclesiastes* uma inovadora maneira de perguntar – antropocêntrica, positivamente profana – e não, propriamente, uma resposta. E o que pergunta o sábio diante da vida? Em síntese, uma ideia que se repete várias vezes ao longo do livro: "Que proveito tira o homem de todo o trabalho com que se afadiga debaixo do sol?" (Ecl 1,3; 2,22;

---

[28] Resumo aqui os comentários de Prévost (*Dizer ou maldizer seu sofrimento*, p. 31-53) e Ceresko (*A sabedoria no Antigo Testamento*, p. 90-97). Este último (p. 91) até entrevê no Epílogo uma compreensão do sofrimento como *vicário* ou redentor (42,8: "Meu servo Jó intercederá por vocês").

[29] Lévinas, no entanto, sugere outra explicação, não menos instigante, para o famoso desaforo dirigido a Jó (38,4). Aqui inexiste uma teodiceia a recriminar a criatura pela insolência da queixa. Não se trata de mostrar que o pretenso juiz do Criador é incapaz de contemplar o bem que jaz no todo. Para Lévinas, o "onde estavas?" é um chamado à responsabilidade. Como se Deus dissesse: tu não és criador disso, mas agora respondes por tudo e te solidarizas com todos. E isso não se consegue sem dor (E. Lévinas, *De Deus que vem à ideia*, p. 180-181).

3,9; 5,15; 6,12 etc.). "O mero fato de perguntar deste modo[30] coloca o 'sábio' em um contexto em que pertencer a um povo escolhido, que fez aliança com Iahweh já não é mais central" e sim "as relações essenciais que interligam 'criaturas' e 'Criador', o contingente e o transcendente".[31]

Antes de seguir adiante, porém, é preciso sublinhar que esta etapa nos brindou com duas obras incomparáveis que continuam suscitando hoje re-leituras, perplexidade e constrangimento. Do *Livro de Jó* já foi dito de tudo um pouco – até, conforme o já citado W. Whedbee, que se trata de uma co-média[32] –, mas Segundo chama-nos a atenção para alguns pormenores a ter em conta. Primeiro, a fala de Jó não é um discurso teológico como a "teodi-ceia" de seus amigos; "sua resposta é mais um grito que um sistema", o que explica a profusão aparentemente caótica de suas imprecações. Segundo vê em Jó apenas "meia teologia", porque é mais pergunta que resposta, embora reconheça nele o mérito de ter obrigado o Senhor a tomar a palavra.[33] Em segundo lugar, Jó se recusa a admitir que seu sofrimento seja mera ilusão. Uma vez silenciado pela "Voz da tempestade", ele se afunda no arrependi-mento, no pó e na cinza (Jó 42,2-6), mas – enfatiza Segundo – não se retrata! Jó evita assim a saída monista que significaria ceder à obrigação "religiosa" de chamar de "bom" o que ele, Jó, sente na pele como "mau".[34]

Existe, porém, algo mais que, talvez, tenha escapado a Segundo, e que me parece importante. Jó não foi simplesmente intimidado. Sua fala final é a de "alguém que *viu* algo que ultrapassa tudo o que já havia sido *dito* à guisa de explicação".[35] O que quer que tenha sido, devolve-lhe a esperança e não sugere nenhuma resignação. A menção final aos novos filhos e filhas sugere um homem que reconstrói sua casa (42,12-15) a partir da solidariedade da comunidade (42,11: seus irmãos, irmãs e conhecidos o confortam e cada

---

[30]   Aqui Segundo baseia-se na exegese de W. Zimmerli sobre *Ecl.*

[31]   J. L. Segundo, *O dogma que liberta*, p. 167-168.

[32]   W. Whedbee, The comedy of Job.

[33]   J. L. Segundo, *Que mundo? Que homem? Que Deus?*, p. 268.

[34]   Ibid., p. 45-51. Nosso autor segue aqui a opinião de E. Dhorme que, na tradução francesa da Bíblia (La Pléyade, 1959), dá suas razões para preferir em Jó 42,1-6 "me afundo" a "me retra-to". Ver também: E. Tamez, *Bajo un cielo sin estrellas*, p. 43-49 (Job: grito violencia y nadie me responde!).

[35]   J. Campbell, *O herói de mil faces*, p. 143.

97

qual lhe oferece uma moeda de prata e um brinco de ouro para recomeçar a vida). Não é pouco.

A segunda obra a ser destacada é o perturbador *Qohélet*, o Eclesiastes. Seu espírito já foi chamado de niilista ou "cético fiel" (E. Bianchi) e já se notou sua laicidade, que conflita com as vias religiosas para falar de Deus. Muito se falou de algumas ausências impactantes em seus versículos. Por exemplo, o texto nunca menciona o nome do Deus pessoal, o tetragrama; não aparecem ali a história de Israel, a aliança, um Deus que escolhe seu povo, a oração, a Torá (lei, revelação), o destino final do mundo e do ser humano, a providência, o sentido da criação etc. Só "circularidade". "Um texto de crise para uma época de crise"[36] é como o vê P. De Benedetti. Sua presença na Escritura é como a do não crente no fiel. Para além de Jó, *Qohélet* contesta até a retribuição positiva: tudo é seguir o vento...; até a vida repleta de bens é sinal de fraqueza, inconsistência. Eis a singularidade deste livro na Bíblia: Jó ao menos estava certo de que Deus era justo; só não entendia como; mas aqui toda a lógica (regras) do jogo é inconsistente. Por isso, o Deus desse livro não é o Deus da oração nem um deus maligno. Ele simplesmente está acima dos céus; não do nosso lado nem à nossa frente. De Benedetti explica que, mais que a tradição bíblica do Deus escondido (em Dt 31, Deus avisa que esconderá o rosto; e, para Is 45,15, Deus é aquele que se esconde), em Qohélet, Deus é inalcançável e impenetrável.

Já se falou desse polêmico livro que consiste na porta de entrada e... de saída da Bíblia. Ao desmontar tudo, ele também abre para todas as possibilidades – até inclusive a de voltar a crer... de outro modo. Por isso, tem razão J. L. Segundo quando vê no *Eclesiastes/Qohélet* uma inovadora maneira de se perguntar e não, propriamente, uma resposta. Mas a questão é: até onde se aguenta ir somente refazendo perguntas que não podem ser respondidas?

O deus legislador justo – Seria impreciso insistir nessa imagem divina como puramente judaica. Embora cubra o período histórico dos duzentos anos que antecedem o movimento profético de Jesus de Nazaré, nem todas as obras que aqui podem ser consideradas são aceitas no cânon judaico oficial (Também as igrejas da Reforma protestante não as aceitam). Aliás, segundo

---

[36] Sigo, neste parágrafo, P. De Benedetti, *Qohelet, un commento*, passim.

a perspicaz observação de J. Miles, embora seja comum a quase todos os comentadores do Livro de Jó admitir que "o Senhor reduziu Jó virtualmente ao silêncio", o fato é que, depois de seu discurso de dentro do redemoinho, "Deus nunca mais fala" até o fim do *Tanak*. Na verdade, ao menos do ponto de vista literário, foi Jó quem reduziu o Senhor ao silêncio.[37] Nos livros escritos dali por diante, nunca mais Adonai proferirá sentença alguma até – conforme a fé cristã – o advento de certo profeta galileu...

Mas o que vem ao caso é a existência desta quarta imagem – sem dúvida, proveniente de pensadores judeus – como nova reelaboração do divino e suas implicações na questão do sofrimento humano. É patente nesse período a infiltração cultural do helenismo em Israel. De início, apenas militar e econômica; depois, com pressões sutis a favor da adoção dos hábitos gregos (propaganda, cargos públicos, privilégio em contratos comerciais). Até se chegou, à época de Antíoco IV Epífanes (*circa* 180 a.e.c.), imperador grego da dinastia selêucida, a uma tentativa de impor pela força a religião grega, o que deflagrou a famosa revolta dos Macabeus. Porém, com o tempo, o helenismo acabou ocupando sua cota de espaço. Demonstram-no a tradução da Bíblia ao grego e livros como o da *Sabedoria*, originalmente composto na língua de Platão. Ademais, alguns elementos da cultura helênica são não apenas compatíveis como complementares da visão judaica de então. É o caso do monoteísmo filosófico grego, de sua ideia de imortalidade e de contemplação do eterno como fim máximo da existência.[38]

O que parece ter provocado esta quarta tentativa de resposta foi, na opinião de Segundo, a passividade decorrente da falta de sentido da história. "Dá tudo na mesma", lamentava-se Jó, "porque, inocente ou culpado,

---

[37] J. Miles, *Deus, uma biografia*, p. 369.

[38] Livros como o *Eclesiástico* (Eclo), também chamado de livro de Sirac – cujo autor viveu em Jerusalém e completou sua obra por volta de 180 a.e.c. (Até o início do século passado, só se possuía a versão grega feita pelo neto do autor. Hoje já se conhece cerca de dois terços da versão hebraica original) – são exemplos da resistência intelectual judaica ao pensamento e modo de vida dos conquistadores gregos. De um lado, *Eclo* defende que a sabedoria judaica é igual, se não superior, à grega, podendo até incorporar elementos estrangeiros sem precisar negar sua fé e tradições originais; de outra parte, contrapõe-se firmemente ao postulado grego da autonomia da razão humana apelando ao "temor a Deus", pois, "toda sabedoria vem do Senhor e está com ele para sempre" (Eclo 1,1). Ver a respeito: A. R. Ceresko, *A sabedoria no Antigo Testamento*, p. 136-138.

Shadai os faz perecer" (Jó 9,22). Não é diferente a experiência da autora (autor?) do *Eclesiastes*: "A mesma sorte toca a todos igualmente: ao justo e ao ímpio [...], ao puro e ao impuro, ao que oferece sacrifícios e ao que não os oferece [...]. Eis o mal em tudo quanto existe debaixo do sol" (9,2-3). E Deus, será que se importa com isso? "Se uma calamidade semear morte repentina", desabafava Jó, "Deus se ri da desgraça do inocente" (9,23).

Contra o risco do "tanto faz" e do "salve-se quem puder", a solução agora proposta é escatológica. Em uma síntese de elementos persas zoroástricos (fim do mundo, batalha final entre o bem e o mal) e greco-eleusinos (imortalidade da alma, comunhão mística com o divino), o gênio judeu propõe que haverá um fim da história, quando se revelará, em uma nova criação, o deus justo de Israel, Adonai. Estão postas as bases para o sucesso futuro do mito do *messias*. Esta esperança messiânico-escatológica assume duas formas, uma mais radical, outra mais branda. A primeira, representada pelo livro de *Daniel*, dá nome à literatura apocalíptica: um dia o Senhor destruirá o mundo atual, julgará a todos e construirá outro mundo de eterna justiça. A segunda versão, ilustrada pelo livro deuterocanônico da *Sabedoria* (Sb),[39] é mais ligada à dimensão histórico-terrenal: aguarda a vinda de um messias restaurador da dinastia real de Davi.

Ambas as correntes estão, porém, de acordo em que a justiça divina deverá alcançar a todos os que sofreram e morreram na expectativa da derrota do reino do mal. Surge, pela primeira vez nessa tradição, a crença no juízo final e na ressurreição (ao menos) dos bons. Portanto, conforme o livro da Sabedoria (1,13-15), toda a justiça praticada durante a vida sobreviverá à morte. "As almas dos justos estão nas mãos de Deus e nenhum tormento as atingirá. Aos olhos dos insensatos parecem estar mortos: sua saída do mundo foi considerada uma desgraça, e sua morte, um aniquilamento; eles, porém, estão em paz" (Sb 3,1-3).

Por que sofrem os justos e inocentes, afinal? "Ainda que, aos olhos das pessoas, tenham sido castigados, sua esperança estava cheia de imortalidade;

---

[39] Este livro, descrito por R. Murphy como "intensamente judaico e, ao mesmo tempo, inteiramente marcado pela cultura grega", foi escrito, segundo estimativas mais recentes, pouco depois de 28 a.e.c., quando começou o regime romano no Egito (A. R. Ceresko, *A sabedoria no Antigo Testamento*, p. 159).

depois de *leves correções* serão cumulados de grandes bens. Pois Deus *os experimentou* e os achou dignos de si: *provou-os* como ouro no cadinho, e os aceitou como *vítimas* de holocausto" (Sb 3,1-6).

O curioso nesta quarta elaboração mítica do divino é que ela vira de cabeça para baixo as expectativas das duas primeiras imagens, embora recupere daquelas a ideia de retribuição. Se antes o sofrimento nesta vida era castigo para impuros e maldosos, agora ele é provação de alguns privilegiados (Sb 3,5). Se antes eram malditos o homem e a mulher sem filhos, agora é "feliz a mulher estéril que permanece irrepreensível" e "feliz também o eunuco que não cometeu injustiça nem pensou coisas más contra o Senhor" (Sb 3,13-14). Se antes a longevidade era uma bênção, agora "o justo, mesmo que morra prematuramente, estará em repouso" (4,7), pois "foi arrebatado antes que a malícia o pervertesse" (4,11). Assim, "a juventude que chega rapidamente à perfeição condena a longa velhice do injusto" (4,16).

Nesse sentido, malgrado a perspectiva de vida além-túmulo, a condenação desta etapa à nossa permanência neste mundo aproxima-se "perigosamente" da constatação freudiana de que, "enfim, de que nos vale uma vida longa se ela se revela difícil e estéril em alegrias, e tão cheia de desgraças que só a morte é por nós recebida como uma libertação?"[40]

Por fim, uma palavra sobre o mito do juízo final. O que quer que aconteça naquele "Dia", não se tratará mais de castigo, pelo menos na visão do capítulo 5 do livro da Sabedoria. Ambos, o justo e o ímpio, apostaram: um, que haveria vida após a morte; outro, que a vida se encerra aqui. O Juiz escatológico apenas concederá a cada um aquilo em que apostou. O aniquilamento final do ímpio é o resultado proporcionado de suas opções terrenas.

Gostaria, no entanto, de abrir aqui um pequeno parêntese. O eminente estudioso J.-D. Crossan[41] chamava-nos a atenção para o sugestivo modo como os judeus chegaram à esperança da ressurreição. É improvável, como fica evidente ao longo deste trabalho, que não tivessem notícia da ideia de imortalidade admitida pelos povos vizinhos, mas parece, conforme Crossan,

---

[40] S. Freud, *O mal-estar na civilização*, p. 95. (Espero que Freud, se seguir vivendo em alguma dimensão, me perdoe o uso de sua santa citação em vão).

[41] Refiro-me a uma das conferências que proferiu no Brasil (Umesp, 17/10/2007). Ver a íntegra do texto em J.-D. Crossan, A ressurreição do Jesus histórico, p. 27-43.

DE VOLTA AO MISTÉRIO DA INIQUIDADE

que a sensibilidade judaica considerava tal ideia uma usurpação dos direitos e privilégios exclusivos de seu Deus e bem por isso sua fé consistia em não acreditar em vida após a morte.

Pela mesma razão, aliás, os antigos hebreus resistiram à crença na existência da "alma" e em sua imortalidade. Quando Jesus fala de "alma" nos evangelhos cristãos, a referência pode ser o *nefesh* hebraico (o fôlego, ou o "eu" da pessoa). Crer na ressurreição é admitir que a imperecibilidade, por ser impossível – já que nada sobrevive à morte –, só pode provir de Deus; faz parte de seu poder criador. A confiança da espiritualidade bíblica repousa na crença de que Deus é Deus e que ele não faria algo tão maravilhoso como a vida para depois permitir que a morte lhe surrupiasse tudo no final do jogo. No entanto, essa convicção nada tem a ver com o postulado de um princípio metafísico intrínseco ao ser humano.[42]

Os judeus somente baixaram a guarda e mudaram de opinião quando a experiência do martírio imposto por Antíoco IV Epífanes forçou que fosse levantada uma dura queixa a Deus: "Onde estava a justiça de Deus para os *corpos* torturados e brutalizados dos mártires?".[43] Como bem mostra Crossan, as próprias narrativas que recordam o martírio de Eleazar e o da mãe com sete filhos passam de uma justificação da morte na tradição socrática do nobre morrer para a concepção de uma expiação vicária do Servo Sofredor que, evidentemente, prepara a maneira como Jesus e/ou seus discípulos entenderão sua paixão e morte. A essa altura, embora permaneça a consciência da impossibilidade física da ressurreição, o que está em jogo não é nossa sobrevivência terrena, mas a justiça de Deus. Os que foram torturados e massacrados por fidelidade a Deus clamam por uma justa reparação ou restauração.

"A ressurreição corpórea era parte indispensável de uma terra justificada, o último ato e *grand finale* da vindicação pública de Deus em favor dos mártires assassinados e, por extensão, de todos os inocentes perseguidos",[44] conclui Crossan. E, desse modo, põe na mesa a sua hermenêutica da

---

[42]   Ver a respeito E. Drewermann, *Religião para quê?*, p. 96-106.

[43]   J.-D. Crossan, A ressurreição do Jesus histórico, p. 31. Ver meu estudo: A. M. L. Soares, Um diálogo de vida e morte: discernindo o exegeta e o teólogo em J.-D. Crossan, p. 151-164.

[44]   J.-D. Crossan, A ressurreição do Jesus histórico, p. 33.

ressurreição de Jesus. Afinado com a cristologia contemporânea, Crossan também descarta a identificação de ressurreição com ressuscitação de cadáver, aparição de mortos, ou exaltação corporal (no estilo Enoque ou Elias). Na cultura judaica de então, ressurreição só poderia significar um evento real se extensiva a todos.[45]

Desse modo, a quarta etapa deixa-nos no umbral de um rearranjo originalíssimo, que fará da "religião cristã um desafio à racionalidade".[46] Para J. Miles, a história da vida de Deus conclui-se de modo totalmente satisfatório na Bíblia hebraica, tornando o Novo Testamento desnecessário em termos literários. Embora não desinteressante.[47] O rearranjo que os cristãos providenciaram no cânon judeu resultou numa "arrogância poética" (H. Bloom)[48] tão fascinante que continua resistindo aos séculos. Muito disso se deve à fé inabalável dos antigos hebreus e sua invenção de uma esperança que tinha de ter a última palavra. O Deus hebraico, de modo insondável aos olhos humanos, pode estar, como sempre esteve, ao lado das vítimas contra a opressão injusta; dos empobrecidos, contra seus espoliadores. Basta "dar-se conta" dessa presença.

Nada impedirá, então, que a fé cristã, herdeira da teimosia judaica, leia na ressurreição um discreto sopro revelador: em Jesus revelou-se em plenitude definitiva aquilo que Deus estava sendo desde sempre: o "Deus dos vivos". Em outras palavras, Jesus não é o primogênito cronológico dos ressuscitados, mas aquele que torna evidente, aos olhos da fé, o que, desde Adão,

---

[45]   Bastante sintonizado com essa linha de raciocínio está Torres Queiruga, para quem "dois aspectos, em especial, tiveram uma enorme força de revelação e convicção. Em primeiro lugar, a consciência do caráter 'escatológico' da missão de Jesus, que adiantava e sintetizava em sua pessoa a presença definitiva da salvação de Deus na história: seu destino tinha o caráter do único e definitivo. Em estreita dialética com ele, está, em segundo lugar, o fato terrível da crucifixão, que parecia anular essa presença. A duríssima 'experiência de contraste' entre, de um lado, a proposta de Jesus, garantida por sua bondade, sua pregação e sua conduta, e, de outro, seu incompreensível final na *mors turpissima crucis*, constituía uma 'dissonância cognoscitiva' de tamanha magnitude, que só com a fé na ressurreição podia ser superada (um processo que, a sua maneira, o caso dos Macabeus já antecipara)". A. Torres Queiruga, *Repensar a ressurreição*, p. 266.

[46]   Transcrevo assim o título de um dos capítulos (A religião cristã: um desafio à racionalidade) do interessante livro de A. Vergote, *Modernidade e cristianismo*, p. 123-139.

[47]   J. Miles, *Cristo: uma crise na vida de Deus*.

[48]   H. Bloom, *Jesus e Javé: os nomes divinos*; N. Bonder, *A alma imoral*.

DE VOLTA AO MISTÉRIO DA INIQUIDADE

vem sendo a destinação escatológica de toda a humanidade, quiçá de toda a criação. Seria esse um possível sentido teológico da *pericorese* proclamada por Paulo entre a ressurreição de Cristo e a nossa: se ele não ressuscitou, tampouco nós; se nós não, tampouco ele (1Cor 15,12-14). Parêntese fechado.

Pois bem, os quatro modelos sugeridos por Segundo pressupõem, como vimos, distintas antropologias, as quais equacionam a seu modo a experiência do mal e da maldade. A história religiosa ocidental e aquela latino-americana em particular comprovam a influência e a incrível atualidade de tais configurações do mal entre nós. Ora acentuando uma, ora outra, também o cristianismo histórico acolheu em seu seio tais imagens do divino. Teria muito de deus terrível um ser que armasse uma cilada para o primeiro casal no paraíso e depois marcasse sua descendência com o pecado original. O mesmo se diga de um deus que exigisse de seu filho unigênito o sacrifício expiatório do próprio sangue a fim de redimir a humanidade. Outras vezes, o Deus cristão foi reduzido àquele Ser que nos deixa gemendo e chorando neste vale de lágrimas, quais degredados filhos de Eva, à espera da única felicidade possível: a que vem após a morte.

Uma das barreiras à solução cristã do problema do mal consiste justamente na mistura inadvertida dessas quatro respostas históricas, que, por passarem facilmente por cristãs (principalmente a quarta imagem), não se deixam testar até o limite de suas consequências, funcionando mais como um estoque de reserva que se guarda no porão do sentido para ser de lá sacado emergencialmente, em circunstâncias e impasses pontuais. Da hermenêutica segundiana, contudo, parece que possamos retirar uma trilha consistente de superação do obstáculo.

A práxis antimal do Profeta da Alegria

> O homem é mais ele mesmo, é mais humano, quando
> a alegria é a coisa fundamental dentro dele e a dor,
> superficial [...]. A alegria [...] é o gigantesco segredo do
> cristão.[49]

Seria possível entrever na práxis e na pregação do profeta Jesus indicações para uma possível superação das imagens do divino descritas acima? Sua práxis antimal poderia ser sintetizada como uma crítica a esses quatro focos principais? Segundo não coloca o problema explicitamente nesses termos, mas penso que a questão respeita o sentido de sua teologia. Faço-o, então, por minha conta e risco, seguindo de perto, porém, a reflexão cristológica de nosso autor.[50]

A imagem mais primitiva do divino, assim como a detectamos nas escrituras judaicas, dá testemunho de uma divindade misteriosa e tremenda, cujos poderes podem ser acionados a nosso favor desde que observemos os rituais mais adequados. Nosso bom ou mau êxito nas peripécias dessa vida depende da qualidade e pureza dos ritos praticados. O Deus israelita opõe-se à opressão de seus filhos – aos *hapiru/ibiru* que perambulam pelos impérios do Antigo Oriente. Porém, como vimos antes, não chega a liberá-los totalmente de certas prescrições. Na pregação de Jesus de Nazaré há, de início, uma identidade de fundo: Deus ama os *hapiru* de ontem e de hoje.[51] No fundo, o profeta Jesus nada mais faz do que retomar e recordar o Projeto expresso na Torá, mostrando seu sentido mais profundo. Às vezes, até parece ser ele um rebelde inconsequente – maluco; beberrão; anda com prostitutas e publicanos; gosta da companhia das mulheres; não é sacerdote, mas leigo; só vai à metrópole para morrer; expulsa os vendilhões do templo etc.

---

[49]   G. K. Chesterton, *Ortodoxia*, p. 261 e 263.

[50]   Ver, para este item, os seguintes livros de J. L. Segundo: *O homem de hoje diante de Jesus de Nazaré* II/1, p. 107-262; *Que mundo? Que homem? Que Deus?*, p. 301-331; *A história perdida e recuperada de Jesus de Nazaré*, p. 101-338; *O caso Mateus*, p. 75-276. Para uma síntese da cristologia segundiana, vale conferir: H. Assmann, Os ardis do amor em busca de sua eficácia. As reflexões de J. L. Segundo sobre "O homem de hoje diante de Jesus de Nazaré", p. 223-259.

[51]   Mc 10,13-16; Mt 19,13-15; Lc 10,21ss; 14,15ss.

Todavia, o profeta galileu não veio abolir a Torá; veio cumpri-la em seu sentido mais profundo.[52] Ele é tão lógico e tão rigorosamente tradicional, tão livre e tão apegado ao espírito da Torá, que chega a ser desconcertante, surpreendente. Àqueles que localizam a origem do mal em um desequilíbrio ritual – conforme o esquema puro-impuro – o Jesus descrito no evangelho de Marcos parece revidar jogando o foco no valor da vida. É o caso, por exemplo, da conhecida perícope dos discípulos que não fazem as devidas abluções em certa reunião pública.[53] Somos obrigados a lavar as mãos ritualmente antes de tocar os alimentos? Jesus responde que a maldade não está no que entra pela boca, segue seu destino e... todos sabemos por onde sai. O perigo, diz ele numa ousada interpretação do decálogo, está nos projetos que saem do coração, do desejo humano. E "o coração é a faculdade ou o nível de onde brota o que [...] chamamos de fé (antropológica)".[54]

Novo *round* no combate a essa mentalidade da primeira etapa acontece quando os discípulos entram em lavoura alheia e colhem espigas em dia de sábado:[55] "Todo filho de homem é senhor do sábado. O sábado foi feito para o ser humano e não os humanos para servirem ao sábado". Ou seja, o ritual (regras, rubricas, leis, estatutos) só serve para chamar nossa atenção para a Vida; não é um fim em si mesmo. O episódio que Jesus recorda durante a diatribe com os fariseus também é paradigmático: certa feita, Davi e seus homens entraram no templo para se esconder, sentiram fome, foram ao Santo dos Santos, violaram o tabernáculo e comeram os pães consagrados que só os sacerdotes podiam tocar. Sacrilégio? Não para o profeta galileu. Porque mataram a fome. Se há aqui alguma causa do mal e da maldade, ela está na má-fé de absolutizar o ritual e relativizar a vida do próximo. Mesmo a versão mateana do episódio – via de regra, sempre a mais moderada – insere na fala de Jesus uma conhecida citação de Oseias: "Misericórdia (= compaixão) é o que eu quero e não sacrifício (= culto)".[56]

---

[52] Ver M. Fraijó (*O cristianismo*, p. 147-151) sobre as dúvidas quanto à historicidade deste *logion* de Mateus.

[53] Mc 7,1-23.

[54] J. L. Segundo, *A história perdida e recuperada de Jesus de Nazaré*, p. 220-221.

[55] Mc 2,23-28.

[56] Compare: Os 6 e Mt 12,7. Ibid., p. 217-218.

A mesma ideia é retomada por Jesus mais adiante, ao encontrar na sinagoga um homem com a mão ressequida, atrofiada, de braço curto.[57] Maldito? Pecador? "É permitido, no sábado, fazer o *bem* ou fazer o *mal*?" É lícito salvar uma vida, mesmo ferindo a lei do sábado? Sim, repete Jesus. A Vida é o critério do discernimento. "A pergunta de Jesus", explica Segundo, "supõe que o *bem* e o *mal* humanos têm de ser determinados *antes* de consultar o religioso e independentemente desse campo preciso".[58] E mais: declarar perdoado aquele doente é desfazer "a razão *ideológica* de sua pobreza [doença], [que] fica encoberta e justificada", tirando a sustentação do "mecanismo ideológico de opressão na sociedade de Israel". Jesus mergulha, assim, "em pleno conflito político e a força de um dos grupos está em sua interpretação da lei, em sua concepção religiosa", agora abalada pela pregação desse galileu errante.[59]

Mas sigamos em frente, rumo ao segundo modelo de divindade que, conforme a tipologia didática de J. L. Segundo, teria influenciado a fé cristã. Como vimos, a elaboração dessa imagem judaica da divindade contou com a importante participação da mentalidade profética. Deus continua, por assim dizer, sendo visto como um recompensador ou castigador, que olha nossos méritos para entrar em ação contra nós ou a nosso favor. Porém, desta feita, sua providência só é acionada moralmente: na medida em que formos *bons* para o próximo, Deus será *bom* para nós, livrando-nos do *mal*. Um avanço importante com relação à visão mágico-ritual do mal, mas ainda limitado: continua a pretensão de manipular o divino e segue valendo a regra apenas para os mais chegados, os membros do povo judeu.

Contra essa visão estreita da aliança com Deus – que, ademais, se não for cumprida, atrairá a morte (talião), Jesus esclarece alguns pontos, a começar por uma das tônicas de sua pregação: o valor do perdão.[60] Seu Deus não é um ajustador de contas, como mostrarei logo adiante, na crítica à quarta imagem do divino. Em segundo lugar, os mandamentos não são uma fórmula a servir apenas a minha família, ou somente a judeus. Só ajudamos a cristãos

---

[57]   Mc 3,1-6.

[58]   Ibid., p. 219.

[59]   J. L. Segundo, *O homem de hoje diante de Jesus de Nazaré* II/1, p. 181.

[60]   Lc 17,3-4; Mt 5,43-48.

e/ou potenciais convertidos à nossa confissão religiosa? "Quem faz a vontade do Senhor, esse é meu irmão, minha irmã e minha mãe".[61] E mais: "Na casa de meu Pai há muitas moradas".[62]

Se a segunda etapa garantia que o seguidor da Lei seria rico, saudável, vitorioso, longevo e de numerosa descendência, agora parece que o fiel seguidor da Lei acabará ficando pobre.[63] Soa estranho, mas não é justamente essa a mensagem de Mc 10,17-31?[64] Ao homem que espera, graças a sua obediência da lei, receber uma recompensa material dos céus (alcançar a *vida eterna*: v. 17), Jesus retruca propondo a dinâmica do Reino ("é difícil entrar no Reino...": v. 23). É como se Jesus lhe dissesse: "Se foi só por isso que você obedeceu à Torá, então você não cumpriu a Torá. Obedeceu 'uma' 'lei', mas não a Torá!". Jesus é exigente demais e cobra muito dos que o seguem mais de perto? Sim. Porém, o segredo, assim o percebo, está em sua pedagogia: quando e como Ele propõe o seguimento mais radical. É algo que só faz sentido quando chega no momento certo. Senão, seria de novo moralismo barato: "Faça isto porque o Mestre mandou!". Nesse sentido, prestemos atenção à gradualidade do relato, que reconto abaixo, adaptado:

Um homem corre ao encontro de Jesus:
– Bom mestre, que devo fazer...?
– Eu, bom? Bom é Deus. Você não conhece os mandamentos?
– Claro. E já sigo todos eles desde jovem.
– Hum... entendi. Você ainda não está satisfeito. Então... [e só porque foi você quem pediu e já está achando pouco os mandamentos] ... aí vai: ...
E vem a exigência máxima.
Porém, o homem ainda não estava livre para dar aquele passo, pois, em sua concepção, os pobres são os pecadores; e os pecadores serão pobres.
Até os discípulos se assustam:

---

[61]   Mc 3,31-35.

[62]   Jo 14,2.

[63]   Se já não for um dos milhares de componentes das maiorias de empobrecidos e sem-terra de então. J.-D. Crossan, *O nascimento do cristianismo*.

[64]   Ver os paralelos em Mt 19,16-29 e Lc 18,18-30.

– Se for assim, estamos todos perdidos.[65]

Jesus retruca:

– Se dependesse só de vocês, com certeza, a salvação seria impossível. Porém, fiquem tranquilos quanto a isso: salvação é assunto para Deus, e para Deus tudo é possível.

Quanto ao comércio com Deus incentivado pelas duas primeiras imagens do divino, um dito de Jesus recordado por Lucas é particularmente significativo. Se eu só faço as coisas porque o Chefe/Patrão/Mestre/Deus mandou, então, após ter executado tudo, tenho de admitir que não passo de um *servo inútil* (Lc 17,7-10); fiz apenas o que devia ter feito; não posso esperar nenhuma recompensa, pois Deus não entra nesse toma lá dá cá. Não há graça nenhuma nisso. Qualquer um faz uma coisa qualquer para não ser castigado pelo poderoso chefão ou para poder barganhar algo dele. A novidade é que, para Jesus, "já não somos servos, mas os seus amigos"(Jo 15,9-17)! O que fazemos é por excesso, por transbordamento. Numa palavra, gratuidade.

Contudo, que daí não se deduza um mero conformismo diante dos males e injustiças da história. Basta pôr atenção nas parábolas do Reino.[66] Numa delas, por exemplo, que narra a história do proprietário que sai de manhãzinha para contratar trabalhadores para a sua vinha (Mt 20,1-16), fica explícito o direito ao trabalho livre e a sua justa remuneração – numa feliz combinação do terceiro e do sétimo mandamentos (Ex 20; Dt 5). Todos nos lembramos do enredo: desempregados na praça, um patrão/senhor com autoridade e sensibilidade, gente trabalhando desde as 7h da manhã, outros, desde as 9, 12, 15 e 17h. Às 18h, todos recebem o que é justo, ou seja, o que – segundo o exegeta J. Jeremias – uma família precisava para as despesas de um dia. Outro dado importante: todos trabalharam! Não houve esmola para

---

[65] Também a nosso autor causa estranheza a reação dos discípulos, uma vez que "certamente [teriam sido] escolhidos dentre os 'pobres' e atacados muitas vezes pelos puristas como 'pecadores'". Ora, "se, para o rico, que dispõe de todas as condições e facilidades para ser justo, é tão difícil ou até humanamente *impossível* a entrada no Reino, como será isso possível para aquele cuja pobreza leva necessariamente a se converter em pecador?". O episódio deixa claro como "a ideologia dominante, que justifica sua exclusão do Reino futuro", continuava ainda a oprimi-los (J. L. Segundo, *O homem de hoje diante de Jesus de Nazaré* II/1, p. 182-183).

[66] Nosso autor compartilha do consenso atingido pelos exegetas com respeito ao fato de que as parábolas relatadas nos evangelhos estão provavelmente muito próximas do Jesus histórico.

ninguém. Cada um cumpriu a sua parte do acordo: o senhor pagou o que era justo porque os contratados fizeram exatamente o que lhes fora pedido: "Vá agora para a minha roça e trabalhe até as 18h". E todos, pelo que consta, cumpriram o prometido.

Atentemos, porém, para o seguinte: o senhor da parábola poderia ter sido justo e discreto. Teria bastado remunerar seus trabalhadores a começar por aqueles que tinham trabalhado o dia todo. Ao receber seu salário justo, eles teriam ficado felizes. Também os últimos chegados teriam ficado felizes com o senso de justiça do empregador. A questão é: por que o senhor (Jesus) inverte a ordem e começa o pagamento pelos últimos da fila? Por que chamar a atenção de todos os que ainda iriam receber o soldo para aqueles que só tinham suado uma horinha? Só pode ter sido para causar confusão, para "ver o circo pegar fogo", para surpreender a plateia dos primeiros da fila e fazê-los parar para pensar no caso. Que caso?

Eis o caso: Jesus viveu numa sociedade que – como a nossa, aliás – criava desempregados, subempregados, biscateiros, trabalhadores informais. Como podiam sair da praça, se ninguém tomava a iniciativa de lhes dar algum crédito? Eles queriam compaixão e esmola? Ou oportunidades de contratos e parcerias que partissem do que eles podiam, de fato, dar em um primeiro momento (por exemplo: uma hora de trabalho)? E qual seria a justa remuneração? Para tanto, Jesus provoca um conflito entre as personagens e, certamente, entre seus ouvintes.[67] E, na pior das hipóteses, coloca-os em dúvida quanto a suas soluções ritualistas e moralistas para os males que afligiam as sociedades de ontem e, certamente, também as de hoje.

A terceira etapa da revelação documentada na Bíblia hebraica representou grande avanço no equacionamento do problema/enigma/mistério do mal. Segundo descreve-a como etapa do "deus transcendente e criador". Aqui parece estarmos no encalço de um Deus *distante demais* para que intercedamos a Ele em nosso favor. Ele envia o bem e o mal a seu bel-prazer. O apelo ao mistério resulta no assombro e no louvor desinteressado

---

[67] Conflito que o próprio compilador/evangelista atenuou e deturpou ao colocar a história numa moldura moralista: "Os últimos serão os primeiros e os primeiros serão os últimos" (v. 16). Para essa discussão, ver J. L. Segundo, *O homem de hoje diante de Jesus de Nazaré* II/1, p. 91-93 e 197-198.

O ADÂMICO NA LENTE DE AUMENTO: ISRAEL E O PROFETA JESUS

– recompensas e punições estão fora do jogo – que findam por separar moral e êxito histórico. Ou seja, boas atitudes individuais não são garantia de sucessos sociopolíticos.

O que destacar na práxis jesuana como eventual corretivo dessa imagem do divino? Um primeiro elemento parece-me pacífico: contra a ideia de um Deus longínquo e, aparentemente, "desinteressado" de nossos sofrimentos, a fé cristã garante que Deus é, também, humano! O segundo elemento é, a meu ver, o singular estilo dos milagres do Nazareno: em vez de admitir, logo de entrada, que *cuivis dolori remedium est patientia*,[68] eles sempre contam com uma importante colaboração humana. Assim, o caminho de superação das doenças, da fome e das maldades humanas passa pela decisiva colaboração que iremos dar ao projeto do Pai. Jesus fará a água se transformar em vinho, como no sinal das bodas de Caná, desde que alguém (a comunidade) perceba a carência do entorno, se sensibilize, vá procurar água e a distribua aos sedentos (Jo 2,1-11). Até poderíamos dizer que os milagres de Jesus não são nada "milagrosos"; são convocações para ações sociais de longo alcance político.[69]

Boa mostra disso é a polêmica, documentada nos evangelhos sinóticos, entre sinais do céu *versus* sinais dos tempos.[70] A julgar por ela, Jesus sempre se recusou a oferecer um sinal do céu ou garantia sobrenatural da veracidade de suas propostas.[71] Portanto, nada de eventos "milagrosos", sobrenaturais, extraordinários, que comprovassem sua autoridade e ascendência divina. É lacônico ao dizer que "a essa geração não será dado nenhum sinal".[72] E diante da insistência de alguns doutores da lei e fariseus, desabafa: "Pedir esse

---

[68]   *A paciência é a cura para todos os sofrimentos*, como diziam os antigos.

[69]   A insistência numa leitura da pregação de Jesus (ao menos, na versão dos evangelhos sinóticos) pelo viés político permeia todos os textos cristológicos de J. L. Segundo.

[70]   Ver, por exemplo, Lc 11,14-32; 12,54-57; Mt 12,38-42. Para esta argumentação, sigo de perto a exegese apresentada por J. L. Segundo. Ver suas obras: *Teologia da libertação*, p. 42-45; *O dogma que liberta*, p. 408-416; *Teología abierta* III, p. 65-99. Além disso, pressuponho já resolvido o problema da distinção teórica entre sinais dos tempos correspondentes à autocomunicação salvífica *fundante* e àquela *dependente* (G. O'Collins, *Teologia Fondamentale*, p. 129-136).

[71]   Ver, por exemplo: Mc 8,11-13; Mt 12,38-39; 16,1-4; Lc 11,16.29; 12,54-57.

[72]   Mc 8,10-13.

tipo de sinal só pode ser coisa de uma 'geração má e adúltera'".[73] Seria, pois, estranho se Jesus, depois de se negar a fazer gestos e sinais extraordinários e estupefacientes – em suma, sinais do céu –, saísse pelas ruas resolvendo os males e sofrimentos populares na base de ações "sobrenaturais".

Porém, se assim é, como classificar, então, os exorcismos e as práticas taumatúrgicas que aquele mestre galileu certamente executava? Em primeiro lugar, temos de considerar que tais gestos/ações nada tinham de estritamente "sobrenatural", nem se deviam a alguma espécie de poder mágico somente possuído por Jesus em detrimento de outros curandeiros e/ou xamãs.[74] Profetas como Elias e Eliseu já conheciam a arte de multiplicar farinha, curar doenças de pele e reanimar pessoas dadas como mortas. Os evangelhos sugerem que contemporâneos de Jesus também dominavam o segredo da cura e detinham outros conhecimentos nesse ramo. "Vocês dizem que eu expulso demônios pela força de Belzebu; e os filhos de vocês, por intermédio de quem eles expulsam demônios?" (Mt 12,27; Lc 11,19). Ao menos nesse quesito, Jesus não é um caso à parte.

Qual é, então, o diferencial dos milagres jesuanos? E como fazer, enfim, para ter certeza de que a sua era uma presença divina e não diabólica? A fonte Q coloca nos lábios do Nazareno a defesa de um critério já suficiente: os sinais dos tempos (Mt 16,3), ou, ainda, o discernimento deste tempo presente (Lc 12,56). Em que consiste concretamente tal critério? Uma exegese atenta poderia demonstrá-lo de modo exaustivo. Todavia, nos passos de Segundo, podemos individuar algumas de suas características. Um *sinal do tempo* é um sinal que me faz estar atento ao presente; a ele tenho acesso pela simples observação e pelo uso de minha inteligência:

"Quando vocês veem uma nuvem vinda do ocidente, vocês logo dizem que vem chuva; e assim acontece. Quando vocês sentem soprar o vento do sul, vocês dizem que vai fazer calor; e assim acontece. Hipócritas!

---

[73] Mt 12,38-39; 16,4; Lc 11,16.29.

[74] Lembremos que o apóstolo Paulo nos assegura (Fl 2,6-7) que Jesus, "sendo de *natureza*/condição divina", abriu mão desses poderes e prerrogativas ("esvaziou-se" deles) ao assumir a condição humana. Mas isso não exclui a possibilidade – para mim, bastante plausível – de que Jesus possuísse, assim como vários de seus e nossos contemporâneos, certo grau do que hoje chamaríamos de paranormalidade.

Vocês sabem interpretar o aspecto da terra e do céu. Como é que vocês não sabem interpretar o tempo presente?" (Lc 12,54-56).

Ao pôr do sol vocês dizem: "Vai fazer bom tempo, porque o céu está vermelho". E de manhã: "Hoje vai chover, porque o céu está vermelho-escuro". Olhando o céu, vocês sabem prever o tempo, mas dizem que não são capazes de interpretar os sinais dos tempos! (Mt 16,2-3).

A fim de que a sinalização dos sinais dos tempos seja mais eficaz, tais sinais não são suscetíveis de um discernimento ulterior ou superior. Eis por que Jesus considera hipócritas os que, sabendo prognosticar as condições meteorológicas próximas somente pela evidência atmosférica, recusam-se, entretanto, a interpretar/julgar por si mesmos, e sem nenhuma visão beatífica, o que é justo e igualmente evidente.[75] Portanto, declarar-se incapaz de compreender um sinal do tempo não é desculpa convincente; é má vontade e má-fé. Ademais, um sinal do tempo não me paralisa nem me provoca uma adesão cega ["Esse profeta-sacerdote-doutor tem poder; o jeito é obedecer o que ele diz!"], mas exige discernimento. "Por que vocês não julgam por si mesmos o que é justo?",[76] alfineta Jesus, "em vez de ficarem me pedindo um sinal do céu que confirme se eu tenho razão ou se minhas obras são boas?". "Pois saibam", provoca o Nazareno, que "nenhum sinal será dado [a essa geração má e adúltera], a não ser o *sinal de Jonas*".[77]

---

[75] No cotejo de Mt 16,3 e Lc 12,54-57, notemos que a versão oferecida pela Bíblia-TEB traduz hipócrita por "homem de *juízo* pervertido". Explica que o termo é muitas vezes usado na Bíblia para denotar o contraste entre a conduta exterior e as convicções íntimas. Na passagem a que me refiro, a TEB propõe, para hipócritas, a expressão *espíritos pervertidos* (*TEB*, Lc 6,42, nota *g*, e 12,56, nota *u*). Pedir um "sinal do céu" associa-se em Mateus à maldade e à idolatria: "Essa geração perversa e *adúltera* [idólatra] busca um sinal" (Mt 16,4). Portanto, e para dizê-lo com Segundo, "o fato mesmo de não ver na libertação de um endemoninhado [ou no ato de saciar a fome das pessoas, que é o contexto imediato da passagem mateana] uma vitória de Deus (quem quer que seja o agente direto que a produza), porque se supõe que Deus possa ter um critério diferente do bem do ser humano, é interpretar mal [...] o Evangelho" (J. L. Segundo, *Teologia da libertação*, p. 44, n. 8).

[76] O paralelo deste trecho de Lc 12,57 com uma das admoestações paulinas é evidente: "Examinem tudo e fiquem com o que for bom" (1Ts 5,21).

[77] Mt 16,4; Lc 11,29; Mt 12,39.

DE VOLTA AO MISTÉRIO DA INIQUIDADE

Qual foi o sinal de Jonas? Só pode ter sido um *sinal do tempo*, infere o teólogo uruguaio. Jonas pregou aos ninivitas e estes usaram a inteligência fazendo penitência de seus crimes; do mesmo modo, a rainha do Sul ouviu e acolheu a sabedoria de Salomão.[78] Discernir os sinais divinos na história é tão "fácil" que até mesmo alguns pagãos, que não podiam obviamente consultar as escrituras judaicas de então, fizeram um correto discernimento. Tão correto que acabou sendo melhor que o de quem possuía a anotação escrita da Palavra de Deus. Pelo simples fato de que "os sinais dos tempos e a resposta a eles devida constituem um pressuposto (fé antropológica ou abraâmica) à correta leitura da Palavra, e não vice-versa".[79] O que também explica a existência, na práxis antimal de Jesus, de uma progressiva abertura aos virtuais ajudantes do Reino na História, não importando se estes estão ou não fora do grupo oficial de "seguidores do Mestre".[80]

Finalmente, não seria temerário concluir que o sinal do tempo distingue-se por carregar um valor, isto é, a opção concreta (do Deus) de Jesus pela inclusão das pessoas numa sociedade – conforme a sugestiva expressão do saudoso H. Assmann – "em que todos caibam".[81] Sendo assim, em vez de sinais extraordinários vindos diretamente dos céus, os "milagres" de Jesus são *sinais do tempo*. Eles sempre aparecem nos evangelhos segundo um gênero literário específico, com uma lógica que se repete: contemplam a inclusão social de algum marginalizado (a hemorroíssa, cegos, leprosos) ou a eliminação de uma situação de carência (fome, sede); e exigem boa parte de colaboração humana na execução. Assim, o resultado nunca é imediato. Nunca é algo do tipo: *Estão com fome? Fechem os olhos. Abracadabra. A fome passou!* Entretanto, sempre é transbordamento da realidade. Isto é, de alguns pães e peixes chega-se a ter muitos (Mc 6,30ss); a água da jarra ganha sabor de vinho (Jo 2); o defunto Lázaro redesperta para a vida (Jo 11,1-44). Porém, de cesto vazio não

---

[78]   Mt 12,41-42; Lc 11,30-32.

[79]   Ibid., p. 44. Para R. Cavedo (verbete "Libro Sacro", in *Nuovo Dizionario di Teologia*, p. 753-778), é preciso superar a pretensão de que a luz da mensagem seja algo a ser consultado apenas nas palavras escritas (conteúdos). Tal luz é o movimento global do Deus que se manifesta (p. 770-777).

[80]   Mc 9,38-40; Lc 9,49-50.

[81]   "Uma sociedade onde caibam todos só será possível num mundo no qual caibam muitos mundos" (H. Assmann, *Reencantar a educação*, p. 29).

O ADÂMICO NA LENTE DE AUMENTO: ISRAEL E O PROFETA JESUS

sai pão e de copo vazio não sai vinho. E o pobre Lázaro só ressuscita se alguém se dispuser a rolar a pedra do túmulo onde foi cerrado. Encontrar e distribuir água, pão e peixe é tarefa inerentemente humana. Rolar a pedra e desenfaixar o morto é bem mais fácil que ressuscitá-lo; mas, se não for feito por nós mesmos, ninguém mais o fará.[82]

À guisa de exemplo, sugiro o relato da partilha e multiplicação dos 5 (pães) + 2 (peixes) [= 7 porções de alimento] em Mc 6, 30-44. Sigamos neste esquema os passos da narrativa:

a) alguém detecta o problema: "lugar deserto; eles não têm o que comer";

b) sensibiliza-se pelos que sofrem: "vocês têm de fazer algo";

c) busca soluções, a começar pelas próprias comunidades: "vão ver quantos pães já há por aí";

d) valoriza as pequenas iniciativas já em andamento: "apenas 5 pães + 2 peixes";

e) oferece suporte técnico na organização do pessoal e distribuição do produto: "formaram grupos de 100 e de 50 pessoas, os discípulos distribuindo";

f) pormenor: as pessoas são tratadas como gente livre, autônoma, adulta: "Jesus fez com que todos se sentassem na grama verde", porque, naquela sociedade, comer de pé era próprio dos servos, escravos; os donos da casa e os convidados reclinavam-se para comer;[83]

g) em seguida, bendiz-se a Deus pelos resultados e faz-se a partilha;

h) por fim, recolhem-se os frutos da experiência comunitária ["12 cestos cheios"], levando-os adiante como aprendizagem para outras situações similares.

---

[82] Aprendi a interpretação da ressurreição de Lázaro de C. Mesters. "Quem pode mais pode menos", ouviu ele de um participante de um círculo bíblico. Se Jesus podia ressuscitar o homem, também podia fazer a pedra do túmulo saltar fora sozinha. Mas essa parte cabe à comunidade.

[83] Essa delicada observação da letra "f", devo-a a G. Gutiérrez, em diálogo pessoal durante um encontro do qual participamos em Cólon, Panamá (*Segundo Taller de Teologia Índia*, dezembro de 1993).

De volta ao mistério da iniquidade

Enfim – e para fechar este item –, só há resgate para o velho Jó e reanimação para o defunto Lázaro se algo vier da comunidade. A vitória sobre o mal virá. Mas não será apesar de nossa fraqueza e sim por intermédio dela.

O quarto período da história de Israel, imediatamente antecedente à época de Jesus, está documentado nas obras deuterocanônicas (católicos) ou apócrifas (Reforma, Judaísmo). Resumindo-a, Segundo a intitula etapa do "deus legislador e juiz moral". Deus é responsável somente pelo bem; o mal vem do ser humano livre. Os dois caminhos sugeridos para vencer a resignação passiva que pesava sobre a etapa anterior (Jó, Eclesiastes etc.) são escatológicos: um, mais apocalíptico (Daniel, Enoque); outro, mais existencial-cotidiano (Sabedoria). Dentre os contemporâneos de Jesus, identificamos os seguidores de João Batista com os primeiros, e os fariseus com os segundos. Porém, uma certeza permeia todos os grupos: a salvação dos males desse *eón* virá da prática da Lei. E permanecer fiel a ela implica necessariamente provação – é a nossa parte no "teatro" dessa vida. Entretanto, como vimos anteriormente, haverá um Juízo Final que reequilibrará as coisas, brindando os justos com a ressurreição e a vida eterna. A alternativa derradeira será entre Céu ou "Nada": não há aqui perspectiva de perdão.

Pois bem, a práxis jesuana está muito próxima desse quarto paradigma. Porém, há pormenores que não podem ser subestimados, pois produzem um vórtice na visão costumeira do judaísmo de então. Com um pé na mais pura ortodoxia, Jesus prefere questionar seu público acerca das características desejáveis em um candidato a "justo". Quem é o verdadeiro "justo"?, pergunta o mestre galileu com suas indefectíveis parábolas. E responde, por exemplo, com Mt 25,31-46. Na conhecida parábola do julgamento escatológico, a lógica de Deus surpreende a todos, tanto os que se achavam cumpridores da Lei-instituição- "igreja", quanto os que, aos olhos do mundo, seriam os "bodes". A justiça que conta é a prática da Lei do Amor, na gratuidade. O critério, a julgar pela justificativa do Juiz da parábola, é o cuidado com todo tipo de sofredores e excluídos desta terra – famintos, sedentos, migrantes, descamisados, doentes e encarcerados – visando à humanização das relações. E, mais uma vez, o critério é extensivo a "todas as nações" (v. 32), não somente Israel.

O ADÂMICO NA LENTE DE AUMENTO: ISRAEL E O PROFETA JESUS

Além disso, Segundo acredita encontrar aqui mais um elemento que afasta Jesus e seus colaboradores "do esquema antropológico, aparentemente tão cristão, do livro da Sabedoria". Para ele, a supramencionada parábola mateana, juntamente com a dos talentos, oriunda da fonte Q,[84] oferece-nos "o princípio de uma antropologia incrivelmente nova e radical". Além da surpresa do novo critério do amor, a parábola garante que, sem o saberem, os dois grupos, quando ajudam ou se omitem diante dos pequeninos, estão afetando o próprio Juiz divino ("a mim o fizestes"). Essa intuição será explicitada mais tarde pela teologia joanina, na célebre afirmação de que "Deus é amor". O que significa dizer que o ser humano "não deve começar a cortar no termo 'amor' as coisas que lhe pareçam incompatíveis com Deus; mas, ao contrário, é a experiência (do amor) que deve recortar, refundir e aprofundar nossa ideia de 'Deus' (1Jo 4,7-8; 3,16)".[85]

A partir dessa intuição, nosso autor crê ser necessário repensar a *kenosis* (Fl 2,7) como "culminação e manifestação do ser eterno que Deus quis dar-se a si mesmo" entregando

ao mundo humano o que será seu 'céu' e contando para tanto com colaboradores (*synergoi*: 1Cor 3,9) livres e inventivos. Portanto – e aqui entra a parábola dos talentos –, em vez de uma liberdade sem sentido gasta numa arena de provas mais ou menos cruéis – como parece ser o pano de fundo da quarta etapa/imagem do divino –, trata-se de uma liberdade criadora como capacidade de inventar a História.[86]

Todavia, como adverte a parábola de Q e como sentirá na pele o terceiro servo, o maior erro é não arriscar. O Senhor doador de talentos é severo, toma o que não depositou e colhe o que não semeou. O que, na interpretação de Segundo, significa que Deus não está brincando conosco, nem nos dando esmolas ou presenteando-nos por dó. Como veremos mais à frente, ao tratarmos da conjunção entre acaso e mal, Deus persegue com seriedade o que colocou nas mãos humanas, a saber, a abolição ou desterro de toda a dor que ainda habita o mundo. E não sumirá no pessimista "tanto faz" de

---

[84] Mt 25,14-30 = Lc 19,12-27.

[85] J. L. Segundo, *Que mundo? Que homem? Que Deus?*, p. 324.

[86] Ibid., p. 326.

Jó as decisões que o ser humano vier a tomar, por amor ou indolência, como resposta aos desafios desta terra.[87]

Isso não contradiz as parábolas do Deus misericordioso. Ao contrário, só assim elas assumem seu significado mais profundo. É certo que elas representam um duro golpe contra a empáfia dos que se presumem justos. Como bem perceberam os exegetas, na parábola conhecida como do "filho pródigo" (Lc 15,11ss) o alvo principal é o irmão mais velho, zeloso da recompensa que a quarta etapa lhe garantira. Contudo, da mesma forma que o caçula perdulário, ele não entende o amor do Pai. Ambos os filhos são questionados em sua lógica "bancária" e convidados a se abrirem para um Deus que não entende de créditos e débitos, mas pretende inserir a todos na dinâmica do Reino como seus efetivos colaboradores.[88]

Tudo isso, admite-o Segundo, ainda é muito germinal nas narrativas evangélicas. Mas os fios soltos já estão lá e serão explicitados como a *boa notícia* na pregação de Paulo Apóstolo. Aí ficará claro – principalmente nas epístolas aos Gálatas, Coríntios e Romanos – que a liberdade responsável nos vem da plena filiação divina, a qual nos levará a compreender a pregação do Reino como assunção definitiva da História.

Conforme o "evangelho" de Paulo, nossa filiação divina é causada por nossa irmandade – em humanidade – com o Filho de Deus, Jesus. Por seu intermédio, os filhos e filhas de Deus chegam a sua definitiva maturidade (Gl 3 e 4). E aqui Segundo vê o cerne do "evangelho" paulino (a tal ponto que, como raramente o faz, Paulo se repete: Gl 4,5-7 = Rm 8,14-17), pois não somos (ao contrário do que leva a crer a tradução da Vulgata) filhos meramente "adotivos" (termo jurídico): pelo Espírito que Deus enviou a nossos corações

---

[87] Ibid., respectivamente, p. 327 e 330-331.

[88] Esta parábola do filho pródigo, juntamente com a da dracma perdida e a da ovelha fugida, são as "parábolas da alegria" e "nos revelam a profunda intenção divina ao instaurar seu reino sobre a terra". A mensagem da preocupação de Deus pelos "perdidos" bate de frente com "as autoridades religioso-políticas de Israel que se valem do pretexto religioso da 'perdição' humana para desinteressarem-se dos pobres e pecadores, marginalizados e esquecidos em sua desgraça" (J. L. Segundo, *O homem de hoje diante de Jesus de Nazaré* II/1, p. 192). Aliás, para deixar claro o contexto polêmico das três parábolas, Lucas as introduz com o seguinte cabeçalho: "Acercavam-se dele *todos os publicanos e pecadores* para ouvi-lo. Os fariseus e escribas [encarniçados em sua quarta etapa] murmuravam dizendo: 'Este homem acolhe gente de má fama e come com eles'" (Lc 15,1-2; com comentários de J. L. Segundo em ibid., p. 192, n. 7).

O ADÂMICO NA LENTE DE AUMENTO: ISRAEL E O PROFETA JESUS

também nós podemos clamar, como outrora Jesus: *Abba, Pater* (Gl 4,6). E quem é filho é plenamente herdeiro, podendo dispensar seu pedagogo (a Lei) tão logo se torne adulto (Gl 3,25). Daí decorre, conforme o nosso autor, uma moral de projetos criadores,[89] que supera a pergunta pelo puro/impuro, lícito/ilícito contrapondo-a agora ao questionamento adulto de quem busca o que é lícito e conveniente. A difícil escolha do cristão será entre liberda-de-amor-bem (como se fossem uma só coisa) *versus* egoísmo-pecado-perda da liberdade (Rm 7,14-24). Não cabe aqui uma moral de medo (Rm 8,15), mas Paulo não é ingênuo: continuamos dramaticamente divididos (Rm 7,14-24) por mecanismos (lei dos membros) que introduzem a morte nos projetos históricos. Não obstante isso, é certa a vitória do amor na história.[90] Para Segundo, Paulo observa a história humana a partir de uma profunda e nova interpretação da ressurreição de Cristo,[91] que o leva a crer que "a liberda-de – quando ama – está inscrevendo algo definitivo no que será a morada comum e gloriosa de Deus e dos homens".[92]

E assim sucedem-se, conforme a releitura segundiana da perspectiva cristã, as etapas da revelação do Deus vivo na história. O Deus de Jesus continua ensinando sua *ecclesia*, e, por meio de seu Espírito, ela seguirá aprendendo até o fim (Jo 16,5ss). Dado indiscutível, entretanto, é que, a séculos de distância dessa mensagem codificada em seus textos sagrados, a resposta cristã ao mistério da iniquidade se redescubra inerme em um mundo que fala outra linguagem, levanta novas perguntas e não está disposto a engolir as velhas respostas decoradas de sempre. Parece cada vez mais inconsequente que a pesquisa teológica não busque – como fez, a seu modo, o teólogo J. L. Segundo – novas "aproximações entre a ciência, a filosofia e a teologia".[93] O capítulo seguinte exporá o olhar filosófico sobre essa questão, tentando abrir caminho – ou cerrá-lo de vez – para a reflexão teológica.

---

[89]   1Cor 6,12; 10,23; 10,27-29.

[90]   Rm 7,25a–8,1-4.11.16-21.22.

[91]   1Cor 3,9-15.16-17 = Rm 8,16-21.

[92]   J. L. Segundo, *Que mundo? Que homem? Que Deus?*, p. 362. Retomarei mais adiante a interpretação segundiana da antropologia paulina. De forma sucinta, Segundo a apresenta em ibid., p. 331-363.

[93]   As aspas destacam o subtítulo de uma de suas últimas obras: *Que mundo? Que homem? Que Deus?*

4.

Do mito à filosofia: grandeza e limites da teodiceia

> Mais cedo ou mais tarde,
> a vida nos transforma a todos em filósofos.[1]

Preâmbulo para inevitáveis distinções terminológicas

Em seu estudo sobre o enfrentamento da tragédia, o filósofo norte-americano Robert Solomon desilude-nos logo de início ao admitir que, apesar de sabermos encarar pequenos dissabores da vida através do pensamento – o que, em geral, se entende por filosofar –, quando, de fato, "o infortúnio real [nos] golpeia, a filosofia é notoriamente inepta".[2] Se pusermos de lado o mal cometido, isto é, os habituais e apavorantes sofrimentos a que somos submetidos por outrem ou que submetemos a nossos semelhantes, eliminando assim a secular função filosófica de condenação e autoescrutínio da espécie, que pode ainda dizer a filosofia? – provoca-nos Solomon. E quando parecia que fosse romper com seu colega francês Luc Ferry[3] – que propõe a filosofia como doutrina salvacionista ateia – e partir, em definitivo, para a poesia e a prece, Solomon retoma o fôlego e defende que, embora o significado do sofrimento real escape ao conceito, o ponto de vista filosófico pode ser defendido de maneira genérica e igualitária. E conclui afirmando que,

---

[1] M. Riseling, apud R. C. Solomon, *Espiritualidade para céticos*, p. 165.

[2] Ibid., p. 163-190; aqui: p. 166.

[3] Lembremos, por exemplo, L. Ferry, *Vencer os medos*, p. 15-21.

como tragédia, o sofrimento tem sentido. Investigar o que dá sentido ao sofrimento é tarefa que compete à filosofia. Se a filosofia pode nos ajudar a fazer frente à tragédia, é dando sentido ao nosso sofrimento. A espiritualidade pode nos fornecer uma perspectiva inspiradora quando nossas vidas estão indo bem, mas ela não é nada se não puder também encontrar sentido na vida que desandou.[4]

Na outra ponta estão pensadores como J. Gray, para quem só é possível falar de tragédia "quando os humanos se recusam a se submeter a circunstâncias que nem a coragem nem a inteligência podem remediar". Portanto, "na pior das circunstâncias, a vida humana não é trágica, mas desprovida de sentido".[5] Se não tenho expectativas, não terei desilusões.

Apesar de o anti-humanismo de Gray embolar o resultado final da empreitada, em geral, o pensamento filosófico tem se aventurado a buscar sentido no "sem-sentido" por-definição. Nem que seja para que fiquem claras as aporias que jogarão no colo de dedicados profissionais da teologia. Como diz S. Neiman, embora o veredito derradeiro possa não ir além de uma descrição infeliz – "este é o nosso mundo" – que não pode ser respondida porque sequer é uma pergunta, "a exigência de que o mundo seja inteligível é uma exigência da razão prática e teórica". Por isso, a filosofia, durante a maior parte de sua história, não pôde deixar de encarar o desafio, "e suas tentativas repetidas de formular o problema do mal são tão importantes quanto suas tentativas de reagir a ele".[6]

Contudo, diferentemente de Neiman, para quem Auschwitz "representa tudo que queremos dizer hoje em dia quando usamos a palavra *mal*: atos absolutamente daninhos que não deixam espaço para justificativa ou explicação",[7] o filósofo cristão J. A. Estrada assume, desde o início, a clássica (e, hoje, polêmica) proposta de Leibniz, para quem o mal deve ser analisado a partir de três dimensões diferentes: o mal metafísico, o mal físico e o mal moral. Estes seriam diferentes aspectos de uma mesma problemática,

---

[4]   Ibid., p. 167.

[5]   J. Gray, *Cachorros de palha*, p. 115 e 117.

[6]   S. Neiman, *O mal no pensamento moderno*, p. 19.

[7]   Ibid., p. 15.

DO MITO À FILOSOFIA: GRANDEZA E LIMITES DA TEODICEIA

não realidades distintas e independentes entre si. O *mal metafísico* refere-se à finitude e à contingência humanas, à imperfeição e à desordem do mundo e ao descontentamento e insatisfação daí decorrentes. Na contundente expressão heideggeriana, somos "seres-para-a-morte". Com milenar obsessão por ela.

Que fazer, então? Sonhar utopias e correr atrás delas ou assumir o relativismo do *carpe diem* e render-se ao trágico niilismo? Algo nos diz que o mundo não deveria ser como é e, no fundo, pelo menos resta um mal-estar diante de sua facticidade e contingência. Dessa rejeição à realidade brotam, como vimos, as tradições míticas e as primeiras correntes filosóficas, unidas pelo imperativo de ordenar, explicar e dar sentido àquilo "que é". Segundo Estrada, "especulativamente, procura-se superar o mal por meio de sua integração em um plano; para tanto, recorre-se a um arcabouço 'metafísico' e transcendente que permite justificá-lo e torná-lo compreensível." Ademais, também há desde os primórdios, "uma tentativa de apoderar-se do mal, tanto conceitual como praticamente, para combatê-lo, superá-lo e dominá-lo."[8]

O *mal físico*, como já destaquei no Introito, apresenta-se como dor e sofrimento. A reflexão filosófica chama para si o desafio de encarar o angustiante e acachapante acúmulo de sofrimento na história – catástrofes naturais, doenças e males causados por nós mesmos. Contra as armadilhas que nos reservam os discursos buscadores de respostas, a perspicácia de Vergely já nos brindou com bons antídotos.[9] Já se falou de preço inevitável da evolução natural e do progresso histórico, como se fosse possível reduzir a dor a algo funcional e, com isso, neutralizar a pergunta-queixa pelo seu sentido. De outra parte, também soa insuportável que sua inexorabilidade não passe, afinal, de uma experiência fútil, aleatória e injustificável. De certo mesmo, o que temos é que, independentemente de seu agente gerador, o sofrimento e a morte chegarão. Cedo ou tarde. E aqui se reencontram, o mal metafísico e o mal físico, a finitude e o sofrimento. Isso me faz lembrar a resposta de Sócrates ao juiz que leu sua sentença de pena capital: "O senhor está condenado à morte". E Sócrates: "O senhor também".

---

[8] J. A. Estrada, *A impossível teodiceia*, p. 10; *Dios en las tradiciones filosóficas I*.

[9] Ver Introito (p. 13).

De volta ao mistério da iniquidade

Para uma reflexão filosófica que aceite buscar as razões do mal como sofrimento, o primeiro e principal tropeço são suas inúmeras e imponderáveis facetas, porque vivenciadas de forma pessoal. Aquilo que material e racionalmente poderia ser inferido como insignificante e secundário, nem devendo afetar a vida de outras pessoas, torna-se, no cotidiano de cada indivíduo, uma fonte de indizível sofrimento que não pode ser encaixado nem sistematizado ou classificado. E, mesmo que fosse resolvido intelectualmente, o mal ainda seria uma conta aberta, um "passivo a descoberto" na vida de cada ser humano. Eis, ao que parece, a razão do fracasso de muitas das teorias sobre o mal: uma coisa é encontrar – se tal fosse possível – a significação universal do mal para a condição humana; outra, bem diferente, é encarnar tal descoberta e vivenciá-la nas experiências concretas para que adquiram um significado válido em nossa vida.[10]

A terceira maneira de encarar o problema do mal é vê-lo como *mal moral*, conectado à liberdade e à responsabilidade humanas. Aqui temos o mal como produto de ações humanas, cujo veículo é a maldade. Entram em cena a consciência do pecado e da culpa em confronto com o anseio de justiça e de perdão. Em relação direta com o problema do sentido da vida, o mal moral será alvo da ética, da religião e da filosofia da história. A maldade, opina Estrada, nos torna tanto culpados quanto vítimas e agrava o mal físico a um nível insuportável, pois consagra o triunfo do verdugo e pereniza a injustiça sofrida. Como explicar a onipresença do mal moral na história e na vida humana sem, com isso, esmorecer no desejo e na luta por um mundo mais justo, que reduza ao mínimo o poder da iniquidade? Eis, portanto, o desafio desta abordagem do mal:

> Por um lado, todos nós nos sentimos culpados à medida que nos conscientizamos do mal que causamos; por outro, continuamos projetando o mal para fora de nós mesmos, procurando bodes expiatórios individuais ou coletivos nos quais descarregar o seu peso. [Por isso] [...] suscitar a questão da práxis humana significa debater a problemática do mal em sua dupla vertente existencial: o mal como evento ou acontecimento – e

---

[10] J. A. Estrada, *A impossível teodiceia*, p. 13.

ética – e o mal como interpelação de nossa responsabilidade para com ele e questionamento acerca da realidade ou ilusão da liberdade.[11]

Pois bem, o que dizer dessa distinção tripartite com que Estrada introduz e, praticamente, direciona seu citado ensaio de teodiceia? Eu diria que precisamos conhecê-la, mas que, no mínimo, ela não é consensual. O professor norte-americano de Estudos da Religião J. F. Kelly assume a seguinte definição de trabalho: mal é "a deliberada imposição de sofrimento de um ser humano sobre outro ser senciente", e com isso dá a chave de seu extenso estudo sobre o problema do mal na tradição ocidental em termos de mal moral.[12] Quanto ao mal natural, não é, diz ele, realmente "mal" – a menos que se admita que Deus interfira diretamente no mundo. Já a abordagem do mal ontológico é descartada por Kelly com um simples exemplo de sua atual inadequação. Embora um ser humano seja, pela condição racional, ontologicamente superior a um cão, Kelly pondera ser questionável se um homem que cometa crimes será sempre moralmente superior a um cão-guia que fielmente conduza uma criança cega em segurança pelas ruas da cidade. Uma coisa é o Mal (assim, com maiúscula), isto é, o inegável fato de que seres inteligentes deliberadamente imponham sofrimento a outros seres sensíveis; outra coisa são os males, isto é, os múltiplos caminhos nos quais o Mal pode se manifestar. A compreensão destes, porém, muda constantemente e, muitas vezes, leva a um diferente ou inédito entendimento do Mal.[13]

Para citar um ponto de vista não teísta (ou laico, como preferem os europeus), Norberto Bobbio[14] contenta-se com distinguir o mal ativo ou infligido (a maldade) do mal passivo ou sofrido (o sofrimento). A seu ver, a velha distinção entre mal moral e mal físico é absolutamente incongruente, pois acaba aproximando dois problemas que só se relacionam entre si numa visão histórica e cosmológica que lê o sofrimento como consequência direta ou indireta do mal moral. Na opinião dos pensadores que comungam com Bobbio, essa visão não consegue explicar seja o sofrimento decorrente das

---

[11]   Ibid., p. 14.

[12]   J. F. Kelly, *The problem of Evil in the Western Tradition*, p. 3.

[13]   Ibid., p. 3-4.

[14]   N. Bobbio, *Elogio da serenidade e outros escritos morais*, p. 24s.

catástrofes naturais, seja a impiedade que prevalece no mundo animal. "O mal infligido", conclui o ensaísta italiano, "pode ser explicado miticamente com o pecado original; o mal sofrido, frequentemente inculpável, não".[15]

Talvez Estrada nem esteja, afinal, tão distante da sensibilidade de Bobbio e das ressalvas de Kelly; porém, como explicita, desde o início, que sua revisão crítica das teodiceias visa repropor as vantagens da revelação cristã nessa busca de norte, convém ter em vista que o âmbito estritamente filosófico da questão, embora ciente dos limites da razão, não pretende abandoná-la tão facilmente por qualquer outro tipo de teleologia. Esse cuidado atravessa, por exemplo, o esforço de S. Neiman. Embora admitindo que sua reflexão tenda a aceitar (como Rousseau antes, e H. Arendt bem depois) "que a moralidade exige que tornemos o mal inteligível", Neiman não visa oferecer uma definição de mal nem sequer um critério que distinga "ações más de ações que são simplesmente muito ruins". Como não acha que seja possível definir uma propriedade intrínseca do mal, ela está mais preocupada em "identificar o que o mal faz conosco", a saber, em que medida ele "abala nossa crença no mundo". Com isso, ela pretende "explorar aquilo que as mudanças em nossa compreensão do problema do mal revelam sobre as mudanças em nossa compreensão de nós mesmos e de nosso lugar no mundo".[16]

Evidentemente, essas abordagens têm nuanças, mas não são autoexcludentes. Sobretudo em um ponto importante todas são uníssonas: se, como dizia Kant, as grandes questões filosóficas resumem-se em investigar o que é o ser humano e o que ele pode saber, fazer e esperar,[17] o que une filósofos, *teófilos* e teopoetas pode ser a urgência de pensar caminhos de salvação para a humanidade.

Voltarei mais adiante a considerar a postura teológica de Estrada – que se aproxima mais dos que entendem imperativo o combate puro e simples ao mal. Por enquanto, porém, vou me servir de sua sucinta tipologia das principais respostas dadas ao problema em tela, principalmente aquelas que o autor entende terem tido mais repercussões na história da filosofia. A escolha,

---

[15] Ibid., p. 25.

[16] S. Neiman, *O mal no pensamento moderno*, p. 19.

[17] I. Kant, *Crítica da razão pura*. Vale mencionar aqui, de R. D. Precht, *Quem sou eu? E, se sou, quantos sou?* uma aventura na filosofia.

como qualquer outra, tem um quê de arbitrário e não dá conta de todo o espectro do objeto. Mas possui a vantagem de ser atravessada por uma questão (mais ou menos) implícita: em que tudo isso desafia a especulação teológica? Ou ainda: que resposta daria a teologia contemporânea a semelhante leitura da realidade?[18] Esse pormenor fez pender a balança para o roteiro de Estrada. Ao menos para início de conversa.

Antes, contudo, tenhamos presente que a pergunta da teodiceia nem se colocaria se, desde o início, eliminássemos o postulado de que Deus, ao menos em certa medida, é inteligível. Um Deus totalmente além da compreensão pode nos dar certo conforto, mas não tem nenhum atrativo intelectual; a filosofia só pode levar a sério uma fé em busca de intelecto. Também impede qualquer esforço filosófico postular que a noção do "bom" dependa exclusivamente da vontade divina e que, portanto, o que Deus fizer é *per definitionem* bom.[19] Por último, também faz desaparecer o problema em pauta a asserção de sabor espinosiano de que "bom" e "mau" sejam conceitos operativos válidos apenas para seres finitos, o que deixaria Deus além da esfera da moralidade. Se uma dessas três posições puder ser sustentada coerentemente, não haverá nenhuma contradição entre a presumida bondade divina e a existência do mal. Entretanto, conforme o juízo sensato de V. Hösle, a quem devo a observação dessa tríplice possibilidade, tais soluções se comparam a curar a enxaqueca pela degola – justificar Deus negando-lhe a qualidade moral não é justificar Deus.[20]

---

[18] Naturalmente, esse tipo de questão não (pre-)ocupa o inteligente ensaio de Neiman (*O mal no pensamento moderno*), muitas vezes citado neste trabalho, e não diminui o impacto de sua análise em minhas reflexões. Mas ela não chega a medir forças com a perspectiva teológica, o que torna o esforço de Estrada preferível na calibragem de olhares que realizei.

[19] J. L. Segundo bateu-se vigorosamente em seus livros contra semelhante afirmação que, para ele, legitimava terríveis perversões religiosas e sociais. Ou seja, dizer que algo mau – por exemplo, o assassinato de uma pessoa – passa a ser bom, caso descubramos que seu agente foi Deus, é caminho seguro para a blasfêmia. Ver, por exemplo, os cinco volumes da série: *Teologia aberta para o leigo adulto*.

[20] V. Hösle, Estratégias de teodiceia em Leibniz, Hegel e Jonas, p. 203-205.

Posturas filosóficas perante o mal

Podemos resumir em quatro as posturas paradigmáticas de teodiceia,[21] ou seja, de explicações ou justificações racionais da realidade do mal que procuram eximir Deus (o Deus cristão, no caso) de responsabilidade: relativizar o mal; apelar ao dualismo; antropologizar o mal e, ultimamente, limitar a onipotência divina.[22] A primeira postura considerada é a da *relativização do mal*. Nesse caso, o mal é enquadrado e integrado na ordem natural, mediante o recurso à totalidade e à perfeição do cosmo (Plotino e Leibniz), ou considerado como parte da evolução natural e do desenvolvimento histórico (Hegel). Uma alternativa consiste em negar sua entidade, rebaixando-o à condição de mera "privação do bem" (Agostinho), ou de "acidente" (Boécio). O objetivo aqui é certa "desontologização" do mal, isto é, esvaziá-lo de sua substância e reformulá-lo como questão apenas epistemológica a ser solucionada quando olhamos o todo da realidade. O resultado pretendido consiste em minimizar o sofrimento concreto, relegando a segundo plano a pergunta por sua origem. Se a realidade do mal fizer sentido no conjunto

---

[21] Apresento aqui, com bastante licença poética, a sugestão didática de J. A. Estrada. Mas, embaralhando quase os mesmos temas e autores, S. Neiman (*O mal no pensamento moderno*) prefere investigar o mal em quatro blocos (4 capítulos), agrupando filósofos díspares a partir dos seguintes pontos em comum: (1) aqueles que nutriam certa *esperança de uma ordem melhor* do que a que temos hoje (Leibniz, Rousseau, Kant, Hegel, Marx); (2) os que, ao contrário, tinham em comum a triste certeza de que *as coisas seguirão assim ou vão piorar* (Bayle, Voltaire, Hume, Sade, Schopenhauer); (3) os projetos de Nietzsche e de Freud, que desconsideravam a discussão em si como *armadilha dos fracos* ou concessão a infantilismos; (4) aqueles que, em pleno século XX, se sentiram pequenos para esboçar alguma proposta à altura do problema que não se reduzisse a *fragmentos* (Camus, Arendt e outros).

[22] J. A. Estrada, *A impossível teodiceia*, p. 35-42. O número quatro deve exercer algum fascínio sobre os criadores de tipologias. Estrada, Neiman e Segundo foram antecipados nessa tradição por Ricoeur e sua quádrupla mitografia do mal; e este foi antecedido por Max Weber. Do ponto de vista da sociologia da religião, Weber oferece uma lista de quatro tipos racionais de teodiceia: a promessa de compensação neste mundo, a promessa de compensação num "além", o dualismo e a doutrina do carma. Peter Berger modifica essa tipologia inserindo-a num *continuum* que vai do polo irracional (quando o eu identifica-se completamente com a coletividade, anulando as desgraças da biografia individual) até o mais racional (o complexo *carma-samsara* no pensamento religioso indiano, cuja concatenação de causas se estende ao infinito para o passado e para o futuro, revelando-se numa série de infortúnios e recompensas que se devem ao próprio indivíduo e a mais ninguém). Entre esses extremos há uma variedade de tipos de teodiceia, capaz de diversos graus de racionalização teórica, que podem ser resumidos na mencionada lista quádrupla weberiana (P. L. Berger, *O dossel sagrado*, p. 72-80).

(justificação teórica, legitimação racional), Deus estaria, por assim dizer, isento de responsabilidade.

Na trilha da teodiceia grega clássica, correntes do pensamento moderno têm-se esmerado por propagar essa perspectiva ao procurar enquadrar o mal – e, com isso, minimizá-lo – como algo inevitável e inerente à natureza humana. Como os estoicos e os epicuristas de outrora, que enfatizavam a ataraxia em face da dor, e Nietzsche, que nos sugere o *amor fati*,[23] o desafio proposto é considerar o mal como sempre mesclado com o bem, não restando alternativa senão aceitar o mundo assim como ele se nos apresenta. É a saída *estética* dos mitos trágicos, de que nos falava Ricoeur.

Ou a saída realista, propugnada por R. C. Solomon: coisas más simplesmente acontecem. Apoiado em autores como Nietzsche, Unamuno e Camus, ele acredita que se possa eliminar "certa presunção filosófica" ao lidar com o sofrimento, pois, de fato, "sabemos que a vida não é justa". "Somente na filosofia e na teologia ousamos afirmar – ou simplesmente presumir – que há uma justificação, uma explicação racional, para tudo que acontece. E somente nelas escondemo-nos atrás da exigência de que deveria haver essa explicação racional". "Nesse sentido", arremata Solomon, "adotar o sentimento trágico da vida é nada menos que aceitar a realidade".[24]

Estrada teme por duas consequências extremas a que visões como essa poderiam levar: do ponto de vista teológico, o teísta cristão seria levado à crença (deísta) em um Deus impassível e apático; do ponto de vista ético-político, abre-se a porteira para a indiferença diante do sofrimento humano. De fato, essa perspectiva deixa na penumbra o ponto de vista da vítima da tragédia humana.[25] Como enquadrar o mal que o outro está sentindo, e que somente ele pode sentir na irredutibilidade de sua vida pessoal? A mera

---

[23] "Minha fórmula para a grandeza no homem é *amor fati*: não querer ter nada de diferente, nem para a frente, nem para trás, por toda a eternidade [...]. Não apenas suportar aquilo que é necessário, muito menos dissimulá-lo [...] mas sim *amá-lo*..." (F. Nietzsche, *Ecce Homo*, p. 67-68.).

[24] R. C. Solomon, *Espiritualidade para céticos*, p. 172.

[25] Mas não impede que, na prática, topemos com testemunhos éticos como o do escritor Saramago e o de Betinho, "o irmão do Henfil". Ver a reflexão de M. Fraijó ao comentar o interesse de W. Benjamin pelas "vítimas da história", ele mesmo, nas palavras de Fraijó, "uma vítima da modernidade" (M. Fraijó, *A vueltas con la religión*, p. 93-116).

explicação racional não preenche esse vazio. Se esse tipo de resposta tem prevalecido na tradição filosófica – e, na opinião de Estrada, é exatamente este o caso – só pode ser sinal de sua distância dos problemas reais e das dores cotidianas das pessoas. Tropeço não verificado nas tradições mítico-religiosas, por mais estapafúrdias que nos possam parecer suas estratégias de combate ao mal.

Diga-se, entretanto, a favor dos que postulam a resposta relativista o mesmo que afirma R. Solomon de toda e qualquer filosofia: como renunciar à nossa capacidade de enfrentar os infortúnios da vida através do pensamento?

A segunda solução que podemos considerar para nosso problema (literalmente "nosso") costuma ser alcunhada de *dualista*: Deus não é responsável pelo mal. Os responsáveis deverão ser buscados ou na matéria – conforme a proposta de Platão, posteriormente assumida e matizada por Plotino – ou no demiurgo ou criador do mundo. Neste caso, há exemplos desde os antigos mitos a que aludi anteriormente, como depois nas elaborações gnósticas e no maniqueísmo.[26] O modelo órfico explicado por Ricoeur possui muitos pontos em comum com essa solução filosófica.[27]

Dada a influência da tradição judaico-cristã, esse modelo de resposta ao mal não obteve explícita aprovação das teodiceias ocidentais, pois tal significaria pôr em xeque não somente a onipotência divina, que se veria limitada por um antagonista similar, como também o monoteísmo estrito das chamadas religiões do livro e sua peculiar concepção de uma *creatio ex*

---

[26] No esquema de P. Berger, o dualismo corresponde ao terceiro tipo intermediário de teodiceias, logo após a projeção de uma compensação pelos sofrimentos num futuro terreno e seu refinamento num adiamento das recompensas para uma vida além-túmulo. Neste terceiro caso, as formações religiosas do antigo Irã e o gnosticismo ocidental seriam os melhores exemplos (P. L. Berger, *O dossel sagrado*, p. 83-85).

[27] Recordemos o que foi visto no terceiro capítulo sobre *O mal na tradição judaica pré-cristã*, quando apresentei a tipologia de J. L. Segundo para as imagens do divino documentadas na Bíblia hebraica (J. L. Segundo & P. Sanchis, *As etapas pré-cristãs da descoberta de Deus*). Situadas em sua época e contextos originais, é possível explicá-las como quatro diferentes abordagens do mal: o *deus terrível*, que pune a impureza ou a falta ritual; o *deus providência moral*, que castiga os maus; o *deus transcendente e criador*, que envolve no mistério o sofrimento humano e o *deus legislador justo*, que deixa para o além-túmulo a "recompensa" pelo bem e o mal semeados nesta vida. No caso da solução dualista de que estamos tratando, essa quarta imagem do divino destacada por Segundo também possui com ela muitos pontos em comum. A proposta desse autor, entretanto, será esmiuçada melhor no sexto capítulo.

nihilo. Tenhamos ainda em conta a convergência do bem e do ser na divindade, tanto na tradição grega (Platão, Aristóteles) como na judaico-cristão--islâmica. Além disso, propostas dualísticas – como o zoroastrismo clássico e, principalmente, os vários sistemas gnósticos – costumam deslocar a matriz e a solução do desequilíbrio experimentado para dimensões inteiramente externas ao universo empírico, originando teodiceias que "tendem a ser acósmicas, ascéticas e a-históricas" e, portanto, inaceitáveis para o tipo de sensibilidade ética da religião bíblica.[28]

Porém, não obstante a declarada objeção teísta, dualismos mitigados, mais ou menos admitidos, nunca deixaram de exercer sua influência em nossa história filosófica e religiosa. Estrada dedica ao estudo de tais dualismos reincidentes boa parte de seu ensaio sobre a teodiceia – como é o caso da versão junguiana da face maligna da divindade e do maniqueísmo de algumas filosofias da história. Todavia, não é preciso esperar pela contribuição grega posterior para vermos sinais de dualismo na tradição judaico-cristã. As próprias escrituras canônicas judaicas (e cristãs) – embora de forma muitas vezes sutil, como já foi dito – documentam a persistência de uma concepção de Deus como justiceiro. Ele pune os maus e premia os bons.[29] O lado amargo e cruel dessas "teologias" veterotestamentárias é que, como a Deus ninguém jamais viu, o que se vê são pessoas empobrecidas, doentes, alquebradas. E como aquele salmista que jamais vira um justo a mendigar o pão (Sl 37), isso leva à dedução de que, com certeza, esses miseráveis estejam sendo feridos por Deus com toda a justiça. Em suma, uma concepção "demoníaca" do divino que continua sendo mais atual e persistente do que gostaríamos de admitir.[30]

A solução dualista conta com um atrativo extra, que a torna mais popular que o modelo relativizador: parece corresponder mais aos dados empíricos. Se já não bastasse a profusão de mitos dualistas que nos têm amamentado de geração a geração, a experiência cotidiana é pródiga em exemplos dessa mescla de bem e mal que nos habita. Gente pacata que, de repente, deixa

---

[28]   P. L. Berger, *O dossel sagrado*, p. 85.

[29]   Vide, na nota 27, a primeira, a segunda e a quarta imagens propostas por J. L. Segundo.

[30]   Aliás, já o mostrava claramente, desde a década de 1960, o mencionado estudo de Segundo e Sanchis.

escapar seu lado mais sombrio; escândalos envolvendo personalidades civis e religiosas até então de conduta ilibada; exegeses levianas do mal compreendido desabafo paulino em Rm 7,15s (fazer o mal que não quer, e não praticar o bem que deseja). Enfim, é compreensível que a hipótese de dois princípios (divinos) constitutivos e antagônicos tranquilize mais que "aquele imenso silêncio sem acusação, apavorante, que se segue [ao] desastre"![31]

O dualismo, no entanto, também possui seus pontos fracos. Embora intelectualmente sedutor (ao menos, é uma palavra a preencher o silêncio), padece de uma evidente falha teológica: é, no fundo, para usar a expressão de M. Nédoncelle, uma "teologia preguiçosa", indecisa entre o mito e a filosofia, que só adia o problema ("de onde vem o deus do mal?").[32] Mas sua principal objeção é mesmo existencial: como suportar a ideia de um Deus mau e cruel? Instados a tomar posição, os pensadores modernos oscilaram, frequentemente, entre o deísmo resignado e o ateísmo puro e simples. A Voltaire, por exemplo, não restou alternativa (após ter criticado o "melhor dos mundos possíveis" propugnado por Leibniz, e os decorrentes entreveros com Rousseau, em virtude da comoção suscitada pelo terremoto lisboeta de 1755), senão contentar-se com seu deus fraco, mas bondoso. Assim, ele evitava se submeter ao deus cruel onipotente, que parecia brincar com inocentes vidas humanas.[33]

Por quanto tempo, entretanto, pode sustentar-se uma perspectiva filosófica que oscile entre a indiferença da natureza e dos deuses (deísmo) e a convicção de que a falta de resposta se deve à inexistência do Interlocutor (ateísmo[34])? O silêncio ante o clamor para que Deus *aja* leva à desconfiança de que Deus não *haja*!

A história subsequente mostrou que muitos, por fidelidade à lógica implacável, preferiram o ateísmo a ter que optar entre uma divindade poderosa mas cruel, ou um deus bondoso mas sem poder. Na vida prática, porém, a

---

[31] R. C. Solomon, *Espiritualidade para céticos*, p. 166.

[32] A referência vem de Torres Queiruga em: *Repensar o mal*, p. 165.

[33] Notemos, porém, que, mesmo para Voltaire, catástrofes naturais eram de pouca monta se comparadas aos males morais. S. Neiman, *O mal no pensamento moderno*, p. 147-168.

[34] Desde que entendamos o ateísmo como recusa à existência de um "sentido" geral para a existência humana.

saída parece óbvia: ateus, céticos e religiosos compartilham da mesma rejeição ao mal que nos esmaga.[35]

Outra tentativa de racionalizar a inexorabilidade do sofrimento cabe no amplo guarda-chuva da *antropologização* do mal, isto é, procurar fazer recair o seu peso no ser humano. Como diz R. Solomon, "as respostas mais poderosas para o problema do mal, mesmo na teologia, centraram-se não na natureza de Deus e de seus meios ou em nossa insignificância, mas, ao contrário, no papel significativo que nós próprios temos na geração do mal e do sofrimento no mundo".[36] Muitas imagens bíblicas situam-se aqui e, com certeza, darão sustentação e combustível aos argumentos das filosofias cristãs posteriores. Elas caem como luva para isentar Deus da responsabilidade pelo escândalo do mal. A maioria dos textos bíblicos parece dar respaldo à explicação de que foi o pecado humano a provocar a culpa e a consequente punição da raça humana. Surge, assim, a clássica proposição do mal moral como gerador do mal físico (sofrimento) e da degeneração do universo (mal metafísico).

Agostinho é, como sabemos, um dos principais sistematizadores dessa visão. Embora sempre convenha precaver-se de exageradas generalizações ao sintetizar seu complexo pensamento, o certo é que frequentemente se acaba por aludir ao bispo de Hipona quando se trata de apresentar o ser humano como agente do mal e único responsável pelos sofrimentos de sua espécie. Concordar ainda hoje com sua visão depende, nas palavras da pesquisadora G. Evans, "de nossa disponibilidade a aceitar suas premissas: Deus é bom e é autor de todas as coisas; todas as coisas são boas; o homem é a causa de todos os seus embaraços, e estes constituem uma ilusão, [pois] o mal [...] não passa de aparência enganosa".[37] Sendo assim, o que resta

---

[35]   Nem é preciso se deter aqui no quanto de injusto há na pecha de imoralismo que se imputava à rebelião ateísta.

[36]   R. C. Solomon, *Espiritualidade para céticos*, p. 183. De certa forma, três das imagens do divino estudadas por Segundo – precisamente, as imagens do *deus terrível*, do *deus providência moral* e do *deus legislador justo* – flertam com essa terceira modalidade.

[37]   G. R. Evans, *Agostinho sobre o mal*, p. 14. Aliás, já se falou da "radical incoerência" da solução agostiniana para o mal; mas, como diz Evans, o fato de ter voltado várias vezes ao tema ao longo de meio século indica que o próprio Agostinho sentia, perplexo, tal incoerência de seu pensamento (ibid., p. 9 e 247-267).

à liberdade humana é decidir se aproveita ou não de seus infortúnios como instrumento de purificação, motivo de mérito diante de Deus e meio para se tornar uma pessoa virtuosa.

Na esteira de Ricoeur, Estrada lê no núcleo das teodiceias ocidentais a visão moralista do mundo. Esta tem como parâmetro hermenêutico a correspondência entre pecado e sofrimento (castigo). Alguém ou algo tem de ser culpado: Deus ou o ser humano, ou qualquer outra instância estrutural, histórica ou social. "A essa causa é atribuída a responsabilidade definitiva pelo sofrimento, pela desordem moral e pela própria finitude, simbolizada pela morte", pois "o importante mesmo é que nos reconciliemos com a desordem, atribuindo-lhe um sentido".[38]

A grande vantagem dessa saída – na verdade, na maior parte do tempo, muito mais representativa das tradições religiosas que das concepções filosóficas, diferentemente do que ocorre com a postura relativizadora antes mencionada – é que, além de preservar o postulado da onipotência divina, sacia nossa sede por encontrar a razão e, consequentemente, os culpados das dores cotidianas. É o que Solomon chama de "negação da tragédia" ou tentação de acusar.[39] Algo ou alguém tem de estar por trás do que ocorreu. Se parece cruel recuar até Deus, mostra-se mais conveniente imputá-lo a nosso semelhante. É claro que um filósofo ou teólogo desmancha-prazeres sempre poderá retrucar que, ainda assim, Deus permanece como responsável último, uma vez que nos deixa fazer o mal que, necessariamente, já sabia que faríamos. Mas isso só embaralha o jogo, pois não supera nossa tendência a culpar alguém.

"O que é geralmente ignorado na invocação de tal culpa", sublinha Solomon, "é ser ela antitética à espiritualidade,[40] porque é o contrário mesmo da aceitação e do perdão (para não mencionar o amor, a confiança e a reverência)".[41] A réplica cristã mais comum a esse tipo de objeção é

---

[38] J. A. Estrada, *A impossível teodiceia*, p. 379.

[39] É inconcebível admitirmos que as coisas simplesmente acontecem, como várias línguas soem perceber, com descontração: "*shit happens*", "*Así es la vida*" ou "*C'est la vie*".

[40] Ao menos a algumas delas, como a cristã.

[41] R. C. Solomon, *Espiritualidade para céticos*, p. 183.

conhecida: Deus é amoroso e perdoa sempre, mas o mal traz consequências; uma vez feito o estrago, no máximo podemos coser algum remendo.

Em todo caso, já vimos anteriormente que a própria tradição judaica nos brindara com o antídoto de Jó contra esse tipo de teodiceia moralista.[42] Sempre retomado, ao longo de toda a tradição filosófica e teológica – embora emudecido pela leitura agostiniana do pecado original –, o justo de Uz representa o sofrimento do inocente, a indesejável vitória da injustiça, o absurdo e a arbitrariedade da dor.

Retomando o crítico desmancha-prazeres supramencionado, parece evidente que esse terceiro modelo, se proposto isoladamente, acabe, de novo, abraçando a imagem de um Deus cruel e inclemente, que castiga nesta e na outra vida, que faz recair o pecado dos pais sobre os filhos (imagens do divino já na Bíblia hebraica), ou que exige o sacrifício do inocente para satisfazer a culpa dos pecadores (vide a teoria anselmiana da satisfação vicária). Ademais, no fundo, não se supera o modelo dualista, pois, se o mal se deve à liberdade humana, quem a tentou? E quem criou um ser ou coisa (serpente? diabo? anjo de Deus?) à altura de tentar o ser humano? Não seria Adão mais uma vítima de certas realidades supra-humanas?[43]

Considerando o problema da necessidade social de teodiceias, P. Berger usa a noção de *nomos* (ordem significativa) para explicar que o mundo socialmente construído consiste numa ordenação da experiência que é imposta às vivências individuais e depende, para o sucesso dessa ordem, de certa renúncia do eu individual a alguns anseios. É o que Berger chama de atitude de masoquismo,[44] verificada quando "o indivíduo se reduz a um objeto inerte e parecido a uma simples coisa frente a seus semelhantes" – o

---

[42] Antídoto este que é identificado por J. L. Segundo na terceira imagem judaica do divino (ver o capítulo 3).

[43] Com isso, estamos de volta ao célebre dilema de Epicuro, retomado por Pierre Bayle: "Se [Deus] previu o pecado de Adão e não tomou medidas seguras para evitá-lo, carece de boa vontade para com o homem [...]. Se fez tudo o que pôde para impedir a queda do homem e não o conseguiu, não é todo-poderoso, como supúnhamos" (P. Bayle, Réponses aux questions..., in *Oeuvres diverses* III, p. 668; apud A. Torres Queiruga, *Do terror de Isaac ao Abbá de Jesus*, p. 191, n. 14).

[44] Berger informa ter tirado essa noção de masoquismo de Sartre (em *O ser e o nada*) e não de Freud e dos psicanalistas.

eu transforma-se em nada; o outro, em realidade absoluta. Para Berger, o masoquismo religioso culmina na religião bíblica à medida que o caráter único e transcendente da divindade se explicita. "É a voz desse Deus terrível que precisa agora ser tão acabrunhadora que afogue o grito de protesto do homem atormentado e, mais ainda, converta esse grito numa confissão de auto-humilhação *ad majorem Dei gloriam*".[45]

Some-se ao olhar sociológico um argumento tipicamente teológico, recordado por Estrada: rebaixar o ser humano para enaltecer a Deus tornou-se um recurso perigoso para a religião, pois quanto mais se negativiza o ser humano, mais premente se torna a necessidade de Deus e da salvação, incorrendo, assim, tal solução no paradoxo de primeiramente negativizar o ser humano para depois redimi-lo, de rebaixá-lo para depois elevá-lo pela graça.[46] O risco dessa manobra é justamente aniquilar o ser humano antes que reste algo a ser salvo – como aquela anedota do adestrador lusitano que foi surpreendido pela morte de seu asno quando o animal estava quase se acostumando a viver sem comer. O que me lembra duma frase feliz de Ch. Duquoc, que soava mais ou menos assim: "Afirmar o ser humano nem sempre é afirmar Deus; negar o humano é negar Deus".

Há, finalmente, uma forte vertente de racionalizações para o problema do mal – sedutora em certos ambientes pós-modernos, que oscilam entre o ceticismo e o niilismo. Ela converge na apologia da bondade de Deus pelo recurso à *limitação de sua onipotência*. Segundo o postulado leibniziano do melhor dos mundos possíveis, Deus, ao criar, respeita o que é composto de bem e mal e, portanto, não pode lançar mão de sua onipotência indistintamente. Já para Schelling e certas tradições judaicas, a tensão entre o bem e o mal está presente no próprio Deus e, por isso, ele não a pode superar.

---

[45] P. L. Berger, *O dossel sagrado*, respectivamente p. 32; 67; 86. Berger vê no livro de Jó – não sem algum exagero – "a forma pura do masoquismo religioso *vis-à-vis* o Deus bíblico", com desdobramentos importantes no islã e, bem mais tarde, no calvinismo. Este último, conclui, "é provavelmente o ápice da atitude masoquista na história da religião" (p. 87).

[46] J. A. Estrada, *A impossível teodiceia*, p. 38. Fugir desses questionamentos apelando ao *sacrificium intellectus* é, além de fideísmo, idolatria, pois, na prática, acaba-se por admitir como razoável "um Deus menos humano do que o próprio homem, incapaz de perdão e protótipo da violência" (Ibid., p. 38).

DO MITO À FILOSOFIA: GRANDEZA E LIMITES DA TEODICEIA

De sua parte, H. Jonas, com a autoridade de quem sobreviveu ao nazismo e perdeu a própria mãe em Auschwitz, também se pergunta sobre qual razão poderia ter tido Deus para consentir tal horror, se este fosse evitável. Incapaz de renunciar ao postulado da bondade divina, ele deduz que, se Deus não interveio, isso não se deve a que lhe tivesse faltado vontade; ele simplesmente não pôde fazê-lo. Para justificar semelhante saída, Jonas recorre à tradição cabalística da mística judaica e radicaliza a doutrina do *Zimzum* – segundo a qual Deus se "contrai" na criação do mundo, limitando sua infinitude e onipotência para deixar lugar às criaturas. Em suma, o Deus dos judeus não seria um Deus onipotente![47] A seu modo, Jonas repercorre as pegadas de Voltaire, que já dissera que Deus faz o que pode, pois é preferível um deus bom, conquanto limitado, ao onipotente malvado.[48] Em jargão cristão, seria tentador concluir que, sendo assim, até se pode admitir que Deus tenha sofrido na cruz de Jesus.[49]

Dando por assentado que a mente filosófica ocidental estranha um conceito monoteísta da divindade que exclua a noção de onipotência,[50] há

---

[47] H. Jonas, *Pensar sobre Dios y otros ensayos*, p. 195-212 (La Idea de Dios después de Auschwitz; una voz desde el judaísmo). Ver também as considerações de A. Wellmer, El mito del Dios sufriente y en devenir. Preguntas a Hans Jonas, p. 266-272. Também: W. Oellmüller, No callar sobre el sufrimiento. Ensayos de respuesta filosófica, p. 83-84, que fala de "um retorno de especulações gnósticas e míticas". Oellmüller lembra também o duro protesto de K. Rahner contra as especulações de H. Urs von Balthasar e J. Moltmann neste ponto.

[48] Se "o único recurso que nos resta para desculpá-lo [a Deus] é confessar que seu poder não pôde triunfar sobre o mal físico e moral, certamente prefiro adorá-lo como limitado a adorá-lo como mau" (Voltaire, *Dictionnaire Philosophique*, 2, 1598. Apud A. Torres Queiruga, *Do terror de Isaac ao Abbá de Jesus*, p. 191, n. 15).

[49] Aqui está, como se vê, a grande intuição e o calcanhar de Aquiles da teoria moltmanniana do Deus crucificado. Tentando se distanciar da tradição teológica ocidental, que ensina a apatia substancial de Deus, Moltmann se aproxima dos pensadores judeus que, como A. J. Heschel, falam do *pathos* de Deus. Mas parece não se preocupar suficientemente em explicar a distinção entre a paixão humana e a *passio* divina. No juízo de G. Canobbio, por não prezar a analogia, o pensamento de Moltmann perde em precisão neste ponto (Ver: G. Canobbio, *Dio può soffrire?*, p. 53-79 (Dalla sofferenza *di* Dio alla sofferenza *in* Dio).

[50] O filósofo ateu A. Comte-Sponville oferece a seguinte definição nominal de Deus: "Um ser eterno, espiritual e transcendente (ao mesmo tempo exterior e superior à natureza), que teria criado consciente e voluntariamente o universo. Supõe-se que ele seja perfeito e bem-aventurado, onisciente e onipotente. É o Ser supremo, criador e incriado (ele é causa de si), infinitamente bom e justo, do qual tudo depende e que não depende de nada. É o absoluto em ato e em pessoa" (A. Comte-Sponville, *O espírito do ateísmo*, p. 70).

também uma objeção teológica óbvia e imediata a esse quarto caminho: como pode um Deus sofredor e impotente salvar o ser humano? Se até Deus, embora com poderes muito além dos nossos, padece de contingências e limitações, então ele não passa de um, digamos assim, irmão mais velho que, às vezes, nos livra de algumas surras. E, se a própria divindade tem limites nesse assunto, isso não equivale a reconhecer que o problema do mal é insolúvel e que, portanto, não faz muito sentido continuar multiplicando esforços humanos para lutar contra o mesmo? Tal solução seria, de algum modo, aceitável para a tradição bíblica, para o judaísmo, o cristianismo e o islã?

A julgar pela opinião de três importantes pensadores cristãos contemporâneos – K. Rahner, J. B. Metz e X. Tilliette –, tal proposta é destinada ao fracasso. Para Tilliette, essa concepção "parte de uma intenção comovente, mas de uma reflexão rápida", posto que "é preciso saber a que se expõe um antropomorfismo que à miséria do homem acrescenta a impotência de Deus". Metz, por sua vez, desconfia que, afinal, esse tipo de sugestão seja apenas "uma sublime duplicação do sofrimento humano e da impotência humana", implicando desconhecimento da diferença de Deus ao transferir o "*mysterium* negativo" próprio e exclusivo da criatura, para, finalmente, levar "a uma perpetuação eterna do sofrimento". E Rahner afirma taxativamente que Deus não nos poderia livrar do lixo se ele também estivesse enterrado nele.[51] Na trilha deste último, M. Fraijó afirma – contra Moltmann – que o impotente crucificado foi Jesus de Nazaré, não Deus. Embora sejamos destroçados pela "invisibilidade" de Deus (Bonhöffer), falar de um "Deus crucificado" não é, segundo Fraijó, possível nem conveniente.[52]

Estrada observa que essa postura é dificilmente defensável em termos existenciais e, talvez, só admissível em pequenos grupos intelectuais. Mas não creio que este último seja um argumento válido neste nível de discussão. Estamos tratando de soluções intelectuais, logo, a opinião de um restrito grupo, se for verdadeira ou ao menos pertinente, também tem direito à tribuna. E membros desse grupo preferem achar que "só há um problema do mal para

---

[51] Sirvo-me da resenha apresentada por Torres Queiruga das críticas desses autores. As aspas são dele. Para as referências de cada autor, ver *Do terror de Isaac...*, p. 199.

[52] M. Fraijó, *Dios, el mal y otros ensayos*, p. 60-62.

os que esperam que o mundo seja bom".[53] O que nos remete, de novo, aos partidários da primeira solução, mais afins ao sentimento trágico da vida.

Contudo, o principal problema dessa quarta alternativa está, a meu ver, no que Torres Queiruga chama de *"concepção imaginária e acrítica da onipotência divina,* que a transforma em um poder abstrato e arbitrário, sem referentes objetivos e sem critérios de significatividade".[54] Essa afirmação abstrata da onipotência provoca sua negação igualmente abstrata ("impotência" e "finitude" de Deus), funcionando como duas faces de uma mesma "crença".

A força de tal concepção está em nossa atávica pressuposição de que ser onipotente outorgue a um Deus a possibilidade de, sem mais nem menos, fazer no mundo o que bem entende, saciando, assim, a nossos mais obscuros instintos de poder, de domínio e de vingança. E, como vimos, dificulta ainda mais sua superação o fato de se encontrarem até na Bíblia registros dessa mentalidade. Por exemplo, quando esta menciona um Deus capaz de pedir a um pai o sacrifício de seu filho (Gn 22,2), que "dá a morte e a vida" (1Sm 2,6), "um Deus ciumento, que castiga os pecados dos pais nos filhos até a terceira e a quarta gerações" (Ex 20,5), do qual pode ser dito: "Não há mal na cidade que não tenha sido causado pelo Senhor" (Am 3,6).

Completa o quadro uma observação que Torres Queiruga costuma sublinhar, e à qual retornarei no próximo capítulo: *a ilusão do paraíso na terra,* ou melhor, o postulado de que seja possível um mundo sem mal (as diferentes versões do mito do paraíso).[55] No juízo deste filósofo e teólogo galego, tal pressuposto escora-se em um forte peso simbólico que, no entanto, não passa de um híbrido de imaginação e conceito, incapaz de resistir ao exame da crítica.

Com tais pressupostos, é praticamente impossível não sermos enredados na velha cilada de precisar optar entre um Deus que *pode, mas não quer*

---

[53] B. Williams, *Shame and Necessity,* p. 68. Apud R. C. Solomon, *Espiritualidade para céticos,* p. 182.

[54] *Do terror de Isaac...,* p. 184.

[55] Tema muito bem analisado por M. Eliade: "De uma forma mais ou menos complexa, o mito paradisíaco pode ser encontrado um pouco por todos os cantos do mundo" (*Mitos, sueños y mistérios,* p. 75; 37-56; 93-122; e *Mito y realidad,* p. 25-67).

evitar o mal, e então não é bom; ou *quer, mas não pode*, e então não é onipotente; ou *não pode nem quer*, e então não é Deus. Como diz Torres Queiruga, ficamos entre o deus impotente e o deus sádico. Para uma consciência cultural educada pelo monoteísmo, um *deus-limitado* só pode ser um *não deus*, e o ateísmo se torna inevitável. A alternativa – negar a bondade de Deus – não é menos embaraçosa, pois um Deus que, existindo, consente com o mal no mundo, é um *deus-mau*, o que, de uma perspectiva monoteísta, também resulta em um *não deus*. Um deus-finito é, do ponto de vista do rigor filosófico, tão contraditório quanto um deus-mau; porém, a primeira contradição é mais fácil de ser suportada que a segunda. Por isso Voltaire preferia, como vimos, desistir do Deus onipotente.

Mas ainda há outra possibilidade de driblar a inconsistência entre um Deus onipotente e o mal: pode-se procurar conciliar ambas as dimensões divinas – bondade e onipotência – apelando a uma superação futura do mal. O interessante aqui é que tal interpretação possibilita a esperança, essencial a qualquer abordagem coerente do mal. Todavia, ela ainda deixa a desejar como sistema explicativo, isto é, por que as coisas foram dispostas de tal modo que só possamos vencer o mal em um *happy ending*?[56]

Então, a essa altura, o leitor já terá percebido que os quatro modelos sugeridos – como qualquer outro modelo, aliás – são construções artificiais que não esgotam o fenômeno nem impedem que elementos daqui circulem também acolá. Nenhuma tipologia cobre todas as arestas do objeto estudado. Assim, a solução *dualista* indicada antes já contém algo desta quarta tentativa, pois, ao introduzir o mal no seio da divindade, suaviza o impacto de precisar admitir um *deus-totalmente-mau*, afetando, desse modo, somente uma parte do divino (o princípio mau); entretanto, uma deidade dividida em dois princípios antagônicos continua sendo problemática em qualquer

---

[56] Vittorio Hösle detecta essa mesma dificuldade ou paradoxo nas afirmações de Leibniz (este é o melhor dos mundos possíveis) e Hegel (a filosofia como tarefa de captação da racionalidade do mundo). "Não é fácil explicar", afirma Hösle, "por que o mundo não é isso desde o princípio, por que razão deva haver um desenvolvimento para a racionalidade" (V. Hösle, Estratégias de teodiceia em Leibniz, Hegel e Jonas, p. 216). Para a apresentação dessa solução procrastinadora do ponto de vista sociológico, ver: P. L. Berger, *O dossel sagrado*, p. 82-83.

DO MITO À FILOSOFIA: GRANDEZA E LIMITES DA TEODICEIA

reformulação do conceito de onipotência.[57] Mesmo a hipótese de uma *origem moral do mal*, se considerada com calma, não deixa de estar contemplada neste quarto modelo, uma vez que consiste em certa limitação imposta ao desígnio divino – neste caso, pelo imprevisível livre-arbítrio humano.

Tenho então de concordar com Estrada quando este assevera que as quatro soluções tipológicas – com a vasta gama de sistemas e alternativas a elas relacionados – fracassam ao explicar o porquê e o para quê do mal. Não admira, portanto, que uma autora arguta e bem informada como S. Neiman considere não haver hoje "nada mais fácil que colocar o problema do mal em termos não teístas". Toda vez que digo que algo não deveria ter acontecido – seja um tsunami na Ásia ou a reeleição de um político corrupto – estou tocando o problema do mal, sem que isso represente um problema moral ou teológico. Para Neiman, trata-se apenas do "ponto em que a ética e a metafísica, a epistemologia e a estética se encontram, colidem e jogam as mãos para os céus".[58] A filosofia brota de uma exigência da razão prática e teórica, porque um mundo sem justiça nem significado ameaça tanto nossa capacidade de agir quanto a de entender a realidade. Se o que aí temos é um problema ético, metafísico ou filosófico trata-se de uma questão tão irrelevante quanto insolúvel. O que importa, na opinião de Neiman, é levar em consideração as repetidas tentativas da filosofia de formular o problema do mal.[59]

---

[57] A. Torres Queiruga localiza tal explicação em teorias como a de Schelling, que introduzem o mal no próprio interior de Deus, embora o releguem ao fundo abissal de sua natureza e o declarem vencido e reconciliado em sua liberdade. Segundo Torres Queiruga, embora seja esta uma visão grandiosa, acabou por operar uma transcendentalização infinita do mal, que internalizou em Deus um novo cunho de dualismo metafísico em total contradição com o Deus que, no cristianismo, foi desvelado como "consistindo em ser amor" (1Jo 4,8.16) (*Do terror de Isaac...*, p. 193).

[58] S. Neiman, *O mal no pensamento moderno*, p. 17. Nas palavras de R. C. Solomon, "o problema do mal tem pouco a ver com a crença na existência de Deus ou em uma vida futura" (*Espiritualidade para céticos*, p. 182).

[59] As alegações de Neiman em seu volumoso trabalho são basicamente quatro: (a) a filosofia dos séculos XVIII a XX (do terremoto de Lisboa a Auschwitz) foi guiada pelo problema do mal; (b) esse problema pode ser expresso em termos teológicos ou não, mas é fundamentalmente um problema sobre a inteligibilidade do mundo como um todo, formando um elo entre a ética e a metafísica; (c) nem mesmo a distinção entre males naturais e morais se sustenta; (d) podendo ser identificados, do Iluminismo até hoje, dois pontos de vista sobre a questão, ambos guiados mais pela ética do que por preocupações epistemológicas: o primeiro insiste em que a mora-

141

Como não acha possível definir uma propriedade intrínseca do mal, Neiman prefere "identificar o que o mal faz conosco". Se chamar algo de mau é um jeito de dizer que aquilo abala minha crença no mundo, é esse efeito, mais do que a causa, que precisa ser examinado, pois as diferentes respostas para o problema do mal revelam "mudanças em nossa compreensão de nós mesmos e de nosso lugar no mundo".

É essa preocupação moderna – e pós-moderna, como Neiman também mostra no final de seu ensaio – que modifica o contexto em que se pronunciará a palavra teológica contemporânea. Como afirma Estrada, "de fato, o abandono da teodiceia é uma das alternativas mais sérias que se conjeturam na realidade", pois "é melhor continuar com um problema por resolver e deixar uma pergunta em aberto do que propor soluções insatisfatórias". E mais: descartar "a teodiceia como sistema explicativo do mal que integra Deus e o homem é até uma exigência da fé no Deus transcendente"; exigência esta que não deve nos dissuadir de "reexaminar a postura cristã em face do enigma do mal e confrontá-la com a resposta filosófica", que – como vimos até aqui – cala-se na soleira de "um problema não resolvido e irresolúvel".[60]

O mal, então, vencerá? Como pode a sensibilidade cristã contentar-se com semelhante alternativa em um horizonte mais ou menos distante? Certamente, essa alternativa não se coloca para um cristão. Contudo, o pensamento teológico ainda consegue acompanhar o fiel em tal certeza? Já não estariam contados os dias de uma teologia que ainda se pretenda como palavra razoável, que interpela e faz amadurecer a fé? Não seria preferível a modéstia de uma teopoesia?[61] Vejamos a seguir o que é possível ponderar a respeito.

---

lidade exige que tornemos o mal inteligível (de Rousseau a H. Arendt); o segundo, em que a moralidade exige que não o façamos (de Voltaire a Jean Améry). Ver S. Neiman, *O mal no pensamento moderno*, p. 13-25 e passim.

[60] J. A. Estrada, *A impossível teodiceia*, p. 40-42.

[61] Uma teopoesia do teor da que nos propõe R. Alves, por exemplo, em *Da esperança*. Além de sua abundante obra cronística e de literatura infantil.

A hora e a vez da antropodiceia cristã

> Graças a Deus, o homem moral não precisa de uma teoria
> complexa para ver nos males deste mundo o motivo para
> sua superação através da ação.[62]

Chegados a este ponto, urge enfrentar o seguinte questionamento: seria possível, uma vez rejeitada a teodiceia como justificação de Deus perante a razão humana, conciliar a existência de Deus e a luta contra o mal por meio de uma interação da razão prática com a dimensão religiosa? Autores como S. Neiman, V. Hösle, R. C. Solomon e J. A. Estrada mostraram-nos, cada qual a seu modo, que hoje a resposta prática e solidária contra o mal (antropodiceia) substitui a especulação teórica (teodiceia). Todavia, a resposta cristã ao problema do mal ainda teria alguma contribuição importante a dar nesse novo quadro "moderno/pós-moderno"? A visão religiosa ainda pode ser aceita como legítima interlocutora da razão filosófica?

Procurei evidenciar ao longo das páginas anteriores quão problemática é a teorização sobre o mal. De um lado, ela pode constituir uma confortável maneira de fugir da crassa realidade do sofrimento. Pensemos em Hegel, por exemplo, que, embora constatando ser a história um imenso matadouro "no qual a sorte dos povos, a sabedoria dos estados e a virtude dos indivíduos são sacrificadas", tudo relevava em seu juízo triunfalista de que "isso serve à meta final do progresso na consciência e na efetivação da liberdade", que tem nos indivíduos histórico-mundiais "apenas instrumentos para a aproximação da meta última".[63]

De outro lado, e por oposição a essa tendência escapista, pode-se suscitar um descaso pelo enfrentamento teórico da questão, uma vez que o realmente importante é lutar contra o mal que está aí. No caso da história da filosofia, há o risco — embora, evidentemente, não haja aqui necessidade — de chegar ao que V. Hösle considera a terrível tragédia do ateísmo moralmente fundamentado: da renúncia ao conceito de Deus por indignação diante das

---

[62]   V. Hösle, Estratégias de teodiceia em Leibniz, Hegel e Jonas, p. 222.

[63]   Ver as referências de Hegel em: ibid., p. 218. Ver também S. Neiman, *O mal no pensamento moderno*, p. 288.

DE VOLTA AO MISTÉRIO DA INIQUIDADE

injustiças deste mundo, chega-se, paulatinamente, a um mal-estar subjetivo que, por vezes, acaba aceitando o mal. "O caminho de Schopenhauer a Nietzsche é tremendamente direto".[64] No âmbito do pensamento teológico propriamente dito, o uruguaio E. Medina – discípulo e amigo de J. L. Segundo – acosta alguns teólogos do porte de H. Küng, Schillebeeckx e Ruiz de la Peña ao grupo dos que preferem o combate concreto à especulação. No parecer destes, o decisivo é apelar para o mistério. O mal não tem nenhuma explicação plausível; sua razão de ser esconde-se no "de dentro" divino. Conforme Medina, a posição deste grupo é afirmar que "os cristãos não cremos em um Deus que nos salva com seu poder, evitando o mal; mas antes em um Deus que se compadece de nossa própria dor. Jesus Cristo, mesmo sendo Filho de Deus, não desceu da cruz. Melhor: Jesus Cristo não desceu da cruz *porque* era Filho de Deus".[65]

Esta já é uma primeira resposta ao dilema de Epicuro. A partir da experiência humana do mal e da dor, aceitamos um Deus que não nos salva por ser todo-poderoso, mas antes por ser todo-amoroso. Se não pode evitar (nem nos explicar) o mal que nos consome, ao menos Deus se solidariza conosco. O problema, neste caso, é que a Tradição cristã teima em manter no Credo a fé "em Deus Pai Todo-poderoso". Como desatar esse nó?

A fim de ilustrar melhor a postura teológica supracitada, resumo a seguir a perspectiva de J. A. Estrada, que defende com erudição essa visão muito comum entre os teólogos contemporâneos.[66] Após uma análise racional que ocupa quase 400 páginas de seu ensaio sobre a teodiceia, Estrada encerra o trajeto de sua filosofia da religião afirmando que o mal é um problema sem solução teórica. Só podemos lutar contra ele, muito embora sua persistência continuamente ameace de morte nossos projetos de emancipação. Todavia, este continua sendo um problema que afeta a teologia, devido, em grande parte, ao fato de a imagem ocidental da divindade estar associada a ele intimamente – o Deus pessoal que nos salva do sofrimento e da morte. Além disso, ele está tão presente nas ações divinas (vide imagens do divino

---

[64]   V. Hösle, Estratégias de teodiceia em Leibniz, Hegel e Jonas, p. 222.

[65]   E. Medina, La questión del mal en el pensamiento de J. L. Segundo, p. 4-6; aqui: p. 4.

[66]   Ver, de J. A. Estrada, *A impossível teodiceia*, p. 377-435; *Imagens de Deus*, p. 193-233 (Deus e o mal).

144

DO MITO À FILOSOFIA: GRANDEZA E LIMITES DA TEODICEIA

na Bíblia-hebraica), que Estrada acredita ser mais difícil extirpá-lo da concepção de Deus do que a ele se resignar.

Nosso autor interpreta a resolução cristã do problema do mal retomando sua problemática a partir de uma hermenêutica do Novo Testamento. Para ele, o que ali se encontra está em flagrante oposição à concepção tradicional, sacrificial e expiatória. Somente a partir dessa retomada será possível que a religião encontre seu papel de interlocutora da filosofia. Estrada está convencido de que o cristianismo possa oferecer uma proposta de sentido logicamente consistente e racionalmente justificável, bem como uma práxis coerente contra o mal. É plausível sua alternativa religiosa em relação ao mal, embora jamais haverá uma resposta totalmente esclarecedora para seu enigma.[67]

O eixo da resposta cristã ao mal é a pregação do profeta judeu itinerante Jesus de Nazaré. Sua postura básica diante do mal está centrada no anúncio do reinado de Deus, que consolida a tradição profética acerca de um tempo final em que Deus reinaria plenamente sobre seu povo.[68] Teologicamente, essa ideia implica que a ordem da criação está incompleta e que Deus não se mostra satisfeito com um mundo assolado pelo mal físico e moral. Portanto, Deus não é indiferente aos conflitos humanos nem impassível diante do sofrimento, mas está sempre do lado das vítimas.[69] Os evangelhos não afirmam que o sofrimento seja algo desejado por Deus, e muito menos provocado por ele. Pelo contrário, a promessa messiânica refere-se a uma intervenção divina em proveito de todos, inclusive dos pecadores.[70]

---

[67] No entanto, Estrada não esconde que "o fato de a afirmação de Deus possibilitar uma resposta global ao problema do mal, sobretudo em relação à morte e ao sofrimento do passado, também não confere superioridade à resposta cristã". Cristianismo e humanismo ateu são, do ponto de vista da filosofia, duas posturas que podem ser consistentes e válidas, "contanto que promovam a luta contra o mal, de uma forma lógica, autônoma e universalizante". É verdade que a pessoa religiosa tem a "vantagem" de contar com um horizonte de sentido que ultrapassa a luta humanista e ética contra o mal, mas "o princípio teísta não é imprescindível para essa luta" (J. A. Estrada, A impossível teodiceia, p. 358).

[68] Estrada cita aqui as seguintes passagens veterotestamentárias: Is 33,22; Mq 2,13; 4,7; Sf 3,15; Ab 21.

[69] Mt 5,3-12; Lc 6,20-26.

[70] Mc 2,15; 10,15-16; Lc 15.

DE VOLTA AO MISTÉRIO DA INIQUIDADE

Outra ideia arraigada nos testemunhos neotestamentários é a tríplice opção de Jesus pelos pobres, pelos doentes e pelos pecadores, decorrente da imagem que ele tem de Deus. Jesus radicaliza e universaliza o mal moral:[71] todo homem pratica o mal, razão pela qual ele censura aqueles que desprezam os pecadores.[72] Porém, ele também interioriza o mal moral,[73] revalorizando a consciência, em detrimento da religião legalista.[74] Portanto, conclui Estrada, a tematização da ética como filosofia primeira baseia-se na tradição profética e jesuânica. A luta "divina" contra o mal abrange todas as dimensões, mas o mal moral – especificamente a injustiça e a vingança – é o que mais se opõe ao Reino de Deus.[75]

Jesus não aceitou a formulação tradicional, segundo a qual a doença e a dor devem-se ao pecado. Não existe nenhuma proporcionalidade entre o mal sofrido e o pecado que lhe dá causa ("Não foi ele quem pecou, nem seus pais"[76]). Desse modo, de um lado, ele resgata o caráter trágico do mal, a desproporcionalidade entre sofrimento e culpa; e de outro, sua luta contra o mal comporta também uma inevitável dimensão sociopolítica. Entretanto, não há como negar que ainda persistam traços (Estrada analisa-os em minúcias) de um dualismo entre bem e mal ou de um Deus cruel tanto na mensagem de Jesus, em particular, como no Novo Testamento, em geral.

O decisivo aqui, porém, é compreender os evangelhos à luz da ressurreição. Sua simbologia não pretende simplesmente veicular uma crença, mas motivar, inspirar e persuadir seu destinatário a seguir o crucificado ressuscitado. "O imaginário simbólico do Reino de Deus, primeiro, e o da parusia do Cristo glorificado, depois, pretendem esclarecer o que é o mal, como agir contra ele e a relação com Deus".[77]

Na revelação do Deus antimal, que se comunica com a ambiguidade da liberdade humana, está a chave de superação de supostas aporias como

---

[71] Mt 7,11; 16,4.

[72] Lc 11,39-42; 15,1-10; 18,9-14.

[73] Mt 15,10-20; Lc 11,33-36.

[74] Lc 6,43-45: a boca fala daquilo de que o coração está cheio.

[75] Mt 6,12-15; 25,31-46; Lc 6,27-38.

[76] Lc 13,1-5; Jo 9,2-3.

[77] *A impossível teodiceia*, p. 400.

o dogma do inferno e a boa-nova da ressurreição como vitória meta-histórica sobre o maligno. O inferno só faz sentido se assumido como símbolo da ausência de Deus, bem como da dinâmica destrutiva das relações interpessoais. É um símbolo funcional, que visa impedir que a vida humana transforme-se em um inferno, que encontraria sua cristalização definitiva no além-túmulo. Porém, não é sinal de que algum sofrimento ou infortúnio concreto seja castigo divino, ou que alguma experiência histórica expresse a cólera punitiva de Deus. Nada disso tem respaldo no Novo Testamento, pois o Deus de Jesus não representa ameaça para o ser humano.

Pelo contrário, é Deus quem sempre salva e ampara as vítimas da história. O que nos remete à questão da ressurreição à luz do mal. Que tanto mais é problemática quanto menos for relacionada com o agir histórico de Jesus. A fé de Jesus, sua confiança em Deus e sua postura contrária ao mal ensejam o seguimento e transformam-se em resposta de sentido para o ser humano. É a credibilidade de sua vida que nos permite crer na ressurreição. Caso contrário, terá razão Alfredo Fierro, quando afirma que "em um Cristo sem ressurreição, ou com ressurreição descafeinada [...] na qual se perde todo o sentido da vida como provação e reparação na outra vida", não há uma resposta adequada para o problema do mal.[78]

Todavia, o próprio Estrada admite que isso não demonstra Deus nem resolve o *mysterium iniquitatis*. Apenas descortina um horizonte de esperança e de sentido. A credibilidade de tudo está atrelada à vida de Jesus, que é razoável em si mesma e pode ser fonte de inspiração para uma serena abordagem do problema do mal. Se Deus existe, creem os cristãos, ele deve falar a nós em Jesus.

Nosso autor insiste: a justificação de Deus a partir de seu envolvimento com o mal – cuja culminação revela-se no mistério pascal – consiste numa resposta parcial à aporia da criação. Não se pode demonstrar Deus a partir do mundo, nem há como compatibilizar o ser perfeito de Deus com a imperfeição da criação. O Deus da necessidade, que subjaz à metafísica da causa final e da causa eficiente, não deixa lacuna para a liberdade humana e para

---

[78] A. Fierro, *Las preguntas de Job*, p. 7. Apud J. A. Estrada, *A impossível teodiceia*, p. 408.

De volta ao mistério da iniquidade

a autonomia da criação.[79] Por isso, saídas como a visão agostiniana do pecado original não vão além de um dualismo mitigado. O que resta a fazer? "A práxis cristã opta por engajar Deus e o homem em uma luta contra o mal, que é o reverso de uma criação inacabada. [...] Luta-se contra o sofrimento, através de uma práxis libertadora, e combate-se o mal moral buscando-se a conversão do homem e a transformação das realidades interpessoais".[80]

Mesmo assim, questões sem resposta brotam aos borbotões no Novo Testamento. Estrada lista algumas, a saber, qual a razão de uma nova intervenção somente ao final da história, e não como seu pressuposto e seu ponto de partida? Por que Deus teria criado um mundo tão carente de sentido e tarda tanto a pôr termo ao sofrimento humano? Por que Deus redime e posteriormente dá sentido a uma criação que não o tem desde o começo? Não seria possível uma criação isenta de morte? A própria tradição cristã fala da ressurreição como uma nova criação. Isso não equivale a um reconhecimento tácito de que a primeira criação não foi tão positiva nem tão bem-sucedida quanto se imaginava? Será que a criação só adquire sentido a partir da redenção, atualizada em Cristo ressuscitado, porque Deus não pôde criar *ex nihilo* de outra forma? Quanto aos conceitos de ressurreição dos mortos, justiça final e salvação: que significa a redenção? Poderá ela eliminar o sofrimento passado e a injustiça já consumada? Valerá a pena uma redenção que acarreta tanto sofrimento? O que os cristãos estão a dizer quando se referem à ressurreição dos mortos? Que será do passado das vítimas da história e daqueles que não encontraram nela sentido algum? Pode-se reconstituir o passado, ou a memória do que ocorreu é irrevogável e irreformável?[81]

---

[79] Estrada recupera aqui a formulação do sugestivo estudo de J. L. Segundo, *Que mundo? Que homem? Que Deus?*, p. 41-71. Segundo analisa a aporia em que incorremos ao postular, por um lado, a glória que o ser humano propicia a Deus, com seu trabalho criador, e, por outro lado, uma essência divina à qual o ser humano nada pode acrescentar. Como Deus opta por uma criação em que o protagonismo humano se faz presente, a glória de Deus efetivamente está vinculada ao ser humano. O sentido da criação passa pela mediação humana. Esse aspecto é reforçado pelo postulado da encarnação. Torna-se significativa, assim, a ideia judaico-cristã de uma criação que espera a redenção final. A criação é obra de Deus, mas é atualizada por intermédio do ser humano.

[80] J. A. Estrada, *A impossível teodiceia*, p. 412.

[81] Ibid., p. 416-418.

148

Epicuro renasce, qual fênix. A religião cristã pode propor apenas um sentido para o mal existente, mas nunca uma gnose sobre a origem e a finalidade do mal. Mesmo o *happy ending* prometido para a ressurreição não pode justificar nem funcionalizar a dor humana, que continua incompreensível, sobretudo quando se manifesta no sofrimento de inocentes. Nos próprios relatos de aparição do Ressuscitado, há referência a certas cicatrizes que permanecem em seu corpo,[82] como a sugerir que algumas dores e injustiças acumuladas sobreviverão a toda espécie de redenção.

Qualquer projeto de teodiceia, aqui, equivaleria ao conhecimento da mente de Deus Pai – algo a que, a julgar pelos evangelhos, nem o próprio Jesus tinha acesso. Em suma,

> o *mysterium iniquitatis* como tal continua sendo um enigma indecifrável para a filosofia, inapreensível de um ponto de vista racional e só *parcialmente superável*, de uma perspectiva mais prático-existencial do que teórica, para o cristianismo. A resposta cristã sobre o envolvimento de Deus com o mal só pode oferecer um sentido provisório, pendente de confirmação final.[83]

Depois disso, ainda tem sentido falar de uma "teodiceia cristã"?[84] Para Estrada, o cerne da mensagem cristã e da resposta à teodiceia – versão cristã do enigma do mal – "é o silêncio de Deus na cruz".[85] Jesus radicaliza o problema de Jó, que tem na cruz sua versão cristã. Boa parte da teologia cristã posterior se sentiu perplexa com o silêncio de Deus e pretendeu justificá-lo mediante várias hipóteses: a referência ao plano de Deus, conhecido de antemão por Jesus – que acaba por imputar a Deus a responsabilidade pela morte do inocente –, ou a estratégia teológica sacrificial – que também

---

[82] Jo 20,20.25-27; Lc 24,39-40.

[83] Ibid., p. 418.

[84] Sim, na opinião de X. Pikaza (*Dios es Palabra*), que procura se equilibrar entre – segundo suas próprias palavras – o "otimismo ilustrado" de A. Torres Queiruga e o "pessimismo também ilustrado" de J. A. Estrada (p. 354, n. 2). Pikaza concede, porém, que "não se demonstra a Deus com razões eruditas nem com discursos sábios, mas simplesmente vivendo e transmitindo a outros a vida em gratuidade emocionada, cuidando das frágeis crianças e acolhendo os excluídos do sistema" (p. 321; tradução minha).

[85] J. A. Estrada, *A impossível teodiceia*, p. 418.

reverte contra o próprio Deus: se sacrificou seu próprio filho (Rm 8,32), quem garante que também não nos imole? – ou ainda, a ambígua ideia de que Cristo, por meio de sua morte, redimiu todos os seres humanos – Jesus nos redime do mal que nos habita, ensinando-nos a sobrepujá-lo e a perdoar, e não a projetá-lo sobre os outros.

A perplexidade causada pelo silêncio de Deus no Calvário é o começo da maturidade do cristianismo. Não podemos delegar a Deus o combate ao mal. Tal intervenção exógena de um agente divino espezinharia a liberdade humana, menosprezando a competência que o ser humano certamente possui para lidar com a questão do mal. Estamos, pois, sozinhos diante do mal, embora Deus nos dê inspiração e suporte, e sejamos os agentes que devem combatê-lo.[86] Essa solidão favorece as manifestações do ateísmo que, na opinião de Estrada, é o companheiro inseparável do teísmo cristão, pois ambos, cristianismo e ateísmo, compartilham a ideia de que Deus não impede os sofrimentos e as injustiças históricas.

A cruz é, ainda, o antídoto contra uma onipotência divina mal compreendida, na medida em que dá lugar a outro aspecto da divindade, especialmente frisado pela Bíblia: sua transcendência misteriosa. A chave hermenêutica para compreender o ser humano e o mundo não é a razão, embora ela seja imprescindível, mas o amor que se comunica e se difunde. "Deus não é o princípio fundador que prevalece em todos os acontecimentos, e sim a alteridade vulnerável, porque ama, porque suscita a vocação humana de liberdade e responsabilidade pelo outro". Assim, se, "em nome de Deus, surge a violência sagrada, [...] da perspectiva do crucificado, todo homicídio é um deicídio". Eis uma surpreendente teologia da história:

> Encontrar Deus onde ninguém o espera, na impotência diante da agressão, na vulnerabilidade da vítima, na negação mesma do poder. Deus se envolve na luta contra o mal não a partir do poder, mas a partir do amor. A vulnerabilidade de Jesus na cruz, assassinado por aqueles que ele queria salvar, revela a vulnerabilidade do próprio Deus, que respeita

---

[86] 2Cor 11,23-31; 12,9-10.

o protagonismo humano e na cruz perdoa seus algozes, conclamando à reconciliação final entre o homem e o próprio Deus.[87]

Estrada, contudo, deixa claro seu desacordo com a atual tendência teológica de ressaltar a bondade divina em detrimento de sua onipotência,[88] com teorias que chegam a fazer referência à ideia de um Deus que sofre com o Filho na cruz. Para ele, tais especulações – de sabor moltmanniano – sobre a suposta essência divina não passam de projeções e antropomorfismos com que se tenta justificar Deus, pois seu mistério e sua transcendência não nos permitem transferir a Ele o sofrimento da cruz.

E voltamos ao Gênesis. O conhecimento acerca de uma criação atormentada pelo mal (árvore do paraíso) é de competência exclusivamente divina. As racionalizações teológicas, finaliza Estrada, só fazem dissimular as aporias da revelação de Deus como amor. Enquanto isso, as pessoas vivem infelizes, morrem e o advento do Reino tarda dolorosamente. Por esse motivo, a prece é parte integrante da teodiceia cristã, que, além disso, deve manter-se sempre alerta contra qualquer estratagema que vise conciliar Deus e o ser humano com a tragédia do mal.

Todavia, e se tudo isso não passar de mais uma ilusão humana, fruto do desejo desmesurado de suplantar um destino tão cruel? Será preciso, admite nosso autor, aprender a conviver com essas questões sem resposta e apostar na fé. "Se criaturalidade e mal fossem a mesma coisa, não haveria esperança, porque seremos sempre seres criados. Mas esta, a esperança, é possível se Deus existe e não quer o mal do ser humano. Essa é a mensagem da tradição cristã".[89] Nada além – nem aquém – disso.

---

[87] J. A. Estrada, *A impossível teodiceia*, p. 427, 428 e 429, respectivamente. Ver também a ponderada resenha sobre o tema da violência na Bíblia judaico-cristã e na história da Igreja em: M. C. L. Bingemer (org.), *Violência e religião*, p. 17-113; 115-172. Uma abordagem mais sucinta encontra-se em: M. C. L. Bingemer, Crer depois do 11 de setembro de 2001, p. 99-135. Para outro exemplo de revisão do conceito de onipotência (Deus amorosamente onipotente e poderosamente amoroso), J. Chittister, Para aprofundar o creio, p. 51-56.

[88] Ibid., p. 432-434.

[89] Id., *Imagens de Deus*, p. 217.

J. A. Estrada e S. Neiman: duas estratégias de combate

Algumas considerações, muito sucintas, podem ser feitas acerca da antiteodiceia de J. A. Estrada. Em primeiro lugar, não lhe seja cobrado o que não pretende dar. O melhor de seu esforço intelectual situa-se de fato aquém do umbral teológico, tocando no máximo a filosofia da religião. Deste lugar hermenêutico, ele pode, com certo conforto, propor a filosofia como defensora da questão do sentido e da promoção de uma práxis libertadora. É a vigilância crítica do filósofo que nos protegerá das "constantes contradições históricas do cristianismo, que oscila entre o Deus-poder e o Deus-guardião das vítimas, entre a teodiceia sacrificial e a proexistência libertadora e salvadora, entre a oração e o lamento por um mal opressivo e incompreensível e o recurso fatalista à pretensa vontade de Deus".[90] Embora ao longo da reflexão fique evidente que a fronteira teológica seja ultrapassada várias vezes — algo inevitável num autor assumidamente cristão —, vejo em Estrada o mérito de facilitar ao teólogo os gargalos e pontos cegos da visão teológica.

Uma segunda observação diz respeito às contribuições da teologia da libertação para o aprofundamento da discussão sobre o mal e o sofrimento humano. Esta não é, evidentemente, a preocupação central deste trabalho de Estrada. De fato, os autores dessa corrente teológica são por ele elencados apenas em rodapé, e as menções a essa teologia não passam de quatro ao longo da extensa obra — primeiro no contexto da discussão do pecado original como problema teológico, depois na apresentação da imagem cristã de Deus.[91] No entanto, este autor não é alheio ao paradigma liberacionista, tendo participado de trabalhos coletivos em que assumia — ao menos é o que se pode deduzir do fato — sua adesão ao *mysterium liberationis*.[92]

Ao relacionar a dimensão social do ser humano e o pecado original, Estrada explica que o pecado coletivo e as estruturas sociais em que ele se materializa tornam-se elementos determinantes de uma nova teologia do pecado e admite que "a teologia da libertação é uma das correntes que mais

---

[90] J. A. Estrada, *A impossível teodiceia*, p. 432.

[91] Ibid., respectivamente p. 137-144 e 429-430. Os autores citados somente em rodapé são G. Gutiérrez (uma vez) e J. L. Segundo (duas vezes).

[92] Estrada participou da obra coletiva *Mysterium liberationis*; Pueblo de Dios, p. 175-188.

DO MITO À FILOSOFIA: GRANDEZA E LIMITES DA TEODICEIA

têm contribuído para a elucidação da persistência do pecado como infra-estrutura que configura cada sujeito, ao sublinhar a dimensão trágica do homem". Há, segundo o autor, uma espécie de "ecologia do pecado", que cumpre um círculo entre nossos pecados pessoais, que contribuem para a pecaminosidade da sociedade, e a pressão do meio em que vivemos, que nos impregna, predispõe e impele a compactuar com certos comportamentos e acolher determinados valores.[93]

Mais adiante, nosso autor propõe o pecado original como uma intuição teológica admissível, na medida em que "tenta expressar – de maneira inadequada, em razão de suas raízes mitológicas – que o pecado é o resultado da ação humana, ocorre na história, insere-se nas estruturas fundamentais de qualquer sociedade e tem incidência sobre a própria personalidade".[94] Nesse contexto, Estrada reconhece na teologia da libertação o esforço de lutar historicamente contra essa dimensão trágica, social e constitutiva do pecado. Seguindo, na verdade, a formulação de A. Gesché – à qual já aludi precedentemente[95] –, Estrada distingue o enfoque da teologia da libertação, cuja incidência é maior sobre a vítima inocente, daquele da tradição agostiniana, mais preocupada com o réu condenado. No entanto, ele não acompanha Gesché quando este critica as recaídas culpabilizantes dos teólogos liberacionistas, preferindo destacar que, para estes, o mal representa também uma infelicidade que supera de longe a culpa pessoal. "A teologia da libertação reafirma a doutrina do Antigo Testamento e corrige-a, ao sublinhar que a graça excede o pecado. Por isso, ela é incompatível com a ideia agostiniana de uma humanidade predeterminada à condenação, pois a graça ofertada por Deus supera toda a potencialidade do pecado".[96]

Já próximo da conclusão, quando descreve a imagem cristã de Deus, Estrada insiste em que o esforço humano para superar o sofrimento por si mesmo termina na cruz. "Não há um final feliz intra-histórico" nem "uma

---

[93]   J. A. Estrada, *A impossível teodiceia*, p. 139.

[94]   Ibid., p. 142.

[95]   Ver supra o Introito deste livro. Ver, além disso, A. Gesché, La teología de la liberación y el mal, p. 83-98; Topiques de la question du mal, p. 393-418. Ver também J. Jiménez Limón Sufrimiento, muerte, cruz y martirio, p. 477-494.

[96]   J. A. Estrada, *A impossível teodiceia*, p. 143.

DE VOLTA AO MISTÉRIO DA INIQUIDADE

teodiceia racional que justifique o valor e o sentido do sofrimento". Desse modo, ele se sente próximo da teologia da libertação, na medida em que esta "não admite que o mal possa ser justificado por nenhum *logos*, enfatiza o nexo entre o mal moral e o mal físico e busca suas raízes histórico-sociais".[97]

Em suma, talvez não se possa falar propriamente de um impacto ou influência da teologia da libertação sobre este autor nem de uma proposta deste diretamente voltada para aquela. Mais aludida do que analisada, essa vertente latino-americana ilustra o limite da teodiceia radical como exemplo de uma práxis de combate à maldade e à injustiça que não desiste nunca, mesmo sabendo que jamais vencerá.

Terceira observação: é preciso reconhecer que o capítulo final de *A impossível teodiceia*, por coerência mesmo com tudo que o antecede, vem a ser um "evangelho". Não é filosofia, se for filosofia o que Estrada cumpriu – com reconhecida erudição, aliás – até ali. E não é declarada e intencionalmente teologia – a menos que lhe concedamos algo de apofatismo. Mas é sem dúvida um evangelho, no sentido em que J. L. Segundo defendia – referindo-se a alguns excertos teologais de L. Boff[98] – ser hoje "necessário tornar a escrever evangelhos", pois "o Espírito de Jesus pode fazer que esses evangelhos sejam 'espiritualmente' tão fiéis a Jesus como o foram os primeiros". Uma cristologia, nas palavras de Segundo, "está inserida dentro do esforço global do *intellectus fidei*"; "um evangelho [...] se prega". Por meio dele, a fé é oferecida a quem queira se deixar penetrar por seu atrativo e desse modo estruturar o mundo do sentido e dos valores.[99]

Estrada declara como única saída possível apresentar sua hermenêutica do Novo Testamento, em que Deus se revela, afinal, como o Antimal. Como qualquer outro evangelho – canônico ou não –, estamos adentrando o domínio das hermenêuticas. A sua tem todo o direito de se apresentar, na mesma medida em que recusa as formulações teóricas que só fazem esconder as

---

[97] Ibid., p. 430, n. 40.

[98] Tratava-se de um texto em que L. Boff explicava o que significa pregar hoje a cruz [o sofrimento] de Jesus Cristo (L. Boff, *Paixão de Cristo, paixão do mundo*, p. 158-162). Segundo inicia o volume II de sua cristologia citando esse texto (J. L. Segundo, *O homem de hoje diante de Jesus de Nazaré* II/1, p. 3-7).

[99] Ibid., p. 9.

inevitáveis aporias da revelação de Deus como amor. Uma delas, sem dúvida, seria a inconciliabilidade entre onipotência e bondade no regaço divino.

Portanto – e esta é a última observação –, é fácil constatar que estamos a roçar o limite além do qual o discurso transfigura-se em outro gênero literário. Estrada parece ter preferido o salto, embora mantenha o pessimismo com relação ao que está do lado de cá. Ao contrário, S. Neiman e J. F. Kelly – para citar dois estudiosos que cumpriram projetos similares a Estrada – permaneceram, em seus respectivos estudos, aquém do evangelho, embora talvez não tenham evitado o salto.

Kelly, por exemplo, após ter repassado o problema do mal na tradição ocidental, do Livro de Jó à genética atual, finaliza seu abrangente estudo reafirmando a sobrevivência de várias perspectivas antigas e alternativas em distintos grupos de interesse, e confiando que, no futuro, algo mais saberemos. No entanto, quase à guisa de apêndice, reserva onze linhas da última página, sob o título "Uma reflexão final", para dizer que é teísta, cristão e católico romano e, portanto, deve harmonizar sua fé em Deus com a existência do mal. E arremata:

> Eu não sou capaz disso. Apesar dos anos que passei ensinando e pensando sobre esse assunto e aprendendo de vários autores e de meus alunos, eu ainda não consigo essa harmonização. Por isso, minha opinião é a mesma daquele anônimo autor judeu que escreveu o Livro de Jó. Como ele, eu não consigo entender por que Deus faz aquilo que faz e, portanto, eu jamais entenderei por que este Deus permite o mal. O autor de Jó teve de aceitar sua ignorância e confiar em seu Deus. Assim também eu.[100]

Neiman, por sua vez, conclui sua longa jornada pelos meandros da filosofia moderna sentindo-se desabrigada. Parar onde Estrada e Kelly estacionaram, cada um a seu modo, antes de confessarem que, apesar de tudo, têm uma fé religiosa (Estrada dá testemunho, Kelly faz um desabafo), não causa problema a ela. É parte do jogo da filosofia não avançar o sinal.

---

[100]   J. F. Kelly, *The problem of Evil in the Western Tradition*, p. 233. Tradução minha.

DE VOLTA AO MISTÉRIO DA INIQUIDADE

No entanto, o legado da Segunda Guerra Mundial deixou perplexo o pensamento filosófico. Auschwitz, acredita Neiman, foi a pá de cal no pouco que a modernidade conseguira avançar, quando deslocara o foco da teodiceia da conciliação entre o mundo como ele é e a providência divina para os males a que estamos naturalmente sujeitos e a nossa capacidade de agir moralmente contra o que nos desumaniza. A renúncia hegeliana à felicidade presente em vista do bem final da história e o heroísmo nietzschiano do *amor fati* implodiram de vez diante das vítimas do Holocausto. Mas essa tragédia contemporânea fez mais que isso. Neiman concorda com H. Arendt quando esta afirma que o Holocausto evidenciou que o "desejo de conservar uma conexão entre mal e intenção... não é [mais] teoricamente defensável". Muitos carrascos nazistas simplesmente cumpriram ordens. A "banalidade do mal" consiste justamente em que não o podemos explicar com nossos conceitos de intenção, malícia ou premeditação. "O problema do mal começou tentando entender as intenções de Deus. Agora parece que não podemos dar sentido a nossas próprias intenções". E não obstante essa pobreza conceitual recém-descoberta, "tampouco podemos simplesmente viver sem ela [a noção de intencionalidade] nem eliminar a distinção entre mal moral e mal natural".[101]

Não é o caso de voltar às teodiceias clássicas – aqui Neiman concorda evidentemente com Estrada. Afinal, as teodiceias eram "aquelas estranhas justificações de Deus ou do Ser que, desde o século XVII, os filósofos consideraram necessárias para que a mente do homem aceitasse o mundo em que deveria passar a vida".[102] O que fazer, então?

Curiosamente, também Neiman retoma Jó. Para ela, foi ali, com os amigos desse justo sofredor, que a teodiceia surgiu (não com Leibniz) "como justificação sistemática do sofrimento e da bondade de Deus diante dele". E a reação final de Deus "mostra que alguma coisa nessa reação ao mundo é profundamente inadequada e possivelmente imoral". Por outro lado, o que Jó fala, em vez de justificação, é "uma reação ao mesmo impulso que dá origem às teodiceias: precisamos encarar o mal no mundo sem ceder ao

---

[101] S. Neiman, *O mal no pensamento moderno*, p. 304 e 308.

[102] H. Arendt, apud ibid., p. 327. Da mesma Arendt: "O que impele a justificação de Deus na teodiceia é a desconfiança de que a *vida*, como a conhecemos, está muito precisada de justificação" (ibid.).

desespero". Esse impulso, desconfia Neiman, parece estar longe de se ter esgotado.[103]

Estrada já observara que a réplica taxativa de Adonai a Jó (Jó 38–41) continua válida para a filosofia, embora não seja procedente rejeitar as questões formuladas por Jó. "São perguntas sem respostas possíveis, mas que o homem não pode deixar de se fazer [...]. Por esse motivo, a teodiceia é inevitável como interpelação e queixa existencial, mas impertinente como resposta".[104]

Neiman não discordaria. Mas bem por isso prefere, ao contrário de Estrada, ficar do lado de cá, insistindo na busca da compreensibilidade do mal. "Aqueles que se importam com a resistência aos males devem ser capazes de reconhecê-los como quer que eles surjam. Deixar a palavra *mal* a cargo de quem percebe apenas suas formas mais simples deixa-nos ainda menos recursos com os quais abordar suas formas complexas."[105]

Desistir de compreender o mal é, para Neiman, ficar à mercê do sem-sentido, é desconfiar da solidez de nossa capacidade de julgamento moral. Por isso, ela comunga da tentativa de Arendt de "buscar uma estrutura que ajude a nos guiar no mundo sem nos deixar confortáveis demais nele". E assume a metáfora criada por Arendt: "O mal não possui profundidade nem nenhuma dimensão demoníaca. Pode crescer demais e destruir o mundo inteiro justamente por se espalhar como um fungo por sua superfície".[106]

A metáfora assinala que o mal contemporâneo não precisa ser conceitualmente ameaçador, pode ser compreendido, e é desprovido de qualquer intenção. Como mostrou Auschwitz, os perigos contemporâneos começam com passos triviais e insidiosos. Dizer que o mal é banal significa uma inversão de perspectiva: "Se crimes tão grandes podem resultar de causas tão pequenas, pode haver esperança de superá-las".[107] E a maneira de combatê-las é levar a "grandeza satânica" ao ridículo. Comédia em vez de tragédia. Faça humor, não faça guerra. O banal é maçante e não atraente.

Há aqui uma ideia seminal que me parece frutífera. Voltarei a ela mais adiante. Mas, por enquanto, é suficiente acompanhar Neiman, quando

---

[103]   Ibid., p. 318-319.

[104]   J. A. Estrada, *A impossível teodiceia*, p. 372.

[105]   S. Neiman, *O mal no pensamento moderno*, p. 314.

[106]   Ibid., p. 329.

[107]   Ibid., p. 330.

admite que dizer que o mal é banal e, portanto, compreensível de modo geral acaba sendo uma teodiceia. Não precisamos apelar para forças sobrenaturais para explicá-lo. Nossa razão não pode tudo, mas pode alguma coisa. Nosso desejo de onisciência é natural, não é tolo nem patológico. Trata-se apenas do *princípio da razão suficiente*, ou seja, "a crença de que podemos encontrar uma razão para tudo que o mundo apresenta".[108] Por esse motivo, argumenta a autora, a busca de razão no mundo não deriva de noções religiosas da Providência; é a invenção da Providência que surge com a busca de razão no mundo. E com isso Neiman volta a Kant: é o profundo impulso de buscar essa razão "que mantém vivo o problema do mal mesmo depois de as esperanças de resolvê-lo serem abandonadas". Por trás desse princípio está, afinal, a pressuposição (de Kant e de Neiman) de que "o *ser* e o *dever ser* deveriam coincidir".[109] Quando as coisas dão errado de modo intolerável, a metafísica vem à tona como impulso de extrair daquilo algum sentido.

"A crença de que possa haver razão no mundo é uma condição da possibilidade de sermos capazes de continuar nele". Mais: "é a base de toda tentativa de torná-lo racional". E de todo progresso político. O que implica admitir que "a ética [viver corretamente] e a metafísica [viver no mundo] não estão ligadas *acidentalmente*". Todavia, confessa Neiman por fim, "é preciso algo parecido com fé para percebê-lo".[110]

Há uma curiosa faísca a luzir nesse tríplice projeto de revisão da teodiceia, exemplar a seu modo dos limites e recursos da filosofia. Neiman aposta, com assumida dose de fé, na inteligibilidade do mal e diz que podemos dobrá-lo quando nos recusamos a estetizar sua monstruosidade; Kelly beira o fideísmo ao fazer do teísta um suplemento do cientista moderno; e Estrada assume um pessimismo religioso que lembra a apocalíptica dos primórdios cristãos: é preciso lutar, combater, resistir sempre, mesmo sabendo que não há vitória possível no horizonte. Sua fé religiosa contrasta visivelmente com o otimismo da fé antropológica de Neiman. E não creio que possamos nos dar ao luxo de descartar, sem mais, nenhuma dessas atitudes.

---

[108]   Ibid., p. 350.

[109]   Ibid., p. 351.

[110]   Ibid., p. 353, 355 e 357.

Parte II

Recursos ético-teológicos

5.

Da ponerologia à teodiceia

> Meu único propósito neste capítulo é mostrar isto:
> que quando sentimos a existência de algo estranho
> na teologia cristã, geralmente vamos descobrir
> que existe algo estranho na verdade.[1]

O círculo que não é quadrado

O final do capítulo anterior me trouxe à mente uma das ideias que J. L. Segundo repetia em antigos textos sobre a evangelização: o evangelho é uma notícia verdadeira, sim, mas, se não for também uma notícia boa, não será evangélico.[2] Quão eficaz é um cristianismo antimal cujo ponto de partida consiste no que X. Pikaza chamou de "pessimismo ilustrado"? Que tipo de esperança suscitará o profeta cuja razão sabe não haver saída? A fé que contradiz a razão é a mesma que a ultrapassa? Estaríamos aqui no limiar de um *criptofideísmo*?

A contribuição a ser dissecada no presente capítulo diz respeito a um grupo intermediário de teólogos que crê ser possível dar uma explicação razoável ao problema do mal antes de, inevitavelmente, deparar com o mistério. E provavelmente se sentiriam mais confortáveis com Neiman do que com Estrada. É o caso de Torres Queiruga,[3] um dos principais teólogos con-

---

[1] G. K. Chesterton, *Ortodoxia*, p. 137.

[2] J. L. Segundo, *O dogma que liberta*, p. 416-430; *Ação pastoral latino-americana*, p. 93-102.

[3] Alguns trabalhos em que Torres Queiruga se ocupa deste tema: *Recuperar a salvação*, p. 81-152; *Creio em Deus Pai*, p. 114-159; verbete "Mal", p. 449-454; El mal en perspectiva filosófica, p. 178-194; Dios, el Anti-mal, p. 39-48; Replanteamiento actual de la teodicea: Secularización del mal, Ponerología, Pisteodicea, p. 241-292; El mal inevitable: Replanteamiento de la Teodicea, p. 37-69; *¿Repensar a Dios después de Auschwitz?*, p. 65-73; Mal y omnipotencia: del fantasma abstracto al compromiso del amor, p. 399-421; *O que queremos dizer quando dizemos*

De volta ao mistério da iniquidade

temporâneos a apontar para um discernimento que X. Pikaza apelidou de "otimismo ilustrado".[4] Ele enfrenta o problema a partir de uma prévia distinção metodológica entre dois caminhos complementares, por ele chamados de a "via curta" da argumentação diretamente teológica e a "via longa", que busca sua universalização mediante a fundamentação filosófica.[5]

A *via curta* acode diretamente à verdadeira lógica do amor, que se apoia na fé no Deus de Jesus, e deduz que, se um Deus nos criou por amor e é Ele próprio amor incondicional e sem medida, só sofreremos algo de ruim se de fato se tratar de algo inevitável.[6] Todavia, como somos suscetíveis ao já mencionado conceito abstrato da onipotência divina, reforçado pela persistente mentalidade mítica de um contínuo intervencionismo divino, é preciso dar lugar a uma *via longa*, que implica primeiramente o que Torres Queiruga chama de *ponerologia* (do grego *ponerós*: mal), a saber, um tratado do mal em si mesmo, como problema humano, anterior à resposta religiosa ou

---

inferno?; *Recuperar a criação*; Repensar o mal na nova situação secular, p. 309-330; *Do terror de Isaac ao Abbá de Jesus*, p. 181-264; Ponerología y resurrección: o mal entre la filosofía y la teología, p. 539-574; Glória de Deus na vida humana num mundo de crucificados, p. 141-174; *Repensar a ressurreição*, p. 221-226.276-277 e *Esperança apesar do mal*. Seu trabalho mais recente e sistemático sobre o tema é *Repensar o mal*. E volta ao tema em seu mais recente livro (2012), mais testemunhal: *Alguén así é o Deus en quen eu creo* (capítulo 4: O problema do mal: Deus e as vítimas da história).

[4] Referindo-se à opinião de J. A. Galindo (*El mal: el optimismo soteriológico como vía intermedia entre el pesimismo agnosticista y el optimismo racionalista*, p. 98) sobre seu pensamento, Torres Queiruga observa que "a qualificação de 'otimismo racionalista' para uma posição que, como a minha, fala da 'inevitabilidade' do mal, repetida por outros, sempre me causou bastante estranheza" (*Repensar o mal*, p. 77, n. 60). Para a opinião de X. Pikaza sobre Estrada e Torres Queiruga, ver X. Pikaza, *Dios es Palabra*, p. 354, n. 2. Outro teólogo espanhol que comenta o confronto entre Estrada e Torres Queiruga é M. Fraijó em *Dios, el mal y otros ensayos*, p. 65, n. 128. Sobre a obra do autor em geral, acaba de sair um livro galego em sua homenagem, com a contribuição de vários especialistas que analisam aspectos/nuanças de seu pensamento: X. M. Caamaño & P. Castelao, *Repensar a teoloxía, recuperar o cristianismo*.

[5] Essas devidas distinções estão muito bem colocadas e defendidas na última visita que Torres Queiruga fez ao tema em questão, precisamente a mais sistemática de todas, em: *Repensar o mal*. Ali o autor esmiúça a contribuição ao problema do mal por parte da ponerologia (p. 55-99), a mediação da pisteodiceia (p. 101-137), a legitimidade e a insuficiência da "via curta" da teodiceia (139-183) e a solução da "via longa" da teodiceia (p. 185-231), que deságua na revelação de Deus como o "Antimal" (p. 233-293). Ver também a abordagem ampla que o autor oferece no já citado: Glória de Deus na vida humana num mundo de crucificados, p. 141-174.

[6] Esta me parece ser a via seguida por Estrada, entre outros, e que foi apresentada no capítulo anterior.

arreligiosa, que tem sua condição de possibilidade na finitude. Tal caminho ponerológico considera o mal em sua crueza secular, sem embaraços religiosos, reconhecendo a legitimidade da pisteodiceia (de *pistis*: fé e *dikein*: justificação, no gr.) como busca de autenticação da visão de sentido que cada um de nós escolheu para si. Assim, se parto do mundo, como se Deus não existisse, obrigo-me a refletir a partir de baixo, respeitando a autonomia de seu funcionamento. A clássica proposição tripartite da questão se reestrutura, agora, em três passos distintos. A ponerologia foca nossa condição constitutivamente carencial e contraditória (finitude); a pisteodiceia investiga as diferentes respostas ao problema e revela que todas são um exercício de fé que pede justificação. Com base nessas cautelas, Torres Queiruga crê poder reapresentar a teodiceia na qualidade de pisteodiceia cristã, com pleno direito à palavra como qualquer outra pisteodiceia que quiser entrar no debate – até mesmo uma *ateo*diceia.

Segundo o autor, é justamente por não termos clara essa distinção de abordagens – ponerologia, pisteodiceia e teodiceia – que estamos sujeitos a cair na arapuca de imaginar, qual um círculo quadrado, um mundo sem mal ou uma criatura perfeita. Pretender um mundo à prova de erros é o mesmo que desejá-lo infinito. Ora, só Deus escapa da finitude e, por conseguinte, do mal. Ao criar o mundo, necessariamente criou Deus um "não Deus"; portanto, algo limitado, finito, propenso ao mal. Nem mesmo Deus poderia criar um "círculo quadrado".[7] Em boa lógica, um círculo quadrado não existe, ou seja, um círculo quadrado não é um círculo, não é logicamente pensável. É a impossibilidade de ser pensado que o torna não existente.

O dilema divino, portanto, não está em criar um mundo bom ou, ao invés, um mundo mau. Se pudesse, é óbvio que Deus só criaria algo completamente bom. O dilema está em criar ou não criar, uma vez que o criar implica, por ineludível necessidade, a presença da imperfeição. E como Deus saiu do aparente dilema? Criando o mundo. Logo, é justamente desse inegável fato

---

[7] Nas palavras do autor: "O mal, nas criaturas, não é uma possibilidade facultativa que Deus, 'se quisesse' – com vontade absoluta ou relativa: dá no mesmo –, poderia eliminar. Em vez disso, é uma inevitabilidade ôntica que surge justamente de sua própria limitação constitutiva; de modo que eliminá-lo pela raiz equivaleria, simplesmente, a eliminar as próprias criaturas tornando-as infinitas, quer dizer, identificando-as com Deus ou convertendo-as imaginativamente numa contradição: criatura infinita = círculo quadrado" (*Recuperar a salvação*, p. 133).

que podemos deduzir e esperar a derrota final do mal. Se Deus decidiu pela criação, foi porque estava certo de que o mundo, no final das contas, vale a pena.[8] Tanto é assim que Ele não hesitou em nos enviar, no devido tempo, seu legítimo herdeiro.

Torres Queiruga lê na encarnação divina uma dupla resposta ao drama da dor humana. De um lado, a experiência da finitude toca o próprio Deus.[9] Ele não pôde evitar as consequências da criaturalidade nem mesmo em seu próprio Filho, por mais alto e perfeito que este fosse. De outro lado, o máximo que está ao alcance de Deus é o amor sem limites explicitado na práxis jesuana. Aqui – e somente aqui – brota o mistério.[10] Este consiste em aceitar, na fé, apoiados nas ações libertadoras de Jesus de Nazaré, que o mal será vencido um dia, uma vez que o próprio Deus entrou no mundo e luta conosco contra a dor e o pecado.

Neste ponto, duas objeções nos vêm quase espontâneas. Essa vitória final só pode significar ultrapassagem do limite e superação da dor. Se assim é, por que nos cabe este "durante", este vácuo sob a finitude e a dor, já que no *eschaton* Deus pode criar um mundo sem a dor e os sofrimentos da história? E daí decorre a segunda – "a objeção mais formidável", como reconhece o próprio Torres Queiruga – contra o princípio fundamental da sua proposta: se os bem-aventurados continuam sendo *finitos* e, no entanto, por definição, são imunes ao mal, então, a *finitude* não torna o mal inevitável.

Torres Queiruga está muito atento a este senão.[11] E observa que E. Schillebeeckx já ensaiara para tanto uma resposta – ainda que em abstrato – a partir de Tomás de Aquino. Para ele, o mal e o sofrimento não são uma consequência necessária de nossa finitude, mas têm nela a fonte principal de sua possibilidade. "A finitude, por si mesma – assevera Schillebeeckx – não implica sofrimento e morte. Se assim fosse, a fé numa vida pós-terrena e

---

[8]   A. Torres Queiruga, *Repensar o mal*, p. 187-196.

[9]   Id., *Repensar a cristologia*, p. 25-35 (Cristo, "proletário absoluto": a universalidade pelo sofrimento).

[10]   Id., *Repensar o mal*, p. 196-201 ("3. Teodiceia e mistério").

[11]   Ver, de A. Torres Queiruga: *Recuperar a salvação*, p. 149-152; *Creio em Deus Pai*, p. 154-159; *Do terror de Isaac ao Abbá de Jesus*, p. 235-249; *Repensar o mal*, p. 210-227.

elevada – que não deixa de ser uma vida de seres *finitos* – seria uma contradição intrínseca. As criaturas continuam sendo não Deus!".[12]

Porém, os senões permanecem, como vemos em M. Fraijó, que assim resume suas objeções à postura do colega galego:

> Resta, naturalmente, uma grande incógnita: Por que tanto anúncio de glória futura e tanto acúmulo de miséria para a hora presente? Fala-se da "forçosidade ôntica do mal". Um mundo finito implicaria necessariamente a presença do mal. No entanto, que eu saiba, o cristianismo não promete a superação da finitude. Também esse mundo futuro, livre do mal, continuará sendo finito. Não parece, portanto, que a chave esteja na finitude. Objetar-se-á que a finitude futura será uma finitude "curada". Porém, deve ser lícito continuar perguntando: Por que não nos é adiantada, em forma de "antecipação", essa cura? Por que o futuro escatológico, que continuará sendo finito, se verá livre de um mal que, afirma-se, é conatural à finitude?[13]

Após deixar claro que o *único lugar legítimo* para a discussão dessas dificuldades é a pisteodiceia, pois, não pertence às preocupações da ponerologia a elaboração de uma resposta religiosa, Torres Queiruga insiste no caráter histórico da salvação a nós oferecida. Retoma Ireneu de Lião, que falava de pedagogia e economia para responder à clássica objeção dos pagãos: *cur tam sero* – se Deus quer tanto o nosso bem, por que tardou a nos enviar seu Cristo?[14] A resposta é a mesma, tanto ontem como hoje: a humanidade ainda não estava preparada. "À essência do ser humano pertence a historicidade, o livre e responsável construir-se a si mesmo na distensão do tempo". É inconcebível alguém aparecer de repente já adulto, totalmente lúcido e feliz, pois "ser humano é fazer-se humano". Uma salvação que chegasse já pronta, desde o princípio, seria desrespeitosa de nossa condição humana.

---

[12]   E. Schillebeeckx, *Cristo y los cristianos*, p. 818, apud (com pequenas variações de tradução) A. Torres Queiruga, *Creio em Deus Pai*. p. 155; *Recuperar a salvação*, p. 150; e *Do terror de Isaac...*, p. 236.

[13]   M. Fraijó, *A vueltas con la religión*, p. 145.

[14]   Torres Queiruga também trata dessa questão em *Repensar a revelação*, p. 293-298 (O silêncio de Deus: *Cur tam sero?*).

Como dizia Péguy, "uma salvação que não fosse livre [...] que não viesse de uma pessoa livre, não nos diria nada".[15] Gordon Kaufmann[16] usa raciocínio semelhante quando pergunta se Deus poderia ter criado um ser humano apto a adentrar direta e imediatamente o paraíso (éden, céu, nova terra). E responde: tal criatura (que não precisaria de liberdade nem de responsabilidade) significaria, para Deus, o mais absoluto fracasso no seu projeto de criar seres humanos.

Nós nos fazemos humanos, continua Torres Queiruga, à medida que vivemos "na terra o mesmo destino que viveu Jesus de Nazaré". Jesus é o "protótipo" da pessoa que rompe seus próprios limites, e nele percebemos quanto nossa "infinitização" ("divinização") se realiza ao prolongar e tornar pleno o que desde o início, de algum modo, já somos. Permanecem, é claro, o gratuito e o inefável deste presente divino, que sempre será uma extrapolação infinita de nossas reais possibilidades. Porém, o "dado real", o ponto de arranque dessa extrapolação será o que tivermos feito de nossa existência a partir dos dons que nos foram entregues desde o âmago de nossa finitude.[17]

Voltando à objeção mais formidável, se a finitude é a raiz que torna inevitável o mal, é concebível uma salvação perfeita? Com muito cuidado,[18] nosso autor sublinha dois elementos: de um lado, o caráter dinâmico da liberdade que, como aspiração infinita, insaciável, está, por assim dizer, constitutivamente aberta à plenitude sem fissuras; de outro, a relação única entre o criador e a criatura, assimétrica e fundamentada no ser mesmo da finitude. Tendo isso em conta, "não se pode afirmar que seja contraditório que, ao intensificar-se a presença criadora fora dos limites do espaço e do tempo, a criatura, de algum modo, participe com força tal em sua infinitude, que

---

[15] *Recuperar a salvação*, p. 152 e 219, respectivamente.

[16] G. Kaufmann, *God the Problem*, apud J. L. Segundo, *Que mundo? Que homem? Que Deus?* p. 439.

[17] *Recuperar a salvação*, p. 204 e 217-218, respectivamente.

[18] Uma elaboração mais acabada da resposta a essa objeção está em A. Torres Queiruga, *Repensar o mal*, onde apresenta os seguintes passos para enfrentar a dificuldade de conciliar (ou não) a fé na plenitude escatológica com o postulado de que Deus teria podido, se quisesse, realizá-la antes: a necessária mediação do tempo; a possibilidade de salvação perfeita para uma criatura finita; a comunhão pessoal no amor (p. 210-227).

se torne livre do mal".[19] A melhor "demonstração" da plausibilidade desse argumento ainda é a experiência da comunhão no amor pessoal, a mais alta e mais íntima das experiências humanas, que nos permite entrever como na comunhão com Deus torna-se possível a realização última do ser humano.

Recapitulando os passos da argumentação,[20] vemos que o ponto de partida de nosso autor é a leitura da finitude e da contingência como condição de possibilidade do mal.[21] Admiti-lo nos ajuda a romper com o imediatismo religioso e permite uma formulação secularizada do mal. É o que Torres Queiruga procura fazer ao propor "uma 'ponerologia', ou seja, um 'tratado do mal' em si mesmo, como problema humano, estruturalmente prévio à dimensão religiosa".[22] É preciso explicar a causalidade do mal em termos intramundanos e imanentes, sem os embaraços da especulação mítica, que recorre a um princípio supramundano, originador do mal. Deus não é a causa de todos os males com que deparamos na vida.

O passo seguinte é perguntar-se pelo *unde malum?* (origem do mal). Sua especulação leva-o a uma raiz universal e inerente ao mundo: a imperfeição originária da criatura, ou seja, a limitação e a finitude das realidades mundanas. Seu realismo racional considera descabido que se pergunte pela possibilidade de Deus criar um mundo sem mal.[23]

Se todo mal deriva da finitude e, em última instância, tem nela sua condição de possibilidade, deve haver uma relação entre a inevitabilidade do mal, própria de um mundo limitado e finito, o sofrimento e o mal moral, resultante da liberdade de criaturas limitadas. Assim, a presença do mal não invalida a existência divina; antes, demonstra a absoluta diferença entre

---

[19] Ibid., p. 245.

[20] Confrontaremos as teses de Torres Queiruga com as objeções de J. A. Estrada, *A impossível teodiceia*, p. 229-242.

[21] No parecer de J. A. Estrada, tal ponto de partida é um princípio leibniziano ligeiramente modificado (*A impossível teodiceia*, p. 229).

[22] A. Torres Queiruga, Repensar o mal na nova situação secular, p. 311; El mal inevitable..., p. 37-41; Replanteamiento actual de la teodicea, p. 241-246; *Repensar a ressurreição*, p. 224-225.

[23] "A ponerologia permite defrontar-se – e este é um mérito inegável dela – com um pré-conceito fundamental: pressupor, como óbvia e indiscutível, a possibilidade de um mundo sem mal" (id., Repensar o mal na nova situação secular, p. 312); El mal inevitable..., p. 42-46; Replanteamiento actual de la teodicea, p. 250-257; El mal entre el misterio y la explicación, p. 359-376.

Deus e o não Deus. O mal é inevitável, constitui o reverso da finitude e, portanto, dispensa justificação, principalmente, aquela do fundamentalismo teológico, que tece especulações em torno da possibilidade de um mundo perfeito (como fizera Leibniz, ao falar do "melhor dos mundos possíveis"). Não obstante essa condição ponerológica do mundo, a pisteodiceia cristã afirma que Deus o quer assim mesmo e promete a superação escatológica do mal.[24]

Porém, como enfrentar o problema do "excesso de mal no mundo"?[25] A questão carece de pertinência semântica, pois o mal é sempre excessivo e injustificável para qualquer ser humano. Dedicar-se a estabelecer graus mais ou menos aceitáveis de mal não passa de uma especulação sem sentido. Também deletério seria apelar ao milagre como correção dos supostos excessos, pois, ainda que este fosse factível, significaria um retrocesso na desejada autonomia do mundo. A única trilha segura é o confronto das várias pisteodiceias ou respostas de fé a uma questão mais básica: apesar do mal inevitável, a criação e a vida valem a pena?[26]

No cotejo das pisteodiceias, torna-se inadiável revisitar a resposta cristã e investigar que sentido para o mundo e para o mal ela pode oferecer. E ela afirma que, apesar de ser intrínseca em nós a intuição de que o bem é anterior e superior ao mal, só Deus, o antimal por excelência, pode dar esse sentido. Ao criar o mundo, Deus se torna indiretamente responsável pelo mal inerente à criação; mas também é responsável pelo bem da criatura, com a qual se compromete no transe do sofrimento, cujo maior sinal é a cruz de Cristo.[27] Pseudorrespostas, como o pecado original (na medida em que pressupõe um mundo anteriormente sem mal), o demônio (como substituto do lado sombrio de Deus), o castigo do inferno (como ameaça que garante o sucesso do empreendimento divino), e a oração de petição (espécie de aviso

---

[24] Id., *Recuperar a salvação*, p. 91-116; El mal inevitable..., p. 46-50; Replanteamiento actual de la teodicea, p. 257-265; Negatividad y mal, p. 178-193.

[25] Id., *Repensar o mal*, p. 201-206.

[26] Id., Repensar o mal na nova situação secular, p. 318; El mal inevitable..., p. 48-52; Replanteamiento actual de la teodicea, p. 262-269; El mal entre el misterio y la explicación, p. 370-376.

[27] Id., Repensar o mal na nova situação secular, p. 318-325; Negatividad y mal, p. 194-217; *Recuperar a salvação*, p. 117-152; *Creio em Deus Pai*, p. 114-159; Mal, p. 758-761.

de cobrança a um Deus que já se dá ao máximo e gratuitamente) devem ser descartadas.

Mais do que isso, o que dizer? Já houve até quem propusesse,[28] não sem evidente exagero, que a abordagem de Torres Queiruga fosse "budista", pois, esta consideraria a inexorabilidade do mal apenas a partir do ser, não levando em conta o humano; este seria contemplado apenas como uma coisa a mais. Em outros termos, já que toda a criação é finita e imperfeita, também nós, porque criaturas, somos igualmente imperfeitos. Restar-nos-ia aproveitar ao máximo do potencial a nós inerente, alcançando assim, na ambiguidade da história (a única dimensão a que temos acesso), a plena estatura do grau que nos é devido. E isto porque, dada a "impossibilidade estrutural da criatura",[29] nem mesmo a Deus foi possível nos conceder desde o princípio o que se nos reserva no final.[30]

Objeções como essa talvez tenham a ver, no fundo, com a suposta acusação de leibnizianismo que costuma ser feita a este autor, com o fito de desqualificá-la em bloco. Esse viés da crítica merece um pouco mais de nossa atenção.

Leibnizianismo: defeito ou ponto de partida?

Na opinião de J. A. Estrada, é Leibniz o tendão de aquiles de Torres Queiruga. Basicamente, embora com algumas reformulações para a atualidade, o teólogo galego manter-se-ia fiel à mudança inaugurada por Leibniz, caracterizada pela secularização do problema do mal. Após considerar os

---

[28] Tal é o juízo do teólogo uruguaio E. Medina, La questión del mal en el pensamiento de J. L. Segundo, p. 11.

[29] O tema da limitação estrutural humana diante da irresistível aproximação reveladora de Deus é chave na teologia da revelação deste autor. Ver A. Torres Queiruga, Do terror de Isaac ao Abbá de Jesus, p. 31-37. Mas principalmente em Repensar a revelação.

[30] Medina tece sua crítica em texto de 1992. Creio que seu juízo poderia ser atenuado a partir de precisões feitas por Torres Queiruga em obra posterior, quando desenvolve a ideia de um Deus que cria cocriadores, ou seja, somos autocriadores a partir de Deus (A. Torres Queiruga, Recuperar a criação, p. 124-186). Aqui a perspectiva coincide com a obra de J. L. Segundo, Que mundo? Que homem? Que Deus?

escritos do autor num arco de dez anos (de 1985 a 1995),[31] Estrada procura evidenciar alguns de seus pressupostos implícitos, para demonstrar a insuficiência de sua formulação na resolução do problema do mal.

Incomoda a Estrada o caráter especulativo da reflexão do teólogo galego. Uma coisa é aceitar com realismo o mundo existente; outra é deduzir sua inevitável dose de mal; e uma terceira é estabelecer a "finitude e a contingência" como barreiras definitivas à superação do mal, qual nexo causal e necessário entre finitude e mal. Isso já seria uma extrapolação universalizante, pois, como pode a razão cobrir "o mundo como um todo"? Ademais, com que fundamento estabelecer a equiparação entre finitude e mal?

Em favor de Torres Queiruga, é preciso retrucar que ele não equipara ou estabelece um rígido nexo causal entre finitude e mal/maldade, como deduz Estrada. Ele deixa claro que "a finitude não é o mal. É tão somente sua condição de possibilidade: *condição* que torna inevitável sua aparição *em algum ponto ou momento*; mas não equivale, sem mais, à sua *realização concreta*. Do contrário, jamais existiria o bem, o qual, no entanto, existe, e é/ deveria ser o normal".[32]

Estrada insiste, contudo, em que a evidente inconsistência lógica de uma construção mental como o círculo quadrado não equivale à pretensão de um mundo sem mal, pois uma se baseia no princípio da não contradição, ao passo que a outra se refere à realidade concreta e não pode ser demonstrada empírica ou logicamente. É por essa operação que deriva todo o mal da finitude que deveria ser justificada, não apenas faticamente, mas também como uma necessidade lógica, universal e absoluta. Respondendo à refutação semelhante, tentada por J. Muguerza, Torres Queiruga retruca: "Que um mundo finito-perfeito seja contraditório não pode ser decidido abstratamente; só se pode tomar posição depois de um cuidadoso estudo da realidade concreta. Porém, então, é justamente aí que a questão deve ser decidida".[33]

---

[31] A. Torres Queiruga, Negatividad y mal, p. 175-224; *Recuperar a salvação*, p. 81-152 (a edição original é de 1977); *Creio em Deus Pai*, p. 114-159; Mal, p. 449-454; El mal entre el misterio y la explicación, p. 359-376; Replanteamiento actual de la teodicea; El mal inevitable: replanteamiento de la teodicea.

[32] A. Torres Queiruga, *Do terror de Isaac...*, p. 212.

[33] Ver a refutação de J. Muguerza, La profesión de fe del increyente: Un esbozo de [anti]-teodicea, p. 210-211, n. 50.

Mas Estrada insiste: enquanto tal justificação não for feita, será possível questionar a essência do Deus criador (que poderia, logicamente, ter criado um mundo com leis naturais mais favoráveis a nós, humanos), além de contestar a existência de Deus.[34]

Creio que a resposta de Torres Queiruga a tal objeção poderia ser esta:

Insisto sempre nessa comparação, tanto por sua justeza como por sua força de demonstração intuitiva. Com efeito, a abstração matemática, ao 'reduzir' a realidade à sua única dimensão de figura, permite ver como uma propriedade (ser círculo) exclui *necessariamente* a outra (ser quadrado). A realidade concreta torna isso infinitamente mais complexo; todavia, em minha opinião, não anula a identidade estrutural.[35]

Indo em frente, Estrada assevera que não se pode partir do mal em si mesmo, pois ele não existe; só temos nossas experiências materiais, culturais e situadas do mal. E, nelas, há sempre uma conexão com Deus (ou o que quer que assuma sua valência de absoluto). Daí decorreria a dificuldade de uma ponerologia nos moldes pretendidos pelo pensador galego, pois os acontecimentos, cedo ou tarde, suscitarão problemas quanto à existência e à essência de Deus. Quem sofre quer salvar-se; e o caminho se abre à teodiceia. Portanto, a passagem da queixa religiosa à reflexão racional acerca do mal não é apenas um progresso; também é um retrocesso, que inviabiliza qualquer resposta ou solução, pois a teodiceia não pode ser formulada como um problema especulativo e lógico, sem nenhuma referência à problemática religiosa.

Concordo que, de certo, não se pode partir do mal em si mesmo. Porém, será isso o que Torres Queiruga pretende ao sugerir a ponerologia? O que ele afirma, em vez, é que, "*ordinariamente*, diante de qualquer fenômeno, o normal é procurar sua explicação *no mundo*, isto é, na trama da causalidade histórica e mundana". Em relação ao mal, se há inundação ou terremoto, vamos às causas naturais; se há dor física, buscamos seus desencadeantes fisiológicos; diante de um crime, suas motivações psicológicas ou seus

---

[34] J. A. Estrada, *A impossível teodiceia*, p. 237.

[35] A. Torres Queiruga, *Do terror de Isaac...*, p. 212, n. 50.

condicionamentos sociológicos. Este é o espaço próprio das ciências. Já, no caso da filosofia, me parece que nosso autor esteja replicando a Estrada quando esclarece que seu *proprium* é tentar obter "acesso ao nível radical no qual surge a pergunta pelas causas últimas, pelas condições de possibilidade de que tais coisas aconteçam. Já não se trata deste ou daquele mal específico, mas da *raiz última de todos eles*, do porquê da própria possibilidade do mal". Todavia, a filosofia deve proceder sem interferências religiosas. Ademais, o teólogo galego reconhece sua admiração por Leibniz, pois este foi "o primeiro a iniciar uma correta colocação da questão".[36] Esse ponto de vista lhe permite aceitar o diagnóstico kantiano do fracasso da teodiceia, "mas com uma condição indispensável: não se trata do fracasso da teodiceia como tal e sim da teodiceia tradicional".[37]

Apesar de trabalhar com as categorias de finitude e contingência, nosso autor não se refere à morte como expressão e símbolo máximo daquelas. E age assim, infere Estrada, porque se move no terreno da especulação abstrata, da mesma forma como se abstém de discorrer acerca do sofrimento concreto, preferindo a teorização em torno do mal. Com isso, Estrada entende que o teólogo galego passe ao largo da perplexidade que o próprio Estrada nos propunha, no final do capítulo anterior. Para este filósofo, se a teodiceia não souber dizer se eu posso viver a fé e a confiança em Deus, mesmo na ausência de respostas e de esclarecimentos, abrindo-me a uma esperançosa e válida oração de petição, ela não disse a que veio. É mero saber gnóstico.

A essa crítica Torres Queiruga retruca explicitamente ao colega: "O leitor que estiver interessado, pode ver a apaixonada concretude com a qual tratei a questão desde o meu primeiro trabalho a este respeito".[38] Em seu mais recente tratado sobre o tema – *Repensar o mal* –, o autor assevera que basta um mínimo de atenção ao trajeto da obra para comprovar que não existe ali anulação do mistério. O descuido de Estrada, arremata o pensador

---

[36] A. Torres Queiruga, *Do terror de Isaac ao abbá de Jesus*, p. 206-207. Itálicos do autor.

[37] Id., Repensar o mal na nova situação secular, p. 310.

[38] Eis o excerto completo: "O leitor que estiver interessado, pode ver a apaixonada concretude com a qual tratei a questão desde o meu primeiro trabalho a este respeito: *Recupera-la salvación. Por unha interpretación liberadora da experiencia cristiá* (1977), até a parte final deste capítulo (escrita fundamentalmente em 1994 e publicada em 1995: portanto, dois anos antes do livro de Estrada)" (A. Torres Queiruga, *Do terror de Isaac...*, p. 225, n. 65).

galego, estaria em não ter levado em consideração o tríplice nível do problema – ponerologia, pisteodiceia e teodiceia –, reduzindo a exposição de sua posição ao primeiro. Isso "levou-o a me atribuir a estranha afirmação – contradita *em todos e cada um* de meus escritos a respeito – de que 'a teodiceia não tenha nada a ver com Deus' ou que possa realizar-se 'sem referência necessária à problemática religiosa'".[39]

Estrada, contudo, julga teologicamente inaceitável a formulação do colega, uma vez que o mal não se identifica com nenhuma dimensão deste mundo. Para as tradições míticas e religiosas, há um princípio do mal externo e independente da obra da criação; mesmo os textos judaico-cristãos entendem o mal originário como anterior à própria criação (caos, desordem) e não decorrente exclusivamente dela (o tentador, a serpente). Portanto, uma coisa é a criação contingente; outra, a aparição do mal. Em suma, "o problema do mal e o da criação se entrecruzam e se interpenetram, mas teologicamente não constituem um problema único, e não se pode, pura e simplesmente, derivar um do outro, como pretende Torres Queiruga".[40]

Talvez o teólogo galego esteja respondendo a esse tipo de crítica quando reafirma que a ilusão do paraíso na terra (mundo sem mal) é assumida como evidente e indiscutível. "Suposição forte", enraizada em "todas as tradições mítico-religiosas", e baseada no conhecido impulso de onipotência do psiquismo infantil. Quando "trasladada sem crítica prévia a um contexto *conceitual*, [...] o pensamento parece funcionar, [mas] na realidade, [...] envolve-se cada vez mais numa intrincada rede de ambiguidades e de contradições".[41]

Por sua vez, Estrada infere que, ao fazer tal aproximação indevida, Torres Queiruga precisa ceder a racionalizações. Por exemplo, para justificar a demora histórica na instauração do Reino, recorre a critérios pedagógicos divinos, bem na linha da funcionalização leibniziana. Em nome do realismo, deixa em segundo plano o problema dos custos acarretados pelo atraso desse futuro sem mal (tal qual Leibniz e Hegel, antes dele). Porém, a demora do messias religioso preocupa de fato o ser humano, sobretudo as vítimas da

---

[39] Id., *Repensar o mal*, p. 197, n. 16.

[40] J. A. Estrada, *A impossível teodiceia*, p. 237.

[41] A. Torres Queiruga, *Do terror de Isaac ...*, p. 186. Itálicos do autor.

DE VOLTA AO MISTÉRIO DA INIQUIDADE

história, que aguardam ansiosamente um Deus que possa salvá-las.[42] Outro exemplo: na resposta de Torres Queiruga ao *unde malum*, Estrada encontra outra aporia, desta vez, cristológica, quando aquele "afirma que Jesus foi plenamente homem, exceto pelo fato de que não pecou, da mesma forma que Maria. Se em Jesus, verdadeiro homem, não havia mal moral, por que não ocorre o mesmo com os demais seres humanos?". E mais: "tampouco parece evidente que a condição de criatura seja a dimensão que torna o mal inevitável, caso se admita a tradição teológica segundo a qual as criaturas humanas são chamadas a uma redenção da qual o mal estará ausente".[43]

Se voltarmos atrás ao que já foi dito sobre a resposta a essa "objeção formidável", parecerá leviano ver no esforço do teólogo galego por respondê-la apenas uma funcionalização leibniziana. Primeiro porque nosso autor admite que, neste nível, está se movendo na "lógica da fé". Em segundo lugar, porque procura oferecer razões que procedem "a partir de baixo" e se apoiam em experiências humanas abertas ao exame comum.[44]

É preciso admitir, porém, que as observações de Estrada ao pensamento de nosso autor, apesar de às vezes confundirem a ponerologia com a pisteodiceia, são argutas e dão o que pensar. Nem podia ser de outra forma, a partir do que pudemos acompanhar de seu "pessimismo ilustrado" no capítulo anterior. De fato, Estrada quer garantir o espaço e a função da religião

---

[42] Em debate com Torres Queiruga, por ocasião do *X Simpósio de Teologia Histórica* da Faculdade de Teologia de Valencia, Bruno Forte critica no amigo "esta falta de dimensão trágica" que não enfatiza o silêncio de Deus, e assim o reduz a "um Deus ilustrado, Deus só palavra, Deus pouco Deus, reduzido à medida da história". Isso faz, julga o teólogo e prelado italiano, com que Torres Queiruga não acentue a seriedade do pecado original nem dê o devido peso histórico à simbólica universalidade do mal e à onipotência salvadora universal de Cristo. Dessa mesma lógica racionalista viriam as reservas de Torres Queiruga à oração de súplica, vendo-a como "algo contraditório com Deus" e não como "a excelência do mistério", bem como suas restrições à ideia de milagre, não conseguindo ver neles "nada além da suspensão das leis naturais". Mas o milagre, afirma Forte, é "signo do amor de Deus, é a impossível possibilidade de Deus". Forte censura ainda o amigo galego por este banalizar, na mística judaica, a teologia da shequiná, do zim-zum, da contração de Deus. Para arrematar, afirma: "Teu pecado original é ter uma confiança muito moderna na razão, um racionalismo muito desenvolvido que precisaria ser um pouco mais trágico". Ver o debate entre Bruno Forte e Torres Queiruga na *Revista Universitaria de Teología de Albacete – RUT*: http://teologiarut.com/articulos_ver.php?ref=20. Último acesso: 30/07/2012.

[43] J. A. Estrada, *A impossível teodiceia*, p. 240.

[44] A. Torres Queiruga, *Repensar o mal*, p. 216-227.

174

como anseio e esperança de um mundo sem mal. E, para tanto, é imprescindível fincar pé na injustificabilidade do mal e em sua irredutibilidade a qualquer tentativa de racionalização ou integração em um sistema que lhe dê sentido. Afirmar o contrário, argumenta Estrada, seria reconhecer como quimera impossível, por sua ilogicidade, a esperança judaico-cristã de um mundo redimido e sem mal. Porém, para manter a chama dessa esperança, não se pode – como Estrada infere que Torres Queiruga o faça – extirpar da realidade sua condição trágica. Resta saber se o autor galego de fato vacila nesse quesito.

A possível pisteodiceia

Provavelmente, o tema do mal seja o que mais tenha ocupado os escritos de Torres Queiruga.[45] Mas seria miopia apreciar sua teodiceia sem ter presente o contexto mais amplo de sua obra, com o qual o tratado do mal certamente se articula. Desde seu primeiro trabalho de fôlego, *Constitución y evolución del dogma*[46] – quando, segundo ele mesmo me confessou, pela primeira vez se sentiu teólogo – ficou clara a marca do pensamento deste autor: lidar com o tema da revelação divina e suas vicissitudes, permeando-o de uma "esperança apesar do mal".[47] Em amparo do que afirmo vem o próprio teólogo galego. Em seu livro mais sistemático sobre o tema que nos ocupa, ele encerra o decisivo capítulo sobre a "via longa" da teodiceia com um excurso sobre a ideia de revelação e sua importância para a teodiceia.[48] Pista mais que suficiente para que nos detenhamos um pouco nesta prioridade do

---

[45] No supracitado debate com B. Forte, Torres Queiruga confessava, respondendo às provocações do colega italiano, que "não [...] sou otimista [...]. Preocupa-me o tema do mal e, possivelmente, foi sobre isso que mais escrevi. Logo, quer dizer que o levo muito a sério. Não tiro sua importância nem o desdramatizo". Ver o debate entre Bruno Forte e Torres Queiruga na *Revista Universitaria de Teología de Albacete*.

[46] Madrid, Marova, 1977. O livro se origina de sua tese doutoral, orientada por Angel Antón, e defendida em 1974 na Pontifícia Universidade Gregoriana. Seu enfoque, como reza o subtítulo, foi "la teoria de Amor Ruibal y su aportación", cujo escopo era estabelecer caminhos possíveis entre o desequilíbrio e o equilíbrio entre razão e revelação na constituição e evolução do dogma cristão.

[47] Aludo ao título de um de seus últimos livros: A. Torres Queiruga, *Esperança apesar do mal*.

[48] *Repensar o mal*, p. 227-231.

DE VOLTA AO MISTÉRIO DA INIQUIDADE

pensamento de Torres Queiruga: repensar o tratado cristão sobre a revelação divina.

A favor da coerência interna de sua obra, está a confissão pessoal, no último capítulo de *Repensar o mal*, onde o autor esclarece que o problema do mal era, inicialmente, o único tema de seu livro *Recuperar a salvação*, escrito há quase quatro décadas. Porém, a própria dinâmica do objeto exigiu que outros capítulos específicos fossem acrescentados para mostrar o fundamento e as consequências da abordagem. Com isso, ele admite ter experimentado "uma autêntica reviravolta na vivência de Deus e no enfoque da teologia", ao descobrir o Deus revelado definitivamente em Jesus como puro amor e salvação incondicional. Esse "dar-se conta" acabou sendo o fulcro a dar coerência a todos os temas que enfrentou dali por diante. "Com maior ou menor acerto", afirma, "todo o meu modesto trabalho teológico converteu-se desde então numa glosa dessa descoberta, transformada em princípio hermenêutico fundamental".[49]

Como evidenciará a parte final de seu tratado de teodiceia, essa revolução na ideia de Deus cobrará uma reformulação na concepção do pecado original e da história da salvação, pedindo menos acriticidade na consideração do milagre e da oração de súplica, em vista de um repensar do dogma da providência. Por sua vez, a perspicácia de seu tratado da revelação está em quebrar a retórica do "silêncio de Deus" ao reconhecer que a impossibilidade está em nossa fragilidade e não na disposição irrestrita de Deus em se autocomunicar. Daí sua reconsideração do dogma do inferno como tragédia para o próprio Deus e sua desistência – na segunda versão do tratado da revelação – da categoria "eleição".[50]

---

[49] Ibid., p. 233-234.

[50] Ibid., p. 234-293.

A maiêutica histórica como resposta à pressão reveladora sobre o espírito humano[51]

Como gostava de repetir J. L. Segundo, a autocomunicação de Deus não se destina a que saibamos coisas que, sem ela, jamais saberíamos; seu propósito é antes possibilitar que sejamos pessoas mais autênticas e ajamos melhor. Afinal, "Deus não se revela, a não ser na e para a humanização do homem que busca dar sentido à sua existência".[52] Não é outra a tese do inteiro projeto teológico de Torres Queiruga. E não está em outro lugar a chave de sua pisteodiceia cristã – mais precisamente, de sua teodiceia.[53] Sua proposição teológica central é sintetizada no próprio subtítulo da edição revista de seu tratado sobre a revelação: é na realização do ser humano que acontece a revelação divina.[54] Como ele mesmo afirma nesse tratado, é urgente recuperar o elementar, redescobrir o fundamental, a fim de não continuar prejudicando o intercâmbio e travando a evolução do dogma. Urge, portanto, que se reconduza a teoria a seu lugar de direito, qual serva da experiência.

E a primeira experiência a atravessar a obra de nosso autor é aquela de estarmos todos, a inteira humanidade, mergulhados no amor desmesurado de um Criador que se nos dá sempre e plenamente. Toda cultura, toda tradição religiosa é uma autêntica e verdadeira tentativa de resposta a quem primeiro nos amou. Um amor não se exaure, nem mesmo quando (e se) nossa resposta for negativa. Ainda assim, seria vitorioso o projeto divino de criar autênticos interlocutores e não meros robôs programados para servi-lo.

A segunda intuição experimentada, e que qualifica a nota original de seu pensamento, consiste no reconhecimento da palavra revelada como "maiêutica histórica", como "palavra que ajuda a 'dar à luz' a realidade mais íntima e profunda que já somos e na qual vivemos graças à livre iniciativa

---

[51] O leitor poderá saltar sem culpa este subitem e passar imediatamente ao próximo se achar que já conhece o bastante a teologia da revelação de Torres Queiruga.

[52] J. L. Segundo, *O dogma que liberta*, p. 285.

[53] A. Torres Queiruga, *Repensar o mal*, p. 227-231.

[54] Refiro-me ao já citado *Repensar a revelação; a revelação divina na realização humana*. Fiz, na década de 1990, a tradução da primeira edição desta obra a partir do original galego de 1985: *A revelación de Deus na realización do home*. Em 2010, traduzi sua segunda edição revista e aumentada, que seguirei aqui.

do Amor que nos cria e nos salva".[55] Nada de próprio podemos dar, afinal, mas tão somente tornar evidente, com nosso testemunho comunitário, aquilo que já pertence de direito a todo ser humano. A maiêutica, entretanto, é histórica, pois, como vai ficando claro ao longo da argumentação do autor, "a revelação se realiza incorporando em si a carne e o sangue do esforço humano".[56] E o que se ganha em humanização, se ganha em revelação. Em outras palavras, eu diria que será preciso insistir sempre mais que Deus se nos revela revelando-nos a nós mesmos.

Dessas duas intuições, desdobram-se cinco temas principais, explanados em seu tratado sobre a revelação e retomados, um a um, em vários de seus livros ulteriores. Em primeiro lugar, o que ele denomina: "a estrutura geral do campo revelatório".[57] Se, por um lado, é a opacidade intrínseca do real finito que impede a total transparência da manifestação do Absoluto, por outro, isso denota (positivamente) que toda a realidade é manifestação (ainda que fosca) de Deus. Em outras palavras, a realidade "é o lugar da 'pressão' reveladora do Senhor sobre o espírito humano".[58] Se algo é, é manifestação de Deus.

E o que dizer, então, do "caráter sobrenatural" da revelação? Está assegurado, pois o *sobrenatural* é o real e concreto, enquanto o *natural* se revela em seu caráter abstrato: uma abstração feita sobre a realidade verdadeira e concreta, ou seja, aquela histórica, única existente, determinada pela iniciativa salvadora de Deus.[59] Não se trata mais de se perguntar sobre a possibilidade de um conhecimento de Deus para além daquele "natural" ["sobrenatural", portanto]. Trata-se de discernir como são possíveis, dentro do único e abrangente conhecimento real (o exercido na realidade histórica e concreta, aquela determinada por Deus) outros modos abstrativos de conhecimento "natural" que se limitem a um determinado grau/dimensão do real.[60]

---

[55] A. Torres Queiruga, *Repensar a revelação*, p. 19.

[56] Ibid., p. 70.

[57] Ibid., p. 165-232 (cap. 5); 233-246 (cap. VI, I.); 449-450.

[58] Ibid., p. 449.

[59] Dizendo-o de outra forma (recordemos aqui K. Rahner), não existe na história nenhum ser humano meramente "natural".

[60] Ibid., p. 450.

Esse projeto é precedido[61] de uma minuciosa retrospectiva da trajetória da (compreensão da) revelação ao longo dos séculos, visando reassegurar, no contexto pós-iluminista em que vivemos, a validade da categoria fundamental de "Palavra de Deus". Ao procurar refazer a "experiência da revelação em si mesma",[62] a primeira questão a ser enfrentada é aquela do seu "lugar real".[63] As "religiões" voltam, assim, à tona como pontos onde se condensa a "evidência" geral da revelação, como "lugares onde a pressão reveladora consegue romper de maneira expressa e consciente a opacidade do espírito finito".[64] Em todas elas se pode encontrar o momento fundamental em que um indivíduo especialmente sensível se dá conta (a "iluminação", com suas ineludíveis limitações/deformações) e abre aos demais a possibilidade de descobrir com clareza a presença que já obscuramente pressentiam e que agora se torna central.[65]

Nesse sentido, a "religião bíblica" nos mostra os percalços da penosa conquista do espírito religioso de Israel pela manifestação salvadora de Deus. A Bíblia, então, sedimenta por escrito um longo e difícil processo por meio do qual a divina presença salvífica vai sendo captada e vivenciada no povo de Israel. Algo, portanto, muito mais complexo do que nos fez pensar a secular explicação verbalista da revelação, que a reduziu ao nível intelectualista de palavra categorial de Deus.[66]

Desse modo, explica nosso autor, a revelação é redescoberta como presença viva e pessoal, como diálogo e atuação amorosa que pede resposta. O aperceber-se (descoberta do "profeta"[67]) dessa iniciativa divina, somado à palavra que procura expressá-lo, é o que o cristão chama de "Palavra de Deus", isto é, a articulação do que Deus está sempre fazendo penetrar na consciência e liberdade humanas. Disso se conclui ser a expressão "Palavra

---

[61] Ibid., A concepção tradicional da revelação (p. 23-45); A concepção tradicional em questão (p. 47-77); Apresentação atual do problema (p. 79-103).

[62] Ibid., p. 24.

[63] Ibid., p. 24-32. E também: p. 183-195.

[64] Ibid., p. 450.

[65] Ibid.

[66] Ibid., p. 32-45.

[67] A revelação como "palavra de Deus" em "palavra humana" (ibid., p. 225-232).

DE VOLTA AO MISTÉRIO DA INIQUIDADE

de Deus" uma analogia para explicitar, na realidade, a articulação humana do resultado possível (aperceber-se) da aproximação de Deus. Daí que a encarnação seja, afinal, o encontro máximo da aproximação divina com a liberdade humana, o momento culminante da transparência, pois, se Deus é (também) humano, então ser humano é divino.

Uma vez considerada a revelação no seu processo real e nos seus aspectos formais, Torres Queiruga analisa as qualidades fundamentais do fenômeno como tal. Trata-se da plenitude da revelação, que se desdobra em dois temas: a plenitude intensiva[68] e, como consequência de seu dinamismo, a universalidade ou plenitude extensiva.[69] Ele se empenha por demonstrar que a pretensão cristã de plenitude não vem a ser uma limitação paralisante da história. Deus não esgotou em Jesus Cristo seu estoque de verdades a serem passadas à humanidade. Se o ser humano, paulatinamente, descobre o verdadeiro rosto divino (quem é Deus para si e para seus semelhantes), tirando daí a verdadeira orientação do próprio ser e da própria conduta (qual a direção fundamental de seu caminho, no mundo e com o próximo), em Cristo ele alcança afinal as chaves fundamentais do Sentido/Salvação. Abre-se para ele a máxima possibilidade de ser plena e ultimamente humano (chamado ao seguimento de Jesus). E isto porque "em Cristo nos encontramos diante de uma existência humana na qual estão já explicitadas e vividas todas as chaves pelas quais o ser humano em comunhão com Deus alcança sua realização última e definitiva".[70]

A revelação, no entanto, é sempre atual. Deus continua revelando-se, não no modo de abrir novas chaves (isso já se atingiu em Cristo), mas no modo de poder se servir de todas na livre acolhida de sua presença viva (que se dá totalmente). A acolhida total, assevera o autor, somente se deu em Cristo; para nós, é um processo sempre em aberto, história em marcha, que tem à frente a meta/garantia da plenitude do Crucificado-Ressuscitado.[71] Daí ser estritamente escatológica a plenitude da Igreja, a saber, sempre provisória

---

[68] Ibid., p. 233-283.

[69] Ibid., p. 285-344.

[70] Ibid., p. 260.

[71] Ibid., p. 452.

180

enquanto banhada na história.[72] Este é o núcleo (dramático) da história da Igreja: diante de Deus com todas as chaves descobertas, mas apropriando-se delas de modo imperfeito, numa liberdade ambígua e limitada. Daí a misteriosa iniquidade do pecado e dos desvios, mas também a evolução do dogma, a vida da Tradição e a encarnação na história.[73]

Torres Queiruga analisa o espinhoso tema da universalidade do paradigma cristão. A bilhões de homens e mulheres não chegou e provavelmente nunca chegará de modo efetivo a revelação bíblica. Onde está, portanto, sua universalidade? O autor enucleia, a partir daí, dois desafios: (a) mostrar que a particularidade de Cristo não é um capricho divino e sim uma "necessidade" do amor salvífico de Deus; (b) mostrar como tal particularidade realiza o universal, na medida em que, destinada a todos como oferecimento fundamental, é verificável quando se produz o encontro concreto. Para tanto, três princípios norteiam a reflexão: o caráter histórico da revelação (a realidade tem sua própria espessura, a ser respeitada); o princípio de necessidade (o finito só pode aos poucos "aperceber-se" do infinito); a tradução desse princípio no que concerne à verificação histórica (a maiêutica como chave não autoritária de apropriação da revelação).[74]

Inevitavelmente, teria de vir à tona a equação cristianismo-demais religiões. Torres Queiruga reafirma sua convicção de que as religiões sejam a captação expressa do ativo e irrestrito manifestar-se de Deus. Por isso, todas são verdadeiras enquanto captam realmente — embora de modo inadequado e não definitivo — a presença de Deus. E insiste no valor "absoluto" das religiões "na medida em que nelas está em jogo o destino definitivo de tantos homens e mulheres".[75] Mas a presença divina pode aí aparecer obscurecida e deformada, inclusive na religião bíblica (aberrações teóricas e perversões

---

[72] Ibid., p. 260-265.

[73] Ibid., p. 452.

[74] Na versão revista e ampliada de seu tratado da revelação, foi inserido um capítulo inédito para tratar de "A universalidade no encontro com as religiões e a cultura" (*Repensar a revelação*, p. 345-396). O autor retoma aí, basicamente, o que escreveu em *Do terror de Isaac ao Abbá de Jesus*, p. 315-355; e também em *Autocompreensão cristã*. Fiz, em outro lugar, um estudo crítico sobre o encontro das religiões em sua obra (A. M. L. Soares, O diálogo inter-religioso: a contribuição de Torres Queiruga, p. 158-167).

[75] A. Torres Queiruga, *Repensar a revelação*, p. 348.

DE VOLTA AO MISTÉRIO DA INIQUIDADE

práticas) como preço inevitável pago por Deus para que seu amor salvador penetre na história respeitando a liberdade humana.[76]

Quanto ao valor "absoluto", a questão não é tão pacífica, como se pode ver na crítica feita por M. Fraijó a nosso autor. Fraijó questiona se podemos aceitar que o destino definitivo do ser humano esteja ligado à prática de uma religião. "Não depende esse destino, ultimamente, de um Deus que não tem que se submeter necessariamente a nenhuma religião?"[77]

De qualquer forma, o que o teólogo galego pretende demonstrar é que a manifestação definitiva de Jesus supera todos os pecados e deformações do processo revelatório. Não se poderia detectar aí, entretanto, certo "favoritismo" por Israel? A troco de quê? Na verdade, assevera nosso autor, se for para manter o termo "eleição", este só se justifica como "estratégia do Amor" que investe numa determinada tradição cultural-religiosa que se mostrou mais "sensível", para alcançar de modo mais rápido, fácil e pleno a todos os povos.[78] Com a "parábola de *Tetragrammaton*"[79] e, pouco adiante,

---

[76] Ibid., p. 453.

[77] M. Fraijó, *Fragmentos de esperança*, p. 194. O autor discorda também de Torres Queiruga quando este afirma que "se partindo de nossa perspectiva o cristianismo é uma religião *relativamente absoluta*, as demais são *absolutamente relativas*". Fraijó apõe a tal asserção aquela de H. Küng (neste ponto, fundamentalmente de acordo com K. Barth), quando este afirma que, "como religião, o cristianismo mostra-se na história tão relativo como as outras religiões" (ibid.).

[78] Na primeira versão de seu tratado sobre a revelação (*A revelação de Deus...*, p. 287-295), Torres Queiruga ainda lidava com a controvertida noção de "eleição".

[79] Reproduzo em nota a íntegra da parábola, de modo a deixar clara sua relação com o tema que aqui nos ocupa e com a solução proposta por Torres Queiruga: "o limite da revelação não é algo imposto por Deus, mas sim pela limitação intrínseca da criatura" (A. Torres Queiruga, *Repensar a revelação*, p. 297. Itálicos do autor). Segue a parábola:

"*Tetragrammaton* vivia na quarta dimensão. Era bom, poderoso, inteligente e feliz. Por isso desejava comunicar sua felicidade. O problema estava – ele sabia disso – em que, ao fazê-lo, devia produzir seres distintos dele: seres da terceira dimensão, isto é, inferiores, limitados, incapazes de compreendê-lo, e praticamente cegos para a totalidade do real. Afinal, como pode o ponto compreender a linha? Que sabe a linha do tamanho da superfície? O que a superfície retém da profundidade dos corpos? Que relação poderiam ter alguns seres tridimensionais com o abismo onicompreensivo da quarta dimensão? E havia algo mais grave que tudo isso: esses seres estranhos e quase impossíveis teriam que suportar as consequências de suas inevitáveis limitações: o sofrimento da escassez, a tragédia do desajustamento, a luta pela sobrevivência.

Tetragrammaton duvidava. Valeria a pena? A felicidade que pretendia dar a eles compensaria a dor da qual não poderia poupá-los? Chegariam eles a compreender e aceitar? Mas a força do amor acabou vencendo. Ele estava disposto a fazer todo o possível e a perdoar o que fosse

182

Da ponerologia à teodiceia

com o exemplo do professor que investe no aluno de destaque da turma, ele

necessário. Além do mais, pensou: de qualquer modo, sua substância mais íntima, o dinamismo profundo de seu ser, o próprio espaço em que habitam levarão minha marca. De alguma forma, acabarão me pressentindo em tudo aquilo que sentirem, pensarem ou fizerem. Estando atento, pressionando com todos os meios do amor, conseguirei fazer-me notar. Cedo ou tarde aprenderão a pronunciar meu nome. E assim tomou a decisão e começou a aventura.

Tetragrammaton, que de sua quarta dimensão tudo vê e tudo compreende, não desiste de seus projetos. Procura, por todos os meios, de se fazer conhecer. Aproveita qualquer circunstância para fazer sentir mais claramente sua presença. Nem tudo é fácil, mas segue em frente. Na terceira dimensão, parece que muitos nem se apercebem. Mas outros, sim. E até há indivíduos que mostram uma sensibilidade especial. Então ele, aproveitando a abertura e sem forçar-lhes a liberdade, os estimula a ir em frente, fazendo-os sentir seu fascínio. Eles, por sua vez, entusiasmados pela descoberta, compreendem que *Tetragrammaton* é o nome daquele que sempre esteve aí, chamando a todos e por todos, de algum modo, pressentido. Por isso não conseguem guardar o segredo: proclamam sua experiência e consomem a vida procurando fazer com que, finalmente, todos possam ir se apercebendo.

Como sempre, uns se importam e outros não; uns compreendem bem e outros compreendem pela metade ou não compreendem nada; há aqueles que acham graça e não faltam os que se enfurecem; em outros lugares, não negam a experiência, mas oferecem explicações alternativas. Em todo caso, a compreensão é sempre contagiante e expansiva. A experiência chama a experiência, e cada avanço abre novas possibilidades. Criam-se comunidades e formam-se tradições. *Tetragrammaton* não perde nenhuma ocasião. Onde há uma descoberta, alegra-se como um pai observando os primeiros passos de seu filhinho, e há quem diga que até o seu coração se alegra. Apoia a todos e está atento à menor possibilidade.

Aconteceu inclusive que um dia apareceu um ponto que, por sua situação, por sua sensibilidade, pelo jogo misterioso das circunstâncias, lhe oferecia possibilidades muito peculiares. Assim como ele faz com todos em suas próprias possibilidades, cultiva com cuidado as possibilidades típicas desse ponto e consegue que nele se vá descobrindo um a um os projetos mais íntimos que estão destinados a todos. Chega um momento em que, dentro do que permite a terceira dimensão, consegue o que parecia impossível: surge alguém que, enfim, se abre totalmente a ele e compreende que seu amor é uma presença irreversível, que sua promessa é mais forte que todos os fracassos. Algo tão magnífico que consegue, efetivamente, contagiar: os poucos que vivem nos primórdios acabam formando uma espécie de *phylum* expansivo que se abre ao inteiro âmbito da terceira dimensão.

Entretanto, apesar das aparências, *Tetragrammaton* não abandona os demais e continua cultivando-os com igual carinho e com toda a fecundidade permitida pelas suas circunstâncias e pela sua liberdade. O que naquele *phylum* poderia parecer um privilégio de 'escolhidos' – é uma pena, mas muitas vezes eles pensam assim – nada mais é que um novo modo da estratégia de seu amor para com todos: cultivar intensamente as possibilidades de cada um é o melhor jeito de atingir mais plena e rapidamente os demais. No intercâmbio, todos saem enriquecidos. Mesmo assim, é inevitável que nem todos compreendam, e que surjam logo depois lutas e rivalidades: na escassez da terceira dimensão, todos querem ser únicos e privilegiados. Mas os que estão no segredo sabem que *Tetragrammaton* sorri compreensivo: ele pensa em todos e a todos envolve com idêntico amor.

DE VOLTA AO MISTÉRIO DA INIQUIDADE

defende que "cultivar intensamente as possibilidades de cada um é o melhor modo de alcançar mais plena e rapidamente os demais".[80] E conclui mais à frente que *"a revelação definitiva de Jesus se produz justamente no tempo em que se dá o mínimo de condições de possibilidade* para a inserção efetiva de seu dinamismo na corrente da história universal".[81]

Desse modo, banhado na cultura religiosa do Antigo Oriente, Israel forjou, com uma sensibilidade sem precedentes, um caminho/tradição original de acolhida/captação da presença divina em seu caráter pessoal e histórico. Foi, então, "possível a aparição de personalidades religiosas que iam captando cada vez mais clara e intensamente a palavra viva e a ação livre de Deus... e, ao mesmo tempo, iam enriquecendo as possibilidades dessa tradição".[82] Deus se aproveitou dessas possibilidades (de fato, sustentadas por ele) para oferecê-las também aos demais povos. Foi um modo encontrado por seu amor-sem-fronteiras de atingir o máximo possível a toda a humanidade. "Fazendo avançar até a plenitude [Jesus Cristo] o *phylum* mais maleável e propício de Israel, [Deus] podia oferecer a todos, desde sua própria história externa, os frutos destes avanços".[83]

A religião bíblica se apresenta, portanto, qual um oferecimento maiêutico diante das outras religiões, como a possibilidade para que cheguem à plenitude de si mesmas. Torres Queiruga pretende, assim, numa primeira abordagem deste tema, resgatar o sentido da eleição bíblica enquanto missão a favor dos demais; nunca privilégio exclusivista. Daí a importância do diálogo com as religiões:

Além disso, guarda uma surpresa misteriosa que só ele pode compreender e realizar: um dia acabará rompendo os limites de seu espaço para reunir todos na quarta dimensão. Ali seus olhos se abrirão. Enquanto isso, ele ama, acompanha, impele... e compreende" (A. Torres Queiruga, *Autocompreensão cristã...*, p. 200-203; *Repensar a revelação*, p. 287-289. Esta versão reproduz, com sutis correções que evidenciam a evolução do pensamento do autor, a narração original publicada em *A revelação de Deus...*, p. 276-277).

[80] Id., *Repensar a revelação*, p. 288.

[81] Ibid., p. 305. Raciocínio similar segue a apologética de J. L. Segundo, que já abordei anteriormente com respeito ao processo educativo de formação do cânon bíblico (ver meu livro *Interfaces da revelação*, cap. 7). Além disso, lembremos as considerações de J. L. Segundo concernentes ao "cristão no processo bíblico" (*Teología abierta III*, p. 170-195).

[82] Id., *Repensar a revelação* p. 415.

[83] Ibid.

DA PONEROLOGIA À TEODICEIA

a) para descobrir melhor a presença do Deus que é de todos e a todos se manifesta;

b) porque este "oferecimento maiêutico" se apoia não sobre a excelência de nossa própria tradição religiosa, mas sobre a "coisa mesma": o Deus que quer ser "dado à luz" na consciência de toda a humanidade;

c) porque assim todas têm algo a oferecer, pois, se, de fato, estivermos situados no *phylum* da manifestação definitiva, tal não significa que já a realizemos plenamente em nossa acolhida. Se oferecermos nosso avanço, certamente também receberemos dos demais elementos que só se dão, ou se dão melhor, em suas religiões. Afinal, todos damos e recebemos porque nada é nosso; tudo é graça destinada a todos.[84]

Certamente, é impressionante o esforço dialogal de Torres Queiruga. Mas, como era de se esperar, o desconforto permanece, pois tudo indica que não possamos abrir mão da convicção de que se tenha alcançado "a plenitude definitiva – dentro do que cabe na história – somente em Cristo, que em sua insuperável comunhão com o Pai culmina a tradição bíblica".[85] Seria esse o limite do (macro-)ecumenismo e da inculturação da fé? Afinal, é impensável que as demais religiões se submetam a esta normatividade definitiva de Cristo.

As objeções de M. Fraijó dão uma ideia da agudez e dramaticidade do problema.[86] No seu modo de ver, o enfoque do colega galego não consegue romper o círculo do etnocentrismo. Não é o caso, diz ele, de recordar a Israel sua condição de "melhor aluno da classe". Seria mesmo uma "estratégia do amor" dedicar-se intensamente a um só para chegar mais rápido aos demais? E se pergunta:

> Não seria mais pertinente reconhecer não sabermos por que razão Deus escolheu Israel, se é que Deus existe e escolhe? Acaso pode a maturidade religiosa de um povo ser medida [quantificada]? É acaso impossível que tenham existido culturas, anteriores a Israel, com maior

---

[84] Ibid., p. 416.

[85] Ibid., p. 351.

[86] M. Fraijó, *Fragmentos de esperança*, sobretudo p. 200-212.

sensibilidade e elevação religiosa que o "povo escolhido"? [...] Não seria "mais genuinamente religioso" [...] contentar-se com uma universalidade restrita, renunciar a pretensões absolutas, competir fraternalmente pela verdade e deixar que o Deus único, no final de todos os percalços históricos, revele, se ele o considerar oportuno, qual religião, qual forma de procurá-lo, foi "mais verdadeira"?[87]

Poderíamos, é claro, replicar a Fraijó que não é possível entrar neutros nesse mar, a menos que nos satisfaçam os resultados da sociologia das religiões. Mesmo assim, suas questões merecem, sem dúvida, nossa atenta reflexão. Até porque mereceram de Torres Queiruga uma revisão em sua terminologia. Uma leitura atenta à nova versão da parábola de *Tetragrammaton* evidencia a maior sutileza com que o autor trata do assunto. Além disso, como foi dito acima, ele finalmente se rende ao fato de que "tornou-se imperioso revisar e no fim das contas abandonar a ideia da *eleição*".[88]

Um último esforço é dedicado por nosso autor ao tema da constituição da revelação na Escritura e do modo de sua interpretação na vida da Igreja.[89] A saber, por que ainda precisamos da Bíblia, se a revelação já se cumpriu e Deus é presença viva e revelação em ato? Para que manter o andaime depois de concluído o edifício? O culto à letra não constitui uma perene ameaça contra o espírito?

Primeiramente, responde o autor, é preciso repetir sempre que Deus se revela o quanto pode; a barreira está na limitação humana. Uma incapacidade estrutural que persiste mesmo com a revelação concluída. As objetivações[90] servem, então, para que se retome sempre a "claridade e pureza" dos primórdios, tornando presente o caráter gratuito e *extra nos* da revelação. Diga-se, porém, que este "constitutivo da comunidade originária" não é uma necessidade apriorística, mas antes histórica.[91] Em segundo lugar, temos a

---

[87] Ibid., p. 210-211.

[88] A. Torres Queiruga, *Autocompreensão cristã*, p. 189. Ver também *Repensar a revelação*, p. 298-306 e 454.

[89] Id., *Repensar a revelação*, p. 397-444.

[90] Bíblia-escritura: objetivação privilegiada que supera o tempo e todo particularismo imediato. Veja ibid., p. 358-362.

[91] Ibid., p. 357.

função maiêutica da objetivação: a palavra bíblica é uma parteira que ajuda a dar à luz a experiência reveladora – sempre presente e sempre em perigo de se perder. É isto que garante o equilíbrio entre os dois possíveis extremos: o biblicismo e o liberalismo. Assim se pode aceitar a verdade presente nos dois lados – o grande tema bíblico "tua palavra me dá a vida" e, por outra parte, a insistência mística na experiência para além de toda letra/discurso – sem temer, além disso, os avanços da crítica bíblica.[92]

A mesma dialética nos ajuda no tema da formação do cânon. A Bíblia é a sedimentação escrita da experiência reveladora judaico-cristã. Um processo não pontual nem retilíneo e – fator a complicar – seletivo. Por que estes textos e não outros? Por que tantos ou tão poucos? De fato, motivos reais estão na base da decisão: atribuição apostólica, uso litúrgico, coincidência com a tradição recebida. Após percorrê-los, nosso autor demonstra que nenhum deles serve de explicação última e adequada: a Igreja escolheu tais livros porque neles reconheceu com suficiente segurança a sua experiência fundamental. Reconheceu neles força e capacidade suficientes para evocar e manter viva ao longo dos séculos a consciência da revelação permanente do Senhor.[93] A volta à Bíblia é uma constante na fé da Igreja e que nos remete sempre à experiência viva.[94] Será esta mesma experiência a unificar a consciência eclesial,[95] desde o *sensus fidelium* até as definições solenes do magistério e a evolução do dogma.

O combate à pisteodiceia cristã já é um tipo de pisteodiceia

Se o leitor refizer agora o trajeto do item anterior, creio que lhe ficará mais claro como a noção do "círculo que não é quadrado", ou seja, o impedimento estrutural da criatura como barreira do acesso transparente ao divino, atravessa a teologia de Torres Queiruga. Sua reflexão sobre o mal se

---

[92] Ibid., p. 366-372 e 472-473.

[93] Ibid., p. 362-365.

[94] Vale nota a interessante consideração do *working canon*, ou cânon operativo de cada época, comunidade ou teólogo (ibid., p. 382-385).

[95] Ibid., p. 372-380.

DE VOLTA AO MISTÉRIO DA INIQUIDADE

desdobra justamente da imperiosa meditação sobre as vicissitudes da auto-comunicação divina a seus filhos e filhas.

Tendo isso em mente, podem-se retomar os senões levantados contra sua pisteodiceia. De um lado, Estrada crê imprescindível não abrir mão da injustificabilidade do mal e de sua irredutibilidade a quaisquer racionalizações; de outro, Torres Queiruga – sem negar que, de fato, o mal seja, essencialmente, o "injustificável"[96] – vale-se da noção de revelação para afirmar (aqui substancialmente de acordo com J. L. Segundo) que, se algo foi revelado, nem tudo se encerra no mistério. Como já indiquei acima, o teólogo galego responde à crítica de Estrada afirmando que seu colega não levou em conta o duplo nível do problema – *ponerologia* e *pisteodiceia* –, reduzindo a exposição de sua postura ao primeiro.[97]

Quem sabe, Torres Queiruga também tenha pretendido dizer a Estrada que tais objeções "obedecem às típicas resistências que Kuhn descobre para toda 'revolução científica': o velho paradigma, quando é questionado por novas evidências, defende-se com remendos de compromisso diante do novo que se impõe". De fato, ele se lamenta em outro lugar – aludindo a M. Fraijó – por seus críticos desconsiderarem, sem mais, a discussão, "deixando de examinar as razões que expressamente são aduzidas, muito frequentemente com uma cômoda, apressada e não bem especificada acusação de leibnizianismo".[98] Para nosso autor, tais críticas correm o risco de se escorar no que já foi chamado de "leibnizianismo inventado" (Y. Belaval) que não tem amparo "quando se volta aos próprios textos".

Torres Queiruga não vê problema em se deixar fecundar pelo leibnizianismo, desde que se distinga seu espírito daquela caducidade que, tantas vezes, gruda em sua letra. Para tanto, seu antídoto é justamente o caminho prévio da *ponerologia*, que procura ver a questão do mal e do sofrimento humano "a partir de baixo", sem interferências teológicas. Só depois ganha legitimidade a afirmação teodiceica.[99] Todavia, a julgar por suas publicações

---

[96]   Id., *Repensar o mal*, p. 208 (citando Jean Nabert).

[97]   A. Torres Queiruga, *Do terror de Isaac...*, p. 225, n. 65.

[98]   Ibid., p. 211 e 237, respectivamente.

[99]   *Repensar o mal*, p. 37-53.

188

mais recentes, dir-se-ia que nosso teólogo sentiu o impacto da crítica. Eis como inicia um de seus textos sobre o tema:

"Às vezes me censuram dizendo que meu enfrentamento com a problemática da teodiceia, assim como a concepção da teologia que lhe é subjacente, é 'racionalista'. Como eles avaliam somente de uma forma sumamente vaga, posso adivinhar que é isso o que se esconde por detrás dessa crítica". Essas palavras, que estão na introdução de um dos mais amplos tratados recentes sobre o problema do mal, eu poderia subscrevê-las pessoalmente ao pé da letra, ponto por ponto. E [...] o mesmo eu poderia fazer com as que as precedem, na mesma página: "No que se refere a tais preferências, elas dependem do meu ideal e das intenções a que me proponho acerca da reflexão teológica e da filosofia da religião, isto é, do esforço pela clareza conceitual, pela transparência argumentativa, pela coerência lógica, pela linguagem sem pretensões, pela inteligibilidade geral e pela objetividade realista".[100]

Em outra citação do mesmo Kreiner, nosso autor prossegue dando-nos pistas de que tenha uma resposta para seus críticos. Diz ele ser raro encontrar outro problema como esse em que, mesmo teólogos e filósofos dos mais abertos, cedam com tamanha facilidade a lugares-comuns do passado e, imersos num discurso emocional, evitem o rigor do conceito. Proibir, alegando a prioridade da experiência religiosa, o exercício da teodiceia é fazer o jogo do ateísmo.[101]

Toda a força da argumentação do teólogo galego depende de que, com a ruptura cultural do Iluminismo, todos os parâmetros tenham sido chacoalhados, e, desde então, já não baste tentar manter a dicotomia entre a vivência e o pensamento, entre a emoção e o conceito. O problema da teodiceia adquire

---

[100] A. Kreiner, apud A. Torres Queiruga, *Do terror de Isaac ao Abbá de Jesus*, p. 181.

[101] Tal "proibição, sancionada religiosamente, de se propor a questão da teodiceia, entra no jogo do ateísmo, da mesma forma que o faria uma compreensão de Deus que exclua categoricamente as tentativas de justificação e de crítica racional das convicções de fé. Diante do tribunal da razão, o que está no 'processo' da teodiceia evidentemente não é o próprio Deus, mas as convicções de fé de algumas pessoas que mantêm, apesar de tudo, a opinião, por nada evidente, dada a enorme quantidade de mal e de sofrimento, de que existe um Deus bom e todo-poderoso" (Ibid., p. 182).

DE VOLTA AO MISTÉRIO DA INIQUIDADE

toda sua seriedade e dramatismo, pois coloca em jogo o ser ou não ser da própria religião. O que se viu daí por diante foram as posturas extremadas do Iluminismo radical (uma razão que, renunciando à sua profundidade infinita, tornou-se funcional e pragmática) ou o extremo fideísta do "Iluminismo insatisfeito" (a profundidade da fé sem a mediação crítica da razão).

Numa heroica tentativa – que, no parecer de Torres Queiruga, está longe de romper com o paradigma antigo –, J. P. Jossua[102] chega à esquematização fundamental: trata-se do "choque entre os atributos de bondade, poder e compreensibilidade". E, para escapar da velha armadilha de Epícuro, ele se vê obrigado a recorrer à incompreensibilidade divina. Porém, fracassa de novo, pois, no fundo, rende-se ao fato de que não conseguimos compreender por que é que Deus, mesmo podendo, não quer eliminar o mal. Com menos paciência, T. W. Tilley – cuja posição me parece muito próxima à de Estrada – prefere a saída alexandrina: corta o nó górdio ao negar legitimidade à teodiceia. Somente podem ajudar-nos o discurso tradicional e a luta prática contra os males reais. O que, no juízo de Torres Queiruga, "parece reduzir essa proposta a um pragmatismo fideísta, que se nega a reconhecer as novas perguntas surgidas na modernidade".[103]

O grande mérito da posição do autor de *Repensar o mal* é o de ter conseguido, com a oferta prévia da ponerologia, arreganhar a dureza do passo seguinte: tem sentido um mundo, bom a seu modo e até mesmo grandioso, mas também exposto a tanto horror? Vale a pena uma existência cujas realizações e alegrias devem contar necessariamente com um preço tão alto de angústia, culpa e sofrimento? Não só teístas ou religiosos são afetados por tal questionamento. E respondê-lo implica uma pisteodiceia, isto é, cada um deverá checar seu modo de configurar o sentido da própria vida no mundo.

Não consigo ver nisso o descalabro detectado por Estrada. Trata-se de, no respeito das autonomias do novo contexto moderno, "mostrar as *razões* da própria 'fé' e, negativamente, enfrentar as *objeções* que a tornariam incoerente".[104] Como se viu no capítulo anterior, a seu modo, S. Neiman faz,

---

[102] J. P. Jossua, *¿Repensar a Dios después de Auschwitz?*, p. 65-73.

[103] A. Torres Queiruga, *Do terror de Isaac ao Abbá de Jesus*, p. 203. O livro de Terrence W. Tilley mencionado é *The Evils of Theodicy*.

[104] A. Torres Queiruga, *Do terror de Isaac ao Abbá de Jesus*, p. 220.

formalmente, a mesma coisa: não se desvia da responsabilidade de pensar uma pisteodiceia filosófica. Só que não precisa – evidentemente – assumir o risco que um teólogo cristão não consegue evitar; ela para e Torres Queiruga segue em frente. Ele pretende minar na base o dilema de Epicuro, ao desarmar sua armadilha lógica (o pressuposto de que o mundo poderia ser perfeito). Com isso, porém, Estrada não pode estar de acordo, pois defende que a aporia de Epicuro precisa ser insolúvel,[105] sob pena de tornar insensato que se pergunte por que Deus não criou um mundo-perfeito. Para seu colega galego, entretanto, não há aqui despropósito; apenas refina a questão: "Por que Deus, mesmo sabendo que, se criasse um mundo, este seria inevitavelmente tocado pelo mal, criou-o apesar de tudo?".

A fé cristã responde-nos que Deus só pôde criar-nos por amor, com o único fim de tornar-nos partícipes dessa experiência "sobrenatural" que, por amor à brevidade, denominamos "vida". Nossa exposição à terrível mordacidade do mal não é fruto "nem da 'avareza' de um deus que poderia ter cancelado tudo isso para nós, nem sequer de uma provação ou de uma condição para conceder-nos 'méritos' [...]. Numa palavra, se Deus, ao nos criar por amor e, portanto, exclusivamente para nossa felicidade, já não nos criou completamente felizes, é simplesmente porque isso não é possível".[106]

Somente esse realismo ponerológico possibilita a Torres Queiruga repropor uma teodiceia cristã em pleno século XXI sem que tal pareça um despropósito.

---

[105] É a esse tipo de atitude que Torres Queiruga se refere quando confessa não conseguir "entender como, enfrentando reflexivamente o problema, pode-se continuar não dando importância a essa pergunta crucial; ou, pior ainda, acusando-se de 'racionalismo' a insistência em exigi-lo, seja qual for o resultado da discussão" (ibid., p. 223, n. 62).

[106] Ibid., p. 242.

6.

A história entre o absoluto menos e o absoluto mais

> O senhor [...]. Mire veja: o mais importante e bonito,
> do mundo, é isto: que as pessoas não estão sempre iguais,
> ainda não foram terminadas – mas que elas vão sempre
> mudando. Afinam ou desafinam. Verdade maior.
> É o que a vida me ensinou.[1]

Pisteodiceia segundiana

"Compreendo que, durante a última guerra mundial, em meio à dor que deve ter causado àqueles que estiveram nos acontecimentos do holocausto judeu, ou foram suas testemunhas ou vizinhos, a teologia se negue a pensar em 'explicações' para esse imenso massacre de inocentes. O que permanece incompreensível para mim é que teólogos cristãos, que escrevem livros conscienciosos e serenos, se perguntem, diante de tais fatos ou de outros semelhantes: 'pode-se fazer teologia, depois de Auschwitz?'. Eu pensaria, pelo contrário, que depois de Auschwitz a teologia é, se não mais fácil, mais necessária e plausível que nunca".[2]

S. Neiman recordou-nos recentemente do terrível potencial de Auschwitz para se elevar como paradigma do mal no século passado. Há um "excesso" no Holocausto que não tem a ver com quantidade – seria até mórbido, se não blasfemo, pôr-se a calcular quem sofreu ou sofre mais: judeus nos campos de concentração, inimigos do stalinismo na Sibéria, vítimas do

---

[1]   J. Guimarães Rosa, *Grande sertão: veredas*, p. 39.

[2]   J. L. Segundo, *Que mundo? Que homem? Que Deus?*, p. 239.

DE VOLTA AO MISTÉRIO DA INIQUIDADE

apartheid, negros escravizados nas Américas ou cada um dos feridos nas incontáveis crueldades cotidianas que sequer ganham manchetes.[3] Como dirá Lévinas, o excesso aqui, mais que quantitativo ou intenso, é qualitativamente perturbador porque manifesta o não integrável, o não justificável, o não sintetizável. De certo modo, há uma "transcendência" no mal que o torna irredutível a toda tentativa de teodiceia – na medida em que esta se proponha a ser "uma maneira de pensar Deus como realidade do mundo".[4]

No caso de Auschwitz, o que escapou da síntese e da integrabilidade foi a noção de malícia e intencionalidade, fazendo calar a filosofia. Mas, como vimos, Neiman insistiu, bem por isso, no imperativo da reflexão prévia à política. Justamente porque a tragédia dos campos de extermínio atordoou nossos paradigmas éticos, torna-se urgente pensar o mal como banalidade e desdemonizá-lo, tarefa só cabível ao fazer filosófico.

Não é outro o espírito do parágrafo que abre este capítulo. Aí, J. L. Segundo confessa não compreender como é possível que teólogos cristãos de qualidade fiquem emudecidos por fatos idênticos ou semelhantes a Auschwitz. "Eu pensaria, pelo contrário", conclui nosso autor, "que depois de Auschwitz a teologia é, se não mais fácil, mais necessária e plausível que nunca".[5]

Aí está o cerne, por assim dizer, da pisteodiceia segundiana. Diferentemente da conclusão "ativista" de um J. A. Estrada, e um pouco além do corte de Torres Queiruga, para quem é possível algum diálogo com Leibniz e demais filósofos modernos antes de, inapelavelmente, nos calarmos diante do mistério – silêncio este que, no viés de R. Alves, já deveria ser, desde o início, a marca da teologia/teopoesia –, o enfoque de J. L. Segundo assume que a tarefa-missão da teologia é tanto mais urgente quanto mais parecer absurda e sem-razões a presença do mal no mundo.

Diga-se, porém, que a perspectiva deste autor não contradiz a contribuição de Torres Queiruga. Na verdade, ela a antecipa na teologia

---

[3] "Entre 1492 e 1990, houve pelo menos 36 genocídios... Desde 1950, ocorreram perto de 20 genocídios; pelo menos 3 deles tiveram mais de um milhão de vítimas (em Bangladesh, no Camboja e em Ruanda)" (J. Gray, *Cachorros de palha*, p. 108.).

[4] E. Lévinas, *De Deus que vem à ideia*, p. 167-182 (aqui: 176).

[5] J. L. Segundo, *Que mundo? Que homem? Que Deus?*, p. 239.

latino-americana em um aspecto crucial, que consiste na importância decisiva assumida pela liberdade humana no plano global da criação. A teologia segundiana já foi por isso chamada com acerto de "teologia do projeto".[6] Seu postulado é que não estamos simplesmente *no* mundo; nós damos, de fato, sentido ao mundo. Como pessoa livre e criativa, o ser humano pode, no exercício de sua liberdade, dizer em que deseja apostar sua existência. Cabe a cada um decidir qual é o caminho que pretende inventar e por quais valores pretende arriscar sua vida. Nesse sentido, a inevitabilidade do mal é apresentada por Segundo a partir de uma dualidade ou dialética em que o *ser* (as coisas, o ôntico) está a serviço do *pessoal* (a liberdade, o *proprium* humano).[7]

O delicado de semelhante abordagem – a saber, a apresentação da "teodiceia" ou "antropodiceia" de Segundo – está justamente no fato de que este jesuíta uruguaio jamais se dedicou sistematicamente à questão em baila. Quando toca no tema, Segundo o faz em função de outros problemas, nunca em linha reta com o intuito de esgotar o assunto – como o fazem, em vez, Torres Queiruga, Estrada, Pikaza, Gesché e tantos outros. Tal constatação não inviabiliza a empreitada – uma vez que o tema, de fato, não é evitado por nosso autor –, mas, com certeza, a torna mais tateante – com o perigo de, finalmente, pôr em seu texto ilações oriundas dos pressupostos de seu intérprete. Um risco, de resto, calculado, que espero ter conseguido atenuar o máximo possível.

Para fazê-lo, dividi o trajeto em dois estádios. No primeiro, já esmiuçado no terceiro capítulo deste livro, acompanhei Segundo em sua revisitação bíblica do tema, servindo-me como guia das quatro imagens veterotestamentárias da revelação de Deus, a que ele retorna em vários de seus livros. Com base nessa chave, Segundo tenta recuperar a história de Jesus, identificando-o como profeta da alegria, por meio de sua práxis antimal.

O que proponho para este capítulo final é seguir a pista de uma chave de leitura que encontrei, anos atrás, em uma conferência do teólogo uruguaio

---

[6] E. Medina, La questión del mal en el pensamiento de J. L. Segundo.

[7] J. Comblin foi um dos primeiros teólogos que reconheceu a preciosa contribuição de Segundo para uma teologia da liberdade, fruto direto do postulado segundiano de uma "libertação da teologia" como condição para toda teologia da libertação que se prezasse (J. Comblin, *Cristãos rumo ao século XXI*, p. 97s).

DE VOLTA AO MISTÉRIO DA INIQUIDADE

E. Medina,[8] procurando inserir o tema do mal na perspectiva evolutiva do pensamento segundiano. Nesse enfoque há que se considerar sua reflexão sobre nosso tema no arco da mencionada teologia do projeto, rigorosamente antropocêntrica. Para tanto, sintetizarei seu pensamento tentando discernir, com apoio nas categorias cunhadas por Torres Queiruga, o que é ponerologia e o que é pisteodiceia em sua argumentação.

A teologia do projeto: um ser delimitado em aberto

Como já insinuei no capítulo 3, o enfoque deste autor privilegia a importância decisiva assumida pela liberdade humana no plano global da criação, já que esta tem por centro os seres humanos. Longe das perspectivas pós-modernas que ampliam seu raio para o cosmocentrismo ou para uma visão cosmoteândrica do projeto criador, Segundo manteve-se coerente até o fim com seu paradigma moderno, existencial, antropocêntrico e libertador. É nessa moldura que iremos identificar sua criptoteodiceia, ou teodiceia implícita, uma vez que, enquanto tal, o tema que nos ocupa nunca chamou sua atenção, ao menos, naquele viés de seus colegas e antecessores europeus.

Sobre o quê de temerário que comporta uma hermenêutica do mal a partir do viés da liberdade, já nos alertara P. Ricoeur décadas atrás. Ele sabia que "procurar compreender o mal à luz da liberdade é um passo arriscado" embora "importante"; tal decisão implica adentrar o problema "pela porta estreita", considerando-o desde o início como coisa nossa, por demais humana. Deixando de lado a investigação de uma presumida gênese radical do mal, ele preferia considerar "a descrição e localização do ponto em que este se manifesta", ou melhor, "pelo modo como afeta a existência humana".[9]

J. L. Segundo é dos raros teólogos da libertação que encarou o desafio de unir uma teologia da liberdade ao escândalo da maldade. Mas às vezes dá a impressão de sair arranhado da passagem estreita. Dizendo-o diretamente, sua reflexão parece nos levar à conclusão de que Deus nos criou um mundo com "mal" para que possamos ser pessoas, e assim levar à realidade o seu

---

[8] E. Medina, La questión del mal en el pensamiento de J. L. Segundo (Conferência dada em Montevidéu).

[9] P. Ricoeur, *Finitud y culpabilidad*, p. 20.

A HISTÓRIA ENTRE O ABSOLUTO MENOS E O ABSOLUTO MAIS

divino projeto.[10] Ele parte da constatação de que o ser humano não está simplesmente no mundo; mas é um "ser de projeto". Deus nos colocou nesta dimensão da realidade como pessoas capazes de criar um sentido. Porém, não simples e potencialmente "capazes"; ele nos deu esta terra para que criemos de fato sentido.[11] E, já que somos pessoas livres e criativas, podemos, a partir de nossa liberdade, dizer em que pretendemos apostar a existência. Cabe, então, a cada indivíduo decidir qual é o caminho que deseja inventar e por quais valores tenciona jogar a vida. A questão crucial não é, então, se um círculo pode ser quadrado, mas antes que "uma criação sem dor, e sem a interdependência que esta cria, jamais chegaria a desembocar neste agente responsável e apaixonantemente 'histórico' que chamamos de 'homem'".[12] De minha parte, eu diria que, ao contrário do círculo e do quadrado, o ser humano é um "*delimitado em aberto*".

A inevitabilidade do mal é apresentada por Segundo a partir de uma dualidade em que o *ser* está a serviço do *pessoal*. Daqui advém sua proposição de que se retome em teologia o que ele chama de "sadio dualismo".[13] Não mais, como no passado, um dualismo excludente nem metafísico; antes, um dualismo antropológico articulado em duas dimensões existenciais distintas e complementares, a saber, a *fé* e as *ideologias*.[14]

A *fé* consiste num grande dispositivo de poupança energética. Quando acreditamos em determinadas *testemunhas referenciais* da sociedade, conseguimos enquadrar melhor nosso mundo dos valores (sonhos, utopias, afetos). A *ideologia* complementa a fé, na medida em que trabalha sobre as condições que precisam ser postas se se quer obter certos resultados. Ela não determina a *estrutura significativa* (fé); mas busca continuamente métodos

---

[10] Para essa exegese do autor, ver E. Medina, La questión del mal en el pensamiento de Juan Luis Segundo, p. 3. É claro que, resumida dessa forma, a posição do autor fica exposta à crítica do pessimismo ilustrado de Estrada (capítulo 4, supra) ou às considerações de Vergely contra a instrumentalização do sofrimento humano (Introito, supra).

[11] Muito próximo das conclusões de Segundo, mas chegando a elas a partir da astrofísica, T. X. Thuan afirma "que somos *nós* a dar sentido ao universo contemplando-o, apreciando sua beleza e harmonia" (T. X. Thuan, *O agrimensor do cosmo*, p. 34).

[12] J. L. Segundo, *Que mundo? Que homem? Que Deus?*, p. 494.

[13] Ibid., p. 73-111.

[14] Para este tema, ver, do autor, *O homem de hoje diante de Jesus de Nazaré*, v. I: Fé e ideologia. De forma mais sucinta: *A história perdida e recuperada de Jesus de Nazaré*, p. 13-97.

DE VOLTA AO MISTÉRIO DA INIQUIDADE

mais eficazes em vista dos valores que escolhemos. Há, na verdade, um círculo: toda *fé* estrutura valores que depois devem achar uma via de realização dentro da complexidade do real. Essa via exigirá sempre sistemas práticos que evoluam com a própria realidade e que não serão todos igualmente eficazes, além de não serem neutros. Além disso, toda *fé* se exprime e se transmite somente através de fatos que, ao mesmo tempo, resultam dos valores que se pretende transmitir e das técnicas empregadas para realizá-los.

Existe, portanto um jogo entre nossos valores absolutos, que exigem nossa fé (antropológica) por não serem imediatamente traduzíveis na realidade, e a correspondente armação ideológico-instrumental que procura moldar a realidade a tais valores. É nessa resistência/resiliência do real às nossas aspirações mais profundas que podemos situar o início da reflexão segundiana acerca do mal. Na extremidade contrária, o amor culmina todo o processo. Obviamente, tal convicção é teológica; mas Segundo a atinge aliando sua fé cristã a um diálogo original com enfoques científicos surgidos principalmente no século XX. Entre eles: a nova astrofísica, as idas e vindas do evolucionismo, e a "metapsicologia" freudiana.[15]

Uma ajuda do princípio antrópico: mal e dor dão sentido à liberdade humana

Da astrofísica,[16] com o crescente consenso da teoria do *big bang*, Segundo recolhe uma sugestão interessante para a reflexão teológica – e aqui vejo em ação a pisteodiceia segundiana. O universo teria aparecido entre 10 a 15 bilhões de anos atrás, numa formidável explosão primordial, que gera a matéria a exatamente 10^{-43} segundo mais tarde. Desde então, ele segue sua trajetória de expansão. A energia engendra a matéria. As partículas mais elementares, os quarks, se combinam para produzir, a 10^{-6} segundo,

---

[15] Para o que segue, além da leitura, entre outras, da obra *Que mundo? Que homem? Que Deus?*, foram-me preciosos os encontros pessoais tidos com J. L. Segundo em Montevidéu, entre 1993 e 1995.

[16] Reelaboro e amplio, a seguir, o estudo seminal que publiquei anteriormente em A. M. L. Soares, *O mal existe. Que bom!? Intuição teológica contemporânea a respeito do mal, da dor e do pecado, a partir da obra de J. L. Segundo*, p. 2-11.

A HISTÓRIA ENTRE O ABSOLUTO MENOS E O ABSOLUTO MAIS

prótons e nêutrons. No terceiro minuto, surgem núcleos de hidrogênio e de hélio e, com isso, 98% da massa do universo está constituída. Dessa sopa de radiação e de matéria irão surgir, um ou dois bilhões de anos mais tarde, as galáxias e as estrelas. No coração das estrelas são fabricados os elementos necessários para a vida – oxigênio, carbono, nitrogênio e, já no final de seu ciclo, o ferro, o ouro e a prata. Os átomos de que são feitos todos os seres vivos provêm da explosão de alguma estrela há cerca de 4 ou 5 bilhões de anos. De lá para cá, só os últimos 2 bilhões de anos (2×10^9) implicam evolução da vida. Os precursores do ser humano surgiram por aqui há cerca de 2 milhões de anos (2×10^6). E somente a geração da década de 1960 (1965) tomou consciência de todo esse processo. Donde a conclusão do teólogo uruguaio (apoiado em cientistas como S. Hawking e T. X. Thuan): parece ter sido necessário todo esse tempo para que se chegasse à constituição de seres livres e inteligentes.[17]

Porém, será mesmo essa a lógica regente da evolução do universo? É sobre isso que discorre o chamado princípio *antrópico*. Sua versão *fraca* encerra o parágrafo anterior; a versão *forte* considera algumas das leis básicas presentes no cosmo e se pergunta pelo seu significado mais profundo. As quatro forças fundamentais (gravidade, eletromagnetismo, força nuclear forte [dos prótons e nêutrons] e força nuclear fraca [radiatividade]) juntamente com as cerca de quinze constantes físicas (por exemplo, a velocidade da luz, a massa do próton, a massa e a carga do elétron, ou constante gravitacional) são extremamente precisas e determinam todas as propriedades do universo tal como o conhecemos. Uma pequena variação em seus valores e já não existiríamos; o universo teria sido estéril e vazio de observadores! A conclusão bastante plausível é que tais constantes foram reguladas com uma precisão extraordinária para permitir, num dado momento, a aparição de um ser capaz de entender a criação. Numa sugestiva imagem, T. X. Thuan compara tal precisão com a que deveria ter um arqueiro para cravar sua flecha num alvo de 1 cm² colocado a uma distância de 15 bilhões de anos-luz.[18]

---

[17] Nas palavras de S. Hawking, sacadas de *Uma breve história do tempo*: "aproximadamente, é necessário esse tempo para que se desenvolvam seres inteligentes" (apud J. L. Segundo, *Que mundo? Que homem? Que Deus?*, p. 138).

[18] T. X. Thuan, Entrevista a Neda El Khazen, p. 4-7; *O agrimensor do cosmo*, p. 19-27. J. L. Segundo conheceu, de Trinh X. Thuan, o livro *La mélodie sécrète*.

De volta ao mistério da iniqüidade

Dados esses elementos, e considerando, de um lado, a hipótese de que todo o universo seja fruto de uma sucessão de acasos (hipótese abalizada pela mecânica quântica), e de outro, a noção de necessidade suposta pelo princípio antrópico forte, T. X. Thuan opta pela segunda, no que é seguido pelo teólogo aqui estudado. Thuan garante, cientificamente extasiado, que nós ganhamos a loteria do universo! Somos os únicos seres conscientes daquilo que o cosmo significa: ele existe "para nós". E Segundo o traduz teologicamente: somos fruto da ação de um Deus desejoso de nos ter no universo. Por amor à simplicidade e à economia das leis naturais, que se concatenam numa íntima harmonia, é mister reconhecer que toda a evolução teve por finalidade produzir seres humanos.[19]

Como dirá o físico americano F. Dyson, o universo "sabia que o Homem ia vir".[20] Ou, na conclusão de S. Hawking, após calcular que, se o universo tivesse começado com uma velocidade de expansão um pouco menor ou um "tantinho" maior da que começou e, até hoje se mantém, não estaríamos aqui para contar a história: "O estado inicial do universo deveria ter sido escolhido verdadeiramente com muito cuidado. Seria muito penoso explicar por que o universo deveria ter começado justamente desse modo, *exceto se o consideramos como o ato de um Deus que pretendesse criar seres como nós*".[21] Eis onde se funda a pisteodiceia segundiana.

No entanto, longe de ser tão otimista, o teólogo E. Drewermann deduz o contrário do que afirma Segundo da citada constatação de X. Thuan. "Nunca houve um objetivo específico intencionado", diz ele. A evolução "nunca tem um rumo específico em direção a nós. Trata-se antes de um efeito retrospectivo, pelo qual pensamos, olhando para trás, que toda a trajetória necessária para nos produzir seria tencionada por Deus, que queria produzir exatamente a nós. Só que qualquer alteração mínima nessa trajetória também teria feito surgir alguma coisa, menos nós". Em suma, "somos os felizes ganhadores de toda uma sucessão de acontecimentos casuais".[22]

---

[19] T. X. Thuan, *O agrimensor do cosmo*, p. 29-39 (cap. 2: O número premiado).

[20] Apud ibid., p. 21.

[21] Citação e itálico de J. L. Segundo, *Que mundo? Que homem? Que Deus?*, p. 139, n. 11 e p. 140.

[22] E. Drewermann, *Religião para quê?*, p. 24 e 25.

A HISTÓRIA ENTRE O ABSOLUTO MENOS E O ABSOLUTO MAIS

A conclusão de Segundo pareceria, então, ter um quê de temerária. A julgar pelo que evoluímos nos últimos 35 mil anos (desde o Cro-Magnon) – só para ficarmos por perto – o que não poderia suceder a nossos descendentes nos próximos 35 mil anos (caso não acabemos com tudo nas próximas décadas ou séculos)? Ainda serão "humanos"? Drewermann julga ser uma forma "primitiva" de pensamento imaginar que a civilização ocidental cristã seja o ápice de todas as realizações do cosmo. E lê aí um erro triplo na forma de antropocentrismo, cristocentrismo e eurocentrismo.[23] Não obstante isso, creio ser coerente com a lógica de Segundo retrucar que, mesmo na hipótese de um dia virmos a ter certeza da existência de outros seres inteligentes pelo universo afora, ou quem sabe descobrirmos outros multiversos em concorrência com o nosso,[24] a dedução fica mantida: algo ou alguém, por sabe-se lá qual razão, quis seres inteligentes no universo.

E por que o universo se teria dado a esse luxo? Segundo lê nesses dados a confirmação de uma segunda linguagem ou dimensão, essencialmente pessoal: aquela do sentido (ou icônica, ou da fé antropológica). O universo é obra de uma "mente" engenhosa que estabeleceu uma ordem na evolução (que, como se verá à frente, lida com o acaso), visando a que certa espécie de ser vivo atingisse um dia a consciência e se tornasse centro. Daí para frente, o timão é dessa criatura. O ser humano não foi feito simplesmente para descobrir o sentido que tal "mente" pôs nas coisas (caminho científico-filosófico); antes, é ele quem deve *dar sentido* à realidade (caminho po/ ético-espiritual). Está em suas mãos humanas "personificar" o universo. Reportando-se ao apóstolo Paulo, o teólogo uruguaio reafirma que a criação – com todos os seus gemidos e dores de parto – terá sido inútil se os humanos não criarem, a partir dela, um mundo de amor.

Justamente neste ponto tocamos o mal e a dor. Conforme o teólogo uruguaio, sem a dor, a liberdade não teria sentido. Não precisaríamos de

---

[23] Ibid., p. 25-26.

[24] Na interessante entrevista que concedeu a Jürgen Hoeren, o teólogo Drewermann levanta essa hipótese para criticar os teólogos que se apressam a adotar a mais recente teoria que esteja vigorando em algum centro de pesquisa. Aliás, a questão do início do mundo, diz ele, deve ser acolhida não como princípio temporal, mas "em termos bíblico-teológicos", isto é, "como fundamentação da existência humana, não como teoria cosmológica a concorrer com outras" (ibid., p. 85).

ninguém se fôssemos ilimitados. Porém, ao contrário, há uma fragilidade na história do universo. Antes do ser humano, o acaso teve sua grande parte. Após o surgimento da vida inteligente, entra nos cálculos evolutivos o uso (correto ou não) da liberdade que nos caracteriza, e que tem seu ponto alto na experiência do amor. E amar é viver a alegria de dizer sim a alguém com o risco de ouvir um libérrimo não como resposta.[25] Como se vê, o advento da liberdade humana no cume da evolução não elimina o caráter indeterminado e fortuito do processo. Tudo isso, enfim, segue a implacável lógica de permitir que assumamos, sempre mais, uma responsável parceria no plano divino da criação. E não pode haver falta mais grave contra esse plano do que a omissão, isto é, o evitar se responsabilizar.[26]

Dizer, entretanto, que a dor faça parte do projeto de Deus poderia nos induzir a compactuar com certa concepção mítica que o imagine criando, primeiramente, o ser humano para, em seguida, lhe acrescentar a dor. Mas não é isso que nosso autor quer enfatizar. Para ele, a dor não é um adendo; é, em vez, a limitação, o não feito ainda, a contradição e o risco. É o mal como possibilidade. Diga-se, porém, que isso nem de longe acarreta legitimação de injustiças ou acomodação diante de situações dolorosas. O fato é que, sem dor, não haveria ser humano.[27] Se não houvesse a dor, nem coisas para se fazer em favor dos outros, a liberdade para agir seria vã, e simplesmente inexistiria ser humano. Para Segundo, se Deus nos tirasse o sofrimento – admitindo, é óbvio, que tal lhe fosse possível –, a liberdade perderia sentido. Deixando voar a imaginação, recordemos aqui o citado exemplo de Gordon Kaufmann,[28] quando este afirma que, se Deus pudesse criar um ser humano imediatamente em situação paradisíaca, atestaria *ipsu facto* sua patente incapacidade em criar seres humanos – a saber, agentes livres e responsáveis. Nessa linha de raciocínio, Segundo nos dizia, em seus cursos em Montevi-

---

[25] Hoje os cientistas já se habituaram a considerar o acaso como elemento permanente e necessário da própria ciência (J. L. Segundo, *Teología Abierta III*, p. 282-287).

[26] Ver, supra, no capítulo 3, o que se disse da parábola dos talentos ou das vinhas.

[27] Cada passo da evolução tem seu ônus. Como disse o biólogo L. Von Bertalanffy: "Com a invenção da multicelularidade veio a morte, com a invenção do sistema nervoso veio a dor, e com a invenção da consciência veio o medo" (E. Drewermann, *Religião para quê?*, p. 93.).

[28] G. Kaufmann, *God the Problem*, apud J. L. Segundo, *Que mundo? Que homem? Que Deus?*, p. 383 e 439.

déu, que a experiência humana da alegria é justamente a experiência de vencer a dor. Se não agirmos, há pessoas que continuarão sofrendo. Quanto mais livres, criativos e amorosos nós formos, menos dor haverá. Como conquista; não graças a alguma sorte de magia.

O Deus *bricoleur* joga com o acaso

O parágrafo anterior pode não fazer jus à intricada espiral hermenêutica que sempre caracterizou a produção de nosso autor. Se chegou a tal conclusão, o leitor, por gentileza, coloque-a na conta deste *tradutor traidor* que lhe escreve. De fato, socorrendo-me na distinção proposta por Torres Queiruga, insisto em que não se pode confundir, nos textos de Segundo, o que é ponerologia com o que é pisteodiceia. O item anterior resume telegraficamente o que Segundo infere de recentes descobertas da astrofísica, a saber: o modo como o universo veio evoluindo, em suas dores de parto, até nós (*ponerologia*) pode ajudar-nos a intuir/compreender a relevância do papel humano nesse processo (*pisteodiceia*).

Creio que a postura segundiana perante o problema que se está enfrentando aqui possa ser mais bem elucidada nos itens seguintes. Por exemplo, em seu diálogo/confronto com os neodarwinistas. Aí nosso autor reforça de elementos analógicos sua particular concepção do amor como culminância de toda a criação.[29] Bate-se contra aquela concepção teórica que vê a seta evolutiva indo sempre em frente, poupando somente os melhores, em número cada vez menor. Concorda com os que afirmam justamente o contrário: de muito poucas espécies, simples e unicelulares, a natureza soube gerenciar uma diversidade sempre mais ampla, que intensificou a interdependência das espécies como preço para se escapar da extinção.

Ao contrário do que pensava Lamarck, as qualidades adquiridas não se tornam automaticamente hereditárias. Na realidade, elas não passam de uma

---

[29] Da inicial influência de T. de Chardin (*Evolução e Culpa*, v. 5 de: Teologia aberta para o leigo adulto), J. L. Segundo atinge uma elaboração mais complexa do tema em questão, graças ao contato com as obras do (polêmico) G. Bateson (ver, por exemplo: *O homem de hoje...*, principalmente o v. I; e *Que mundo?...*, principalmente p. 149-194). Para outros dados acerca de seu percurso intelectual, A. M. L. Soares (org.), *Juan Luis Segundo*; J. C. Coronado, *Livres e responsáveis*.

DE VOLTA AO MISTÉRIO DA INIQUIDADE

geração a outra sem o devido respeito ao fator tempo (acaso). Toda modificação rápida do código genético, ainda que para "melhor" – por exemplo, um tigre que adquirisse um pescoço de girafa e ampliasse seu raio de visão –, traz um amplo dano "ecológico" – por não saber lidar com o novo pescoço, esse mutante tigre-girafa seria presa fácil do predador. Portanto, a evolução deu-se através da combinação entre genética e acaso.[30] A descendência tem anomalias por acaso, à medida que vão aparecendo pequenas variantes imprevisíveis no código genético dos indivíduos. Entretanto, numa situação hipercrítica (de vida ou morte), em ambientes fechados, a anomalia "adquirida" (a mutação genética que foi capaz de sobreviver) tende a permanecer. Os normais morrem e os anormais cruzam entre si. Aí, sim, há um salto genético.

Contudo, pergunta-se o teólogo uruguaio, por que a evolução não regride ao desaparecer o perigo do ambiente? Por que, em vez de se voltar à situação homogênea anterior, a variedade adquirida permanece? E ele próprio responde, escorado em Wallace e Bateson: a lógica da evolução visa não somente a sobrevivência da espécie, mas antes certa "sobrevivência" cada vez mais "diferenciada", que produz seres com sínteses mais complexas e ricas de energia.[31]

Tradução disso na pisteodiceia segundiana: tudo segue como se o evoluir interessasse a "alguém". O Criador traçou um plano universal que chegasse até nós. Porém, o fez qual "um inventor *bricoleur*, a cuja mente um *acaso pré-determinado* vai oferecendo possibilidades".[32] Do momento em

---

[30] Ver o desdobramento teológico desse ponto na quarta parte ("O paradigma sincrético-evolutivo") de meu livro: *Interfaces da revelação*, p. 199-237.

[31] Se o escopo final da evolução fosse o "simples sobreviver", que estaríamos fazendo em um mundo recheado de animais notadamente mais capacitados do que o ser humano, quando se trata de superar problemas de ambiente e de duração da vida?

[32] J. L. Segundo, *Que mundo? Que homem? Que Deus?*, p. 477. Aliás, esse acaso nunca é "razão suficiente" ou "fonte de novidade por si só", nem é "sinônimo de caos" ou "fator de desordem na vida real", mas "somente pode existir, ser 'criador' [...] de 'novidade', *dentro* de um processo 'mental' [...] que aproveita sua passagem [a ocorrência do acaso cósmico] para obter seres ou funções mais complexas e ricas" (ibid., p. 471, 470, 474 e 475). Nos seus embates contra J. Monod, Segundo rechaça a teoria do acaso absoluto desse cientista, pois "o puro acaso tende à desordem" e não explica as regularidades comentadas, entre outros, por T. X. Thuan (ibid., p. 475). Porém, ele se aproxima de F. Jacob, que imagina uma natureza *bricoleuse* jogando com o acaso. A natureza [ou a "mente", ou "Deus"], em vez de ir direto ao fim almejado, vai tateando, reaproveitando criativamente o que estiver à mão (ibid., p. 182).

A HISTÓRIA ENTRE O ABSOLUTO MENOS E O ABSOLUTO MAIS

que surge a criatura inteligente, a criação passa para seu governo, e cresce o valor de sua finita liberdade. É como se o acaso – com tudo o que tem de belo e aterrorizador – se constituísse, por definição, em material criativo (ser, natureza) à disposição de alguém livre (pessoa, valores). Assim o quis Deus. Por desejar dialogar com um autêntico interlocutor, o Criador privou a si mesmo ("*kenosis* de amor") de intervir direta e imediatamente nas leis inerentes à evolução, a fim de que um sim casual desse interlocutor fosse realmente livre e criativo e não uma resposta meramente programada.[33] "A alma humana criadora desprende-se aos poucos dessa evolução que a prepara de forma lentíssima, por um acaso que nunca escapou das mãos amantes de Deus, para uma liberdade [...] tão autêntica quanto o amor divino que quis depender dela".[34]

Se parasse aqui, o argumento de Segundo não diferiria da lógica claudicante do argumento do preço da liberdade.[35] Mas ele prossegue, considerando a conjunção acaso-mal. O mal pode ser considerado a partir de duas direções: da natureza até o ser humano, e do ser humano até seu semelhante e a natureza como tal. A primeira direção colhe o *mal-que-nos-desafia*: é o *ainda-não-feito*, entregue à liberdade e à criatividade humanas. A segunda traz de volta à tona uma séria faceta do problema: a omissão. Nosso autor

---

[33] Ibid., p. 478-489.

[34] Ibid., p. 193.

[35] Como se sabe, o argumento de que Deus quis criar os seres humanos com livre-arbítrio e por isso o mal é inevitável, é duramente criticado por vários filósofos de reconhecida competência. Assim, por exemplo: J. Baggini & J. Stangroom (orgs.), *O que os filósofos pensam*, p. 108-110; 128-129; 137-147. Neste livro de entrevistas, R. Swinburne reafirma o argumento do livre-arbítrio ponderando que "a possibilidade de o mal ocorrer de forma inesperada é a condição necessária para que [os seres humanos] tenham uma livre escolha entre bem e mal" (p. 140). E tenta explicar que "Deus tem o direito de [nos] infligir sofrimento e que é justificável permitir algo de verdadeiramente terrível [em vista de] um bem maior" (p. 146). Não é fácil engolir esse raciocínio. Parece-me mais condizente com o Deus cristão a sugestão bíblica que me foi soprada por A. Gesché de que o ser humano também é, de alguma maneira, um enigma parcial para seu Deus – "Adão, onde estás?" (Gn 3,9), "Eva, que fizeste?" (Gn 3,13) –, o qual em nada se parece com o Zeus grego, cuja águia perscrutadora tem tudo sob sua vista e logo se abate sobre o ser humano. Por não querer que o ser humano lhe seja totalmente transparente, Deus os reveste com "túnicas de pele" (Gn 3,21), dando-lhes o direito de se esconderem (A. Gesché, *O sentido*, p. 139-178). A criação, com suas imponderáveis dores e eventuais alegrias, é consequência desse indizível respeito com que Deus nos defende contra sua santidade.

a explica servindo-se da já mencionada parábola dos talentos.[36] A graça do relato consiste justamente na analogia feita com o valor do dinheiro, que só vale quando o arriscamos, "perdendo-o" na compra de uma mercadoria. É o que se passa com a "Lei" recebida do Testamento hebraico: em si mesma, guardada a sete chaves, de nada serve. Daí a lição dos três homens da parábola. Dois deles encaram o empréstimo recebido como uma responsabilidade criadora. Já o terceiro servo, ao receber o seu tanto como um privilégio, preocupa-se apenas por conservá-lo intacto. Mesmo sabendo que o Senhor é duro e recolhe onde não semeou, prefere se omitir e não assume, com seu talento, os riscos e ambiguidades da história. Diz o texto que passa "um longo [e suficiente] tempo" antes que o Senhor volte. Porém, ao retornar, ele confirma ser duro e gostar de recolher onde "não" semeou. E isto porque os talentos distribuídos são um risco assumido por Deus.

> [Deus] colocou em nossas mãos algo que lhe interessa, com a terrível seriedade com que persegue o fim de todo o universo criado e a abolição ou desterro de toda a dor que ainda mora nele. E colhe isto através dos caminhos que a pessoa livre inventa e que o amor associa ao grande plano de Deus. *Quis necessitar* da liberdade humana de tal modo que o que esta deixa de fazer, por indolência ou egoísmo, não fará parte do novo céu e da nova terra que Deus quer construir, ou – dizendo-o melhor – "colher".[37]

Tudo isso é extremamente exigente para o ser humano, mas, como repetia Segundo em seus cursos, deve custar muito também a Deus. É fundamental também para o Criador que o ser humano use responsavelmente de sua liberdade. Deus, por assim dizer, "sofre" com isso. Apesar de, por sua natureza, ser presumivelmente isento dessa experiência, sua liberdade divina assim o quis. Deus está fora do tempo, mas, ao criar, aceita o tempo em si e "anseia" por saber a resposta do ser humano. Ele depende da resposta do interlocutor e precisa "ignorar" coisas da história. Caso contrário, não esperaria apaixonada e sofregamente pela nossa resposta. Se já a "soubesse", o jogo perderia a graça ainda antes do big boom! Seria – em seu mais pobre

---

[36] Ibid., p. 327-331.
[37] Ibid., p. 330.

sentido – predestinação. Toda a graça da vida, diz Segundo, é que podemos, quem sabe um dia, surpreender a Deus! E da "total"[38] solidão em que nos encontramos na história poderá brotar um sim livre e amoroso a Quem por primeiro nos amou. Um sim que implica a humanização das relações, tanto com nosso semelhante quanto com a natureza. E que, por isso mesmo, nos "diviniza". Em todo caso, e por pior que seja nosso uso da liberdade, até um "não" eventual ao Criador é melhor do que se omitir do desafio. A liberdade nunca é um risco em si mesma, conforme Segundo insistia sempre. O grande risco é o de nos desumanizarmos, à medida que formos atrofiando esta nossa legítima faculdade de fazer opções na história.

O que mais dizer desse inaudito projeto do Deus em quem os cristãos acreditamos? Talvez, com a poesia magistral de Ch. Péguy, seja ainda possível uma bela conclusão deste item:

> Quem ama se coloca, bem por isso, e somente por isso, na dependência [...] do ser amado. Este é o costume, esta é a lei comum. É fatal. Quem ama [...] depende do ser amado. Porém, esta situação, meu filho, é a que Deus *se fez a si mesmo, ao nos amar* [...]. Eis aí até onde se deixou conduzir por seu grande amor, eis aí onde se colocou, onde se deixou colocar [...]. Tanto é assim que deve temer e esperar até do último dos seres humanos [...]. É mister que espere o que quer que venha à mente do pecador. Até esse ponto chegou [...]. Nada pode fazer sem nós [...]. Criação de ponta-cabeça, criação ao contrário. O Criador depende agora de sua criatura. *Aquele que é tudo [...] depende, espera de quem não é nada. Aquele que tudo pode, espera daquele que nada pode [...], porque a este se entregou inteiramente [...]. Com toda a confiança.*[39]

---

[38] As aspas nessa "total" solidão se justificam. Em rigor, Segundo procura oferecer uma adequada compreensão do dogma da *providência divina* que estabeleça uma equilibrada distância entre Deus e a liberdade criadora do ser humano. Porque, "tanto um Deus *demasiado longe* como um Deus *perto demais* desumanizam a atuação humana, de modo mais ou menos sutil, mas eficaz" (ibid., p. 483).

[39] Ch. Péguy, apud ibid., p. 457. Itálicos de J. L. Segundo.

Rimando amor e dor

Da dor de amor livremente assumida por Deus, é preciso voltar à dor humana, tão difícil de ser positivamente assumida, já que, ao contrário do Criador, não tivemos nem temos, ao que parece, outra opção senão encará-la. Por bem ou por mal. Em um novo rodeio ponerológico, o teólogo uruguaio aplica sua díade – fé-ideologia – à metapsicologia freudiana.[40] Freud confessa, em um de seus livros,[41] sua preocupação com uma constante antropológica: a tendência a fazer cultura e, ao mesmo tempo, a insatisfação gerada por toda e qualquer cultura produzida. Segundo o acompanha nesta odisseia: decifrar qual "economia energética" usa o ser humano para descobrir as pessoas, a vida social e as peculiares satisfações que estas oferecem.

Atento à evolução psíquica do ser humano, Freud considera o egocentrismo que, desde a mais tenra idade, nos caracteriza. O bebê ("perverso polimorfo") não consegue, a princípio, se diferenciar do mundo exterior. O princípio do prazer (Eu-prazer: o prazer sou eu) choca-se com a descoberta do mundo exterior – princípio da realidade – e trata a realidade como inimiga de seu prazer. Daí ser a sensação primeira da criança a agressividade.

Pouco a pouco, vai-se constituindo no bebê uma espécie de *princípio-do-prazer-em-relação-com-a-realidade*. Ao franquear essa etapa, o bebê aprende a calcular a energia: para obter prazer é mister um "rodeio", ou certa conivência com a realidade, tirando assim alguma vantagem prazerosa do resultado final. Uma vez aprendida, a técnica de rodeio nos segue por toda a vida. Por exemplo: (1) Queremos que nos deem afeto (prazer); não queremos estudar (dor). (2) Pais e mestres exigem que estudemos (dor). (3) Estudamos (dor) e ganhamos o beneplácito dos outros (prazer mediado).

Eis aí o "rodeio" com a realidade permitido por nosso aparato psíquico. Ganhamos com isso *flexibilidade* (jogo de cintura) para lidar com o real – seja ele a natureza ou o próximo. Traduzindo em significantes teológicos, o pecado seria enrijecer-se diante do desafio ou da outra pessoa: deixar toda a decisão nas mãos dela ("maria vai com as outras") ou decidir tudo sozinho

---

[40] Ibid., p. 195-239. De forma mais sucinta, veja: id., *Evolução e culpa*, p. 34-38; id., *Graça e condição humana*, p. 40-42.

[41] S. Freud, *O mal-estar na civilização*, p. 65-148.

("tirano").[42] O amor, por sua vez, na bonita expressão de T. de Chardin, é "síntese de centros". Cada um respeita seu centro e o centro da outra pessoa. Não nos exigimos renúncias ou mutilações absurdas.[43] A rigidez é pretender, numa fusão, constituir um centro só. "A minha liberdade termina onde começa a do outro" pode ser uma grande asneira caso se entenda com isso que um dos centros deva ser anulado.

Porém, para chegar a essa ideia do cálculo energético representado pelo rodeio, Freud defronta-se com um enigma intrigante. Nossa espécie tem na união sexual o paradigma do máximo prazer. Entretanto, o homem "foge" da companheira e vai à busca de outros valores (clubes, rodas de amigos, pesquisa científica, livros...). Por que acontece tal "sublimação" ou busca de algo maior fora da satisfação sexual? Tal se deve a Eros (libido), responde Freud, ou seja, à busca da supersatisfação rumo a formas maiores de unificar a humanidade.

Que lógica rege esse processo? A princípio, Freud propõe uma dualidade instintiva no ser humano: a pulsão de autodefesa (agressividade) e aquela sexual. A dificuldade de bem entrelaçá-las leva-o a uma segunda explicação, monista: é a libido que rege ambas as pulsões (Ego e Eros), o que reduz toda a atividade psíquica a um puro narcisismo. Finalmente,[44] encontra sua melhor elaboração ao situar numa mesma base energética humana (libido) duas tendências contrárias: Eros e Thanatos, uma que tende a progredir e outra, a retroceder.

Esse voltar atrás de Thanatos rejeita as conquistas de Eros. Ele visa à satisfação sem rodeios que, em última análise, foi vivida no útero materno. O caráter repetitivo dos instintos, dirá Freud, é retrocesso [entropia, na interpretação proposta por Segundo] e leva à morte do adulto (infantilismo). Eros, em vez, é a criatividade dos "rodeios" em ação. Se estes chegarem a uma

---

[42] Segundo o comentário de J. Mateos e J. Barreto ao capítulo 21 do evangelho de João, os sete discípulos nada pescaram naquela "noite" porque estavam presos a uma relação viciosa de submissão de um grupo ("maria vai com as outras") a um "tirano" (Pedro). Só a conversão, no encontro com Jesus na praia, resulta em pescaria bem-sucedida e eucaristia (J. Mateos & J. Barreto, *El evangelio de Juan*, p. 888-904).

[43] E ninguém tem o direito de exigir tanto de nós. Nem mesmo Deus!

[44] E sem negar o caráter conservador da vida instintiva, que visa proteger o prazer a todo custo e cada vez mais.

custosa síntese de centros, estaremos – é a conclusão de Segundo – tocando o Ágape. Portanto, não passar de Eros a Ágape por temor à inevitável dor do processo, é repetição, retrocesso, morte. Significa voltar ao seio materno, e daí ao nada.

Sendo assim – conforme infere a pisteodiceia segundiana –, não faz sentido imaginar Eros isoladamente como o mal, por oposição a Ágape, o bem. Na verdade, Eros e Ágape são a mesma energia.[45] Ágape, no entanto, é uma possibilidade criadora de Eros, um grau a mais, uma articulação mais rica e superior da mesma base energética. Eros é o amor que deseja ser amado e que exige para isso um objeto. Ágape é o amor que se dá, que deseja amar alguém. Eros, portanto, não é idêntico a Ágape; mas Ágape inclui Eros. É a força mesma de Eros que me leva a Ágape. Se quero, pois, ser amado, ser centro (Eros) aprendo o Ágape (o centro é o outro).

Se Eros não é o "mal", onde está (se é que está) o mal e o que dizer das inevitáveis aproximações entre amor e dor? Segundo responde, citando o Freud de *O mal-estar na civilização*: "É que nunca nos achamos tão indefesos contra o sofrimento como quando amamos, nunca tão desamparadamente infelizes como quando perdemos o nosso objeto amado ou o seu amor".[46] Pretender proteger-se, nesse caso, é seguir rumo ao útero, à falta de amor, à morte. Com o que Segundo concorda plenamente: o lugar óbvio da dor é a felicidade de estarmos desprotegidos da mesma quando amamos.

Se fôssemos fiéis a essa lógica até o fim, poderíamos inferir – segundianamente – que a primeira pergunta da moral cristã deve ser: "No que isto contribui para a minha felicidade?". Afinal, só quem é (pretende ser) feliz amando aceita "preceitos" (dolorosos). Uma moral "do pecado", que dita de fora, não humaniza nem atrai.

Em suma, pelo que vimos até aqui, é forçoso concluir que a dor é o preço inevitável de uma liberdade a nós doada como condição da experiência humana do amor. A partir da articulação entre Eros e Ágape acima exposta, nota-se o acidentado e fatalmente doloroso caminho que nos leva do egocentrismo ao amor. Ou seja, "da estrutura centrada no Eu até o reconhecimento

---

[45] J. L. Segundo, *Que mundo? Que homem? Que Deus?*, p. 217-219.

[46] Ibid., p. 220. Ver S. Freud, *O mal-estar na civilização*, p. 90.

efetivo de outros centros que se incorporam – sem quebrar a tendência ao 'amor de si mesmo' – a sínteses pluripessoais e sociais".[47] Nosso autor tira dessa ponerologia freudiana algumas conclusões teológicas, sobretudo com respeito ao dogma da providência divina. Deus *é* e *não é*, ao mesmo tempo, o responsável pelo sofrimento humano. Enquanto Criador eterno de tudo quanto existe, Ele é o maior responsável não apenas de nossos sofrimentos, mas de nossa própria existência. Mas não o é no sentido monista de uma causalidade em linha reta ("se Deus quiser", "graças a Deus"). Nesse nível, embora a pregação de Jesus deixe claro que há muitas "criações" nossas que o *Abbá* detesta e chegue a se "afligir" com elas, Deus nem sequer pode impedir a dor, pois preferiu – conforme a teologia paulina – um universo incompleto em que a liberdade humana fosse decisiva. Não faria sentido sermos livres em um mundo já pronto de antemão, que nos reduziria a "peças indiferentes de uma máquina universal".

Esclarecer essa última afirmação é um dos desafios da teologia da libertação, a saber, "libertar Deus da responsabilidade direta de tudo o que acontece". Só depois disso pode-se afirmar – sem perigo de nos enredarmos de novo na armadilha de Epicuro – que Deus tenha querido a dor. Não porque ela tenha valor em si, mas porque, sem ela, ficaria na penumbra "a dimensão criadora, irrepetível e irreversível de nossa liberdade e responsabilidade".

Porém, o que dizer quando a realidade nos joga cruelmente no meio de *tsunamis* e outros temidos desastres que escapam a nossa responsabilidade? Segundo responde que o conhecimento das leis da evolução nos autoriza a investir nossa melhor energia para que tudo o que ainda hoje entre no cômputo do *mero-acaso-que-faz-sofrer* esteja, algum dia, sob o controle da solidariedade humana. "A dor de hoje é o motor do universo, porque é o estímulo de nossa responsabilidade criadora".[48]

E o que dizer de nossas relações com os semelhantes? Se está correto o caminho ponerológico que Segundo percorre com Freud, não se pode

---

[47] Ibid., p. 234. Para o que segue: p. 235-239.

[48] As aspas dos três últimos parágrafos vêm de: ibid., p. 236-237. Numa visão bastante afinada com J. L. Segundo, ao menos neste ponto específico, o jesuíta norte-americano R. Haight propõe uma devida distância entre a vontade *geral* de Deus, orientada ao bem de toda a humanidade e à própria história, e a criatividade e a vontade dos seres humanos, que geram eventos *específicos* à revelia de Deus (R. Haight, *An Alternative Vision*, p. 100).

conceber um amor profundo e satisfatório sem admitir que os envolvidos nessa relação eu-tu se exponham a uma dor no mínimo tão grande quanto o amor experimentado. Ofereço-me por inteiro, meu ser e meu afeto, à pessoa que amo esperando seu livre reconhecimento. A partir daí não posso mais submetê-la. Não tenho a última palavra sobre seu coração, seu bem-estar ou sua própria vida. E sofrerei terrivelmente sua inevitável perda. Eis a incrível graça de se descobrir, inerme, diante da dor.

Como, então – eis explicitada, mais uma vez, a pisteodiceia segundiana –, pretender de Deus uma criação em que o amor fosse infalivelmente feliz, e não se me exigisse o sair de mim mesmo para ir ao encontro de outro centro? Pedir a Deus a pessoa ideal, alguém que me ame sincera, impecável e eternamente, não é querer um "instrumento" (ideologia) sem capacidade de livre opção (fé) e de eventuais mudanças de opinião? Se for de fato uma "síntese de centros", um encontro de liberdades contingentes, o "amor infalível", dirá Segundo, "não é amor". Portanto, "a dor é a outra face do dom de si mesmo, sem reservas, gratuito, como é todo amor verdadeiro".[49]

Neste ponto, e antecipando-se a nova objeção, o próprio Segundo se (e nos) pergunta: por que Deus não nos poupa ao menos das dores que independem da liberdade da pessoa amada (catástrofes naturais, acidentes fortuitos, morte…)? Em resposta, ele mesmo pondera: pedir a Deus, simultaneamente, um mundo sem sofrimentos (*a-pathos*) onde ninguém seja responsável por algo relevante e decisivo, e depois pretender que as pessoas precisem umas das outras apaixonada (*pathos*), compadecida e compassivamente, é contraditório. O passeio pelas trilhas de Freud serviu justamente para mostrar que ninguém decide romper com sua estrutura egocêntrica – por meio de rodeios sempre mais complexos – se não perceber que necessita perdidamente dos demais. O contrário de uma liberdade sem dor não é a felicidade. É a indiferença.

O mal e o pecado como entropia

Até aqui se falou principalmente da dor inevitável, seja em virtude de nossa fragilidade congênita em meio aos demais elementos do cosmo, seja

---

[49] J. L. Segundo, *Que mundo? Que homem? Que Deus?*, p. 239.

em razão da penosa jornada desde o egocentrismo até o amor agápico. Porém, como explicar a dor voluntariamente impingida pelo ser humano a seus semelhantes? O que dizer da maldade? Do pecado? A doutrina do pecado original ainda carrega algum significado ou só ajuda a "embolar o meio-campo"? "Teria Deus perdido a partida que quis jogar, criando um ser como ele, com uma liberdade criadora à qual confiar o universo?"[50] Vejamos como nosso autor constrói sua pisteodiceia nesta questão.

A teologia dogmática cristã sempre viu no conhecido relato de Gênesis 3 uma explicação da culpa herdada por todo ser humano desde o nascimento. Hoje é sabido que devemos grande parte do sucesso dessa hermenêutica a uma insuficiente interpretação concebida por Agostinho. Ao que parece, devido a um erro de compreensão e tradução do original grego, o bispo de Hipona entendeu que Paulo afirmara, no quinto capítulo da carta aos Romanos, que todos nós tínhamos pecado *em* Adão. Segundo está convencido de que, na realidade, Paulo diz apenas que, de Adão até hoje, todo ser humano peca. Isso quer dizer que Adão inaugurou o "pecado" na humanidade apenas por ter sido o primeiro da fila, e não porque, tendo claro diante de si o caminho correto, tivesse preferido, nesciamente, a ladeira do mal e, com isso, inoculado em sua descendência esse vírus cego.[51] Mas essa constatação não impede Segundo de afirmar que o mito veterotestamentário esteja, de fato, alicerçado numa mentalidade fixista que entende a criação como algo já pronto, e pretenda desculpar a Deus pelo sofrimento embutido no mundo.[52] Portanto, se a dor não podia provir de um Deus bondoso, nem de um ser maligno que lhe fosse equipolente, o agente desordenador de tudo só poderia ter sido o ser humano.[53] E assim voltamos ao que já se disse sobre as teodiceias que antropologizam o mal (capítulo 4) e os mitos adâmicos que lhes dão suporte (capítulo 2).

---

[50] Ibid., p. 491.

[51] Ibid., p. 229, n. 31. Em todo caso, o trecho em questão (Rm 5) continua sendo árduo para a exegese. Sobre o equívoco de Agostinho, ver também J. I. González Faus, *Proyecto de hermano*, p. 329-333.

[52] Vide supra a terceira imagem do divino, apresentada na primeira metade do terceiro capítulo.

[53] J. L. Segundo, *Que mundo? Que homem? Que Deus?*, p. 65-66.

Hoje, no entanto, com os *insights* da teoria evolutiva (ainda não falseada pela ciência), Segundo crê não ser mais necessário o mito veterotestamentário do "pecado de Adão". Não precisamos dele para desculpar Deus pelo sofrimento que a criação traz consigo, pois já temos base suficiente para pensar, do ponto de vista teológico e dogmático, em um Criador que prefere deixar sua obra em aberto, a fim de engajar o ser humano como coprotagonista do processo.[54] E, embora outro mito genesíaco nos diga que Deus começou a "repousar" de sua obra criadora, mesmo assim, ele continua envolvendo-se na criação a nós confiada. Ou a responsabilidade criadora de nosso espírito não tem nele sua origem última? Além disso, a boa notícia da encarnação fala-nos de um Deus terno que anseia por sofrer conosco a dor do ainda não feito e dos poderes ainda não submetidos à energia do amor.

Pois bem, até a conclusão do parágrafo anterior a teologia contemporânea tem chegado com facilidade. Num panorama que inclui, entre outros, G. Martelet e M. Fraijó, nosso autor cita Torres Queiruga como um daqueles que vai mais a fundo nessa linha do "sofrimento solidário de Deus". De fato, como já discuti longamente no capítulo anterior, a apresentação feita por Torres Queiruga do Deus antimal está entre as mais arejadas da teologia contemporânea. Todavia, Segundo detecta nessas "teodiceias" uma importante limitação: ou se reduzem a "ser um longo pleito contra Deus, por não ter suprimido a dor, podendo-o fazer" (Fraijó) ou creem ser "suficiente justificativa desse sofrimento o fato de que o próprio Deus tenha querido sofrer com cada um de seus filhos (ou irmãos, se falamos do Filho) a dor dessa criação incompleta" e, bem por isso, "cruel".[55]

O problema que permanece em aberto – após nos termos desembaraçado da hermenêutica fixista do "pecado adâmico" e reconhecido a presença solidária de Deus conosco – pode ser assim sintetizado: "Por que somos pecadores pelo simples fato de sermos humanos?". Aqui já não se trata "de desculpar a Deus por uma criação aparentemente malfeita", mas "de que Deus, de certo modo, tem que dar conta de por que o homem é, *de entrada*,

---

[54] J. L. Segundo, *Evolução e culpa*, p. 77-87 (O pecado de origem da evolução). Uma tratação robusta e sistemática sobre o tema do pecado original pode ser encontrada, entre outros, em J. I. González Faus, *Proyecto de hermano*, p. 299-380.

[55] Ibid., p. 230-231. Segundo cita, de Torres Queiruga, o cap. 2 de *Recuperar a salvação*.

pecador".[56] Recebemos a vida de Deus como dom e fomos, assim, agraciados com a possibilidade de usar o poder criativo do amor (dimensão da fé e dos valores). Por que, então, fracassamos justamente ao lidar com os instrumentos colocados à nossa disposição nesta dimensão do mundo que já está criada (a dimensão da eficácia e da ideologia)? Este é o drama encarado por Paulo em sua epístola aos Romanos: até mesmo quando o espírito humano decide livre e criativamente pelo bem, uma outra lei, a dos membros, o empurra, com seus determinismos, a buscar o menor esforço (7,21-25).[57]

Numa ousada hermenêutica, nosso autor inova na teologia latino-americana ao articular a perspectiva paulina e a linguagem teológico-dogmática (*icônico*-axiológica) acerca do pecado com a linguagem científica (*digital*-ideológica) da evolução. Inspirado por um artigo seminal do jovem K. Rahner,[58] ele traça um paralelo entre a degradação energética no nível pré-humano da evolução (entropia) e aquela no nível humano (concupiscência),[59] chamando

---

[56] Ibid., p. 231.

[57] Segundo deteve-se longamente a interpretar as sutilezas de Paulo neste difícil ponto de sua doutrina. Ver id., *O homem de hoje diante de Jesus de Nazaré II/1*, p. 303-604. A passagem a que estou aludindo (Rm 7,14-25) é estudada por nosso autor nas p. 509-534. Em nova versão, com poucos retoques: *A história perdida e recuperada de Jesus de Nazaré*, p. 361-617; para o estudo de Rm 7,1-24: p. 538-571. Para as discussões das páginas seguintes, ver J. L. Segundo, *Evolução e culpa*, passim; *A história perdida e recuperada...*, p. 538-617; *Que mundo?...*, p. 491-529.

[58] Além da inspiração provinda de Rm 7, Segundo deve muito à concepção de concupiscência proposta pelo "jovem K. Rahner" em um artigo de 1941 (K. Rahner, Sobre el concepto teológico de concupiscência, p. 349-387). Nosso autor a retoma várias vezes, ao longo de suas obras, até o confronto final em seu último livro – *O inferno como absoluto menos* – cujo subtítulo, muito significativo, é "um diálogo com K. Rahner". Veja-se aí, por exemplo, sua sucinta "digressão sobre a 'concupiscência' na teologia de Rahner" (p. 128-131). Contudo, note-se também que, em seu *Curso fundamental da fé*, Rahner parece mudar de opinião a esse respeito (K. Rahner, *Corso fondamentale sulla fede*, p. 552-563).

[59] Para dizê-lo de forma sucinta, "a primeira lei da termodinâmica diz que a energia básica do universo permanece estável quantitativamente ao longo de toda a evolução (princípio da conservação de energia). A segunda lei diz que a energia se conserva, mas, quando atua, degrada-se. Existe uma tendência geral no universo para a homogeneidade completa, ou à degradação da energia – uma tendência para sínteses mais fáceis e imediatas. A evolução se realiza deslocando a energia de uma função para outra e concentrando-a. Em consequência, a energia é trabalhada por uma dupla tendência: degradação (ou entropia), quantitativamente majoritária e concentração (ou negaentropia), quantitativamente minoritária. Entre as duas tendências se dá, contudo, uma articulação em que a multidão dos menos aptos é utilizada como suporte necessário para o aparecimento de uma síntese superior: matéria inorgânica → matéria viva → sistema

De volta ao mistério da iniquidade

a entropia de concupiscência e a negaentropia de amor. O que faz a diferença nessa analogia com as leis da termodinâmica é a liberdade humana. A concupiscência é assim entendida como a tendência humana a ceder à lei do menor esforço, procurando sínteses mais fáceis e imediatas. Ela segue uma direção oposta à plena libertação humana. O pecado, nesse caso, é a opção (relativamente) livre pelo caminho mais fácil. Pecar é "conscientemente" desistir do jogo da evolução, não colaborando com o processo de humanização. Daí o pecado da omissão ser o mais grave de todos.

Se assim é, como se explica o fato de nunca se vencer totalmente na história a concupiscência (ou entropia)? Segundo responde que a entropia é momento indispensável da evolução, base para sínteses mais ricas e complexas. O que é chamado de mal, erro, dor ou sofrimento são momentos necessários do projeto criador divino que, "nestes últimos tempos", foi assumido pelo ser humano. O mal – o limite, a matéria, a história, a ambiguidade – é o contexto em que aprendemos a ser humanos e inventamos um mundo mais de acordo com nosso irrenunciável sonho de felicidade. Não se trata, então, de duas grandezas absolutas em confronto dualista, mas de uma construção que vai sendo erguida em um terreno simultaneamente hostil e propício.

Por conseguinte, todo amor que pudermos colocar na história por nós mesmos constrói-se sobre a base de nossos pecados e aqueles dos demais. A tendência entrópica é um condicionante que sempre acaba deixando às gerações futuras alguma importante tarefa a ser feita. O bem alcançado/realizado nunca é cumulativo a ponto de destruir o sentido apaixonante da história e seus problemas. Como dizia K. Rahner, nossa liberdade vai, aos poucos (e nunca cabalmente, na história), vencendo a concupiscência, quando "personaliza" nossa natureza.[60] Pecado e graça são, assim, concomitantes na história. Tudo quanto fazemos é uma mescla de amor com omissão, cumplicidade e pecado (Rm 7,25).[61]

Nesse caminho, nunca estamos diante de uma pura escolha entre o bem e o mal. Somos incapazes de ser completos, tanto no bem quanto no mal. A

---

nervoso → vida consciente humana" (A. G. Rubio, *Unidade na pluralidade*, p. 540-548. Aqui: p. 541).

[60] *Natureza* aqui é tudo aquilo que, em nós, é prévio à liberdade.

[61] J. L. Segundo, *Que mundo?...*, p. 233.

216

alternativa decisiva que se nos apresenta consiste em aproveitar ou não a oportunidade de uma síntese mais rica que o acaso põe diante de nós. A "escolha" do mal é seguir o caminho simplista, barato, retrocedendo na linha da humanização. Por outro lado, nunca brotam espontaneamente as soluções ricas do amor. Se quisermos investir nelas, teremos sempre que relegar ao domínio da entropia outras áreas de nossa existência. A questão crucial, portanto, não é como nos livrarmos em definitivo da entropia, da concupiscência ou da consciência de pecado; mas é saber em qual direção concentrar a melhor porção da energia que somos nós, a fim de não condenarmos ao "inferno" (à inutilidade) o projeto criador de Deus. Em suma, seguiremos desafiados a descobrir, em cada situação, época ou lugar, que sentido tem para as vítimas da história a esperada vitória desse projeto *bricoleur*.

No final das contas, a pisteodiceia segundiana não me parece tão longe — neste aspecto, ao menos — do que dizia G. K. Chesterton, em seu estilo irônico, acerca da doutrina do pecado original. Para ele, essa doutrina é "a única visão alegre" da vida humana, e a mais realista, pois nos recorda que "abusamos de um mundo bom, e não simplesmente caímos na armadilha de uma realidade (naturalmente) má" ou maliciosa.[62] Mas ainda é preciso ver onde tudo isso vai dar.

E que tudo o mais *não* vá para o inferno

> Nel mezzo del cammin di nostra vita
> mi ritrovai per una selva oscura
> che' la diritta via era smarrita.
> (Dante Alighieri, Inferno: Canto I)

Já que atravessei o livro inteiro falando de dor, sofrimento e pecado, vem bem a calhar concluí-lo no inferno. Não realmente nele, espero, mas considerando a dificuldade de abordar esse tema na reflexão dogmática contemporânea. De fato, como já tínhamos visto com Estrada e Torres Queiruga, os

---

[62] Extraí os excertos citados – *Autobiografia*, p. 175; e *Perché sono cattolico e altri scritti*, p. 136 – de: G. Bordero, G. K. Chesterton: l'avventura di un uomo vivo, p. 12 (http://www.parrocchia sangiuseppe.com/files/chesterton.pdf; último acesso: 26/08/2012).

DE VOLTA AO MISTÉRIO DA INIQUIDADE

escolhos já começam bem antes, quando se tenta equacionar alguns dogmas centrais da fé cristã (criação, providência divina, pecado original, encarnação e redenção) com as objeções típicas visadas pelas várias teodiceias.

Para completar e complicar o quadro, as imagens de uma vida futura vitoriosa sobre o sofrimento, a maldade e a morte terrena, nem sempre ajudaram a aliviar de maneira sadia as angústias do lado de cá. Tomemos como exemplo a visão escatológica popularizada pelo cristianismo ao longo de vários séculos. Como dormir tranquilos sabendo que, a qualquer momento, Deus poderia nos pegar desprevenidos, e nos arrebatar deste mundo para um destino eterno de torturas e suplícios infernais? Quantos sermões dominicais não incutiram uma miríade de escrúpulos nas pessoas, ameaçando-as com a inexorabilidade do fogo do inferno? Que estrago não foi feito na espiritualidade cristã quando se insistiu na imagem de um Deus severo, vingativo, injusto até, pois, poderia, a seu bel-prazer, escolher a hora de nossa morte, e assim nos predestinar ao céu ou às profundezas do abismo?

Ao longo da história da igreja cristã, o destino final da humanidade foi sempre entendido plasticamente através de duas configurações radicais e extremas: o inferno (frustração e condenação eternas) e o céu (o pleno desabrochar do ser humano). Hoje, os teólogos cristãos encontram-se tão cientes quanto embaraçados pelo dano causado por tais imagens na fé e na vivência das pessoas. Houve até uma tendência, nas décadas que se seguiram ao Vaticano II – detectada e combatida por nosso autor – a não se tocar muito no assunto, mas o fato é que, no fundo, continuamos querendo respostas para tais questões.[63] Não há, portanto, outra saída mais sensata senão encarar teologicamente os novíssimos.

Em seu último livro – *O inferno como absoluto menos*, publicado postumamente[64] –, Segundo volta à sua díade (fé-ideologia) para tentar elucidar o

---

[63] G. Mucci comenta essa "desteologização da atitude religiosa", a saber, a alegada mudança do discurso público da Igreja Católica: menos insistência no dogmático (pecado original, redenção, salvação) e mais reivindicação do monopólio da ética. Sai a doutrina da natureza decaída, entra uma espécie de "bioteologismo" que ressacralizaria a natureza a partir das ciências biológicas e das teorias da evolução (G. Mucci, L'inferno vuoto, p. 132-138).

[64] Segundo faleceu em Montevidéu a 17/1/1996. Sobre o título em português, esclareço que, embora o original espanhol trouxesse o título *El infierno; un diálogo con Karl Rahner* (Montevideo, 1997), ao preparar sua edição brasileira, pela qual fui responsável, achei melhor incluir já no

sentido em que os cristãos devem crer no dogma do inferno e, assim, resolver teoricamente o enigma de nossa destinação final. Já de início, deixa claro que não se podem confundir as explicações mais difusas entre as pessoas (mesmo entre bispos, padres e pastores) com aquilo que faz parte da genuína Tradição cristã. Em segundo lugar, convida-nos a ter presente que também a concepção cristã sobre nossa sorte após a morte passou por um seguro trabalho de precisão.

Por isso, nosso autor cerca-se de grande cuidado hermenêutico na utilização de textos bíblicos e de clássicas reflexões teológicas.[65] Quando, por exemplo, os evangelhos colocam na boca de Jesus expressões como "fogo que não se apaga" ou "geena", "verme que não morre", "trevas exteriores" e "ranger de dentes", isso não pode ser confundido com as descrições medievais sobre o inferno. Em nenhum lugar Jesus se serve de tais expressões para responder à pergunta sobre o que é o inferno. Todas as vezes que elas aparecem em seus discursos Jesus está explicando o que é que Deus ama ou odeia na conduta humana.

Isto posto, Segundo avança com prudência. É evidente que nenhuma dessas imagens bíblicas constitui uma descrição geográfica. Trata-se de uma linguagem simbólica que, como se sabe, quer nos passar um sentido, não uma informação científica.[66] Retomemos, por exemplo, a conhecida perícope do "Juízo Final", já comentada anteriormente (Mt 25,31-46). O centro da mensagem ali consiste em reconhecer qual é o critério do juiz divino, a saber, o amor concreto que as pessoas tiverem tido pelo próximo necessitado. O saldo final para os que insistirem na omissão ou nas más ações será "afastar-se de Deus" e "ir para o fogo eterno, nas trevas, com muito choro e ranger de dentes".

Detenhamo-nos um pouco nessa imagem. Ela comporta aspectos positivos e negativos. O positivo é valorizar o resultado das opções livres de cada ser humano. Quem não amou o irmão nesta vida, na realidade se afastou de Deus. Portanto, após a ressurreição final, presume-se que continuará

---

título a solução original encontrada por Segundo para repensar o dogma do inferno, ou seja, entendê-lo como "absoluto menos".

[65] Para o que segue, ver J. L. Segundo, *O inferno como absoluto menos*, p. 21-49.

[66] Sobre o desafio teológico da linguagem simbólica no dogma do inferno, ver ibid., p. 51-113.

afastado (do amor) de Deus. O defeito da imagem, porém, está em que, ao pretender trocar em miúdos o significado desse distanciamento de Deus, enverede por uma sequência de figuras (ser jogados no fogo, trevas, choro) que mais parecem castigos enviados por uma divindade vingativa. Seria, nos termos que estudamos antes, no capítulo 3, um retrocesso às duas primeiras etapas/imagens veterotestamentárias do divino.

O Apóstolo Paulo consegue evitar essa arapuca ao privilegiar outras imagens para falar do "Juízo Final" (1Cor 3,10-15). Ele admite que nossas ações na vida terrena são sempre uma mistura de bem e de mal. Não dá para separar os bons e os maus de forma absoluta e definitiva (Rm 7,25b). Só naquele "Dia" derradeiro se manifestará "o que vale a obra de cada um". Nossa obra nesta terra passará pelo fogo purificador, que destruirá o que tiver sido fruto do egoísmo e fará entrar na glória aquele cadinho de amor que vier de cada um de nós. Na perspectiva de Paulo, não está em jogo a vida eterna da pessoa, mas antes a perenidade de sua obra terrena.

O II Concílio Ecumênico do Vaticano acolhe essa visão paulina na *Gaudium et Spes* n. 39, quando insiste na ideia de que o sentido da história humana é colaborar com Deus em vista da nova terra e do novo céu, onde entrará tudo aquilo que, por amor, tiver sido gerado neste mundo. Porém, tal concepção já não estaria deixando para trás o conhecido dogma da condenação eterna? De fato, há, conforme a exposição de Segundo, pelo menos três fortes argumentos contrários à ideia popular de inferno.[67]

O primeiro argumento consiste na impossibilidade de identificar, ao longo de uma história de vida, quando, de fato, alguém disse um não plenamente consciente, livre e total a Deus. Hoje sabemos que nossas opções são condicionadas por várias circunstâncias e fatores, alguns deles até mesmo inconscientes. K. Rahner o explica de forma muito apropriada quando esclarece que a concupiscência não é, como explicava sarcasticamente o Barão de Holbach (1723-1789), uma "inclinação maldita que os homens têm, desde o pecado de Adão, por tudo aquilo que é capaz de lhes dar prazer"[68] e que, bem por isso, Deus teria proibido. Ela consiste na dificuldade de nossa liber-

---

[67]   Ibid., p. 115-164.

[68]   Barão de Holbach, *Teologia portátil*. Verbete "concupiscência", p. 74.

220

dade para concretizar qualquer desejo ou projeto, tanto para o bem quanto para o mal. Por causa da concupiscência, fruto da natural limitação humana, não conseguimos ser cem por cento bons nem totalmente maus.[69] Como diz o perplexo Riobaldo de *Grande sertão: veredas* a seu mudo interlocutor:

> Quem sabe direito o que uma pessoa é? Antes sendo: julgamento é sempre defeituoso, porque o que a gente julga é o passado. Eh, bê. Mas, para o escriturado da vida, o julgar não se dispensa; carece? Só que uns peixes têm, que nadam rio-arriba, da barra às cabeceiras. Lei é lei? Loas! Quem julga, já morreu. Viver é muito perigoso, mesmo.[70]

O segundo argumento a depor contra a concepção corriqueira de inferno traz um sabor paulino e diz respeito à vitória da graça redentora de Cristo. Segundo Paulo, quando estávamos na mais torpe condição a que pode chegar um ser humano, Deus veio em nosso socorro (Rm 5,6-10). Portanto, por numerosos que sejam os pecados que a humanidade vier ainda a cometer, nunca mais estaremos em uma situação pior do que aquela em que Deus nos achou ao decidir nos redimir. Que podemos temer, então?

---

[69] J. L. Segundo, *O inferno como absoluto menos*, p. 128-131. Como se viu no item anterior, para Segundo, a visão de concupiscência proposta por Rahner faz jus à dialética entropia-neguentropia da moderna termodinâmica. No entanto, convém registrar que tal entendimento da concupiscência remonta, pelo menos, a Tomás de Aquino, quando este afirma que "*concupiscentia est secundum naturam*" (a concupiscência é algo conforme a natureza (I-II, q. 82, a 3, ob 1) e, portanto, não é a mesma coisa que a experiência – não natural – da desarmonia original. Conforme González Faus, houve, contra Trento, um progressivo consenso teológico (acolhido depois no citado artigo de Rahner) no sentido de reivindicar a concupiscência como "um fato natural, bom em si mesmo, [...] um dado ambíguo, mas neutro, que poderá ser olhado como uma dificuldade a superar [...], mas não como um pecado", e que se deve precisamente à "superioridade do homem" com relação "*à suposta harmonia ou 'integridade estúpida' do animal*" (J. I. González Faus, *Proyecto de hermano*, p. 368-369).

[70] J. Guimarães Rosa, *Grande sertão: veredas*, p. 284-285. Em seu erudito estudo desta obra de Guimarães Rosa, H. Vilhena traça uma inspirada aproximação entre os titubeios de Riobaldo Tatarana nos julgamentos que lhe toca fazer e as dificuldades do poeta Dante para julgar as almas que encontra no Inferno. O ato de julgar é trágico: de um lado, há sempre "um grau de opacidade" no réu; de outro, "quem julga está sempre implicado no julgamento e, enquanto julga o outro, julga-se a si mesmo". Talvez, conclui Vilhena, o "Não julgueis" evangélico (Mt 7) não seja uma proibição, mas antes um alerta e uma pista de ação (H. V. de Araújo, *O roteiro de Deus*, p. 190-201; aqui: 191).

DE VOLTA AO MISTÉRIO DA INIQUIDADE

O terceiro argumento negativo analisado por Segundo apela para a pretensa felicidade eterna dos que entrarem na glória. A fé cristã garante que será salvo quem aprender a amar nesta terra, pois amar é experimentar já aqui a graça de Deus, e a graça já é o "começo da glória". Ora, quem ama se compadece do sofrimento dos irmãos. Como, então, poderia alguém que passou a vida se preocupando pelo bem do próximo ser eternamente feliz no céu, sabendo que muitos de sua gente estarão eternamente infelizes sob as penas do inferno? Por acaso, o céu eterno tornará tais pessoas insensíveis e indiferentes à dor alheia?

A favor da necessidade de uma condenação eterna colocam-se, em vez, dois argumentos igualmente poderosos.[71] O primeiro insiste no fato de que as pessoas vão tecendo livremente, ao longo da vida, algumas opções fundamentais. Estas estarão de tal modo entranhadas em seu íntimo que será penoso se desvencilhar de tais opções na Hora H. A condenação ou a bem-aventurança eternas apenas ratificarão o que elas realmente tiverem sido durante sua vida. O segundo argumento, que complementa o primeiro – e é defendido aguerridamente pelo Rahner do *Curso fundamental sobre a fé*[72] –, apela para a absoluta seriedade da liberdade. Esta pode ferir gravemente o próximo e ofender terrivelmente a Deus. Se, no final, Deus acabasse concedendo uma anistia ampla, geral e irrestrita a todos os pecadores, isso significaria que a história humana inteira, com seus tremendos sofrimentos, tragédias e injustiças, teria sido apenas um mero passatempo de Deus às nossas custas. Teremos sido nada mais que marionetes em suas divinas mãos.

Como sair desse aparente impasse sem ofender a genuína revelação cristã de Deus? Para dizê-lo com Segundo, "se as coisas são tais, qual é o máximo sentido que faz honra à liberdade humana? E, se essa liberdade, em sua máxima expressão, de algum modo e em certa medida, opta pelo mal, qual seria a máxima seriedade que resultaria de tal opção?".[73]

Primeiro, é preciso conceder a devida dose de razão aos argumentos pró e contra a eterna condenação. Entretanto, temos de ter cautela para não confundir teologia com biologia, física, geografia ou futurologia. A teologia

---

[71] J. L. Segundo, *O inferno como absoluto menos*, p. 165-216.

[72] K. Rahner, *Corso fondamentale sulla fede*, p. 562-563.

[73] J. L. Segundo, *O inferno como absoluto menos*, p. 216.

trabalha a partir de certezas de fé, e estas foram plasmadas em determinados contextos antropológico-culturais a fim de proporem um valor ou sentido último à existência humana.[74] Sendo assim, não se pode perder de vista que o cristianismo prega um sentido (um porquê) para nossa existência nesta terra que não pode estar em contradição com as figuras e símbolos utilizados para explicar tal mensagem. Qualquer imagem que passe a ideia do inferno como castigo ou vingança de Deus deve ser jogada fora.

O inferno, dizia-nos Segundo em seus cursos de Montevidéu, é uma tragédia para o próprio Deus. Por amor, Ele nos criou livres e jamais eliminará nossa liberdade. Sendo assim, respeitará nossa livre decisão contra ou a favor dele. O inferno será, então, fruto da obstinação de alguém contra Deus e contra tudo o que este símbolo representa. Será definitivo se alguém conseguir se manter para sempre na oposição ao reinado de Deus.

Mas será que alguém conseguirá resistir tanto assim ao amor divino? Quem quiser respondê-lo sem sair do marco compreendido pela teologia cristã só pode afirmar que cristão é todo aquele que deseja ardentemente o fracasso universal nessa tenebrosa prova de resistência. Foi o que H. U. Von Balthasar parece ter pretendido expressar na polêmica frase (que o obrigou a inúmeras e penosas retificações ulteriores): "Creio no inferno e espero que ele acabe vazio".[75]

Finalmente, quero recuperar o argumento da seriedade de nossas opções livres. Com certeza, Deus as leva a sério e sofre com e por elas. Porém, ele também sabe de que barro somos feitos, pois foi ele quem nos criou. Ele sabe que está em nós o dispositivo (providencial) da concupiscência que, se de um lado nos impede de sermos perfeitos como Deus, também nos impede de sermos totalmente maus. Assim, haverá sempre um quê de bondade a

---

[74] Além do texto de Segundo, levei em conta para esta discussão os seguintes livros: de C. Bazarra, *A esperança não engana*; A. Torres Queiruga, *O que queremos dizer quando dizemos "inferno"?*

[75] Von Balthasar esclareceu depois que esperança não é o mesmo que conhecimento. Portanto, a expressão de seu desejo não pretendia ir contra o magistério católico oficial, que condena a doutrina da apocatástase ou reconciliação universal da criação (H. U. von Balthasar, *Sperare per tutti*). G. Mucci resume a polêmica em torno do "inferno vazio" e sintetiza a posição do teólogo suíço em: L'inferno vuoto, p. 132-138 (Ou: http://chiesa.espresso.repubblica.it/articolo/200421). Último acesso: 23/08/2012.

DE VOLTA AO MISTÉRIO DA INIQUIDADE

ser resgatado do âmago de todo ser humano, pois, como nos dizia o teólogo uruguaio, o que há de vida divina no ser humano é indestrutível, irreversível e fiel.

E o que vai para o inferno, afinal? Nas palavras de Torres Queiruga, o inferno é "a 'condenação' do mal que há em cada um de nós". A ele se destinará tudo aquilo que não for fruto do amor e não resistir ao "fogo" do Juízo. Porém, como dizia o Apóstolo Paulo, o ser humano "pessoalmente se salvará, mas como alguém que escapa do fogo" (1Cor 3,15) a fim de que seja incorporado à nova terra e ao novo céu mesmo o último ou o mais pecador dos seres humanos.[76]

De sua parte, no capítulo final de *O inferno como absoluto menos*,[77] Segundo oferece-nos uma solução um pouco mais trabalhada e, por sinal, coerente com a pisteodiceia que, de certo modo, permeia toda a sua obra. Ele começa por nos recordar de que toda revelação escatológica baseia-se numa experiência antropológica, e que esta só é acessada através da consideração simultânea das duas linguagens ou ordens que regem a existência humana: a do sentido (valores) e a da eficácia (modelos).

De um lado, o ser humano cria sentido e faz do *dever-ser* um absoluto (de sentido), subordinando-lhe qualquer outro bem. De outro, o poder real e transformador dessa opção absoluta não indica que o ser humano tenha colocado a totalidade do ser ou da causalidade a serviço desse valor ou sentido. Portanto, uma antropologia realista deve admitir para o ser humano uma liberdade que vai de um *absoluto menos* para um *absoluto mais*, onde "absoluto" está para a ordem do sentido e "menos/mais" para a ordem do ser ou da causalidade. Entenda-se, então, que, neste caso, um absoluto na ordem do ser ou da causalidade só Deus o pode ser.

Ora, diz Segundo, todos os atos maus (e bons) são opções finitas (na ordem do ser), tanto mais quando versam sobre um Ser Infinito. Sendo infinito, Deus só pode ser um valor absoluto para o ser humano de forma indireta, por intermédio de outro ser finito. É por isso que só ama a Deus (infinito) quem ama o irmão (seu semelhante). Olhando do outro extremo, por ser sempre

---

[76] A. Torres Queiruga, *O que queremos dizer quando dizemos "inferno"?*

[77] J. L. Segundo, *O inferno como absoluto menos*, p. 217-253.

limitado, o pecado humano, por mais grave que seja, é diferente de um não total a Deus. O pecado faz perder no novo céu de Deus e na nova terra dos homens e mulheres *algo finito*, mas de *absoluto valor*. Portanto, o (dogma do) inferno deve ser entendido como "o absoluto menos", isto é, o absoluto que, em vez de criar e construir amor, constitui o extremo setor "menos" de nossas opções, sempre limitadas e finitas (jamais um não total do ser humano).

Essa linha de raciocínio lembra de perto a pregação do chamado Petit-Pierre, contemporâneo de Voltaire, e que foi por este lembrado numa de suas famosas *Cartas*. Esse pregador, conta o iluminista, acreditava no grande estrago causado pelo pecado de Adão e Eva, mas "não engolia que nós fôssemos queimados para sempre por causa disso". Ele até admitia alguns milhares de anos de purgação, mas achava "que era impossível [...] que a falta momentânea de um ser finito fosse castigada com uma pena infinita, porque o finito é zero em relação ao infinito".[78]

Para dizê-lo iconicamente, com uma imagem que tem voltado mais de uma vez neste livro, só no final o fogo do juízo destruirá o que tiver sido "feito" pelo egoísmo para que subsista nos "novos céus e nova terra" apenas o que se deveu ao amor (1Cor 3,10-14). Em linguagem mais *digital*, somente a meta-história deixará clara "a diferença qualitativa existente entre o que escapou à nossa liberdade (em parte por culpa nossa) e o que passará, definitivamente, a fazer parte da história criada pelo ser humano, em colaboração com a que Deus criou por si mesmo".[79]

Eis aí, portanto, a aposta genuinamente cristã a que nos convida a teologia do projeto de J. L. Segundo: um dia cada ser humano descobrirá quão grandiosa ou medíocre foi sua obra histórica, uma vez separada definitivamente de tudo aquilo que consistiu em pecaminosa concessão à lei do menor esforço.

---

[78] Voltaire, Questões sobre os milagres, Carta XIV, p. 104, n. 3.

[79] J. L. Segundo, *O inferno como absoluto menos*, p. 233.

Confissão final

> No ir – seja até aonde se for – tem-se de voltar;
> mas, seja como for, que se esteja indo ou voltando,
> sempre já se está no lugar, no ponto final.[1]

"Depois de ter passado algum tempo nas profundezas mais obscuras do pessimismo contemporâneo, senti um forte impulso interior para me rebelar, fugir do pesadelo e jogar fora a opressão. Mas já que ainda estava pensando nisso e me libertando sozinho, e a filosofia pouco me servia e a religião não me dava uma verdadeira ajuda, inventei para mim uma teoria mística rudimentar e artificiosa. Era substancialmente esta: o simples fato de existirmos, reduzido a seus limites mais simples, é tão extraordinário que acaba sendo estimulante. Tudo era magnífico, se comparado ao nada".[2]

Essa confissão de Chesterton me permite fechar em "U" a parábola iniciada no Introito com a ironia da comédia de Jó. Esse sábio fictício da lendária Uz é *Iov*, o homem que grita. Seu clamor, porém, é já apelo esperançoso de se desvencilhar do mal. Anotei, logo nas primeiras páginas deste livro, ser quase pleonástica a aproximação entre a teologia da libertação e a teodiceia. Mas na verdade o ligame não é tão automático. Se excluirmos desse último termo todo discurso que não couber na especulação filosófica que teve em Leibniz um marco e em Epicuro o lendário patrono, via Lactâncio, o discurso teológico liberacionista passará ao largo. A proposição de Epicuro é sabidamente uma cilada e o projeto leibniziano de liquidá-la teoricamente tem suscitado, como vimos, rechaço e admiração em igual medida até nossos dias. O Deus defendido por Leibniz, mas sobretudo o divino dialético imaginado por Hegel, deu azo[3] a uma legitimação tão cruel da maldade e da

---

[1]   J. Guimarães Rosa, Cara-de-Bronze, p. 163.

[2]   G. K. Chesterton, *Autobiografia*, p. 93.

[3]   Talvez até contra a vontade desses geniais pensadores.

dor que só restaria a Deus, como disse Stendhal, a desculpa de não existir.[4] No entanto, os clamores dos Jós e Lázaros de ontem e de hoje, embora não caibam na teodiceia nem na teologia – pois, como se viu antes, Segundo considerava os discursos de Jó como apenas "meia teologia"[5] –, continuam sendo as urgências que de fato contam.

Só isso bastaria para manter a novidade da teologia da libertação, que segue relevante, com ou sem mídia, com ou sem apoio eclesiástico. Vimos o apreço que pensadores como A. Gesché tiveram pelo inestimável legado intelectual que essa corrente teológica ofereceu ao pensamento crítico ao levar em conta teórica e praticamente o mal-desgraça, o mal imerecido, e dar testemunho da solidariedade em favor do sofredor inocente.

Todavia, também houve críticas de simpatizantes, que viam nesses escritos lacunas ou mesmo resquícios do passado na abordagem das injustiças e do sofrimento (o culpabilismo exacerbado, o justicialismo, a "posse pacífica" de Deus etc.). "Como é possível", perguntava-se M. Fraijó, "que uma teologia tão familiarizada com o mal e o sofrimento humano não questione jamais a atuação de Deus em seu continente? Por que dão sempre como pressuposto que Deus é libertador?".[6]

Assumi a procedência da crítica e levantei a hipótese de que uma reflexão teórico-teológica alimentada pela sensibilidade ao mal-desgraça e pelo engajamento em ações políticas de combate a quaisquer modalidades de exclusão sairia enriquecida se não temesse checar até as últimas consequências seus postulados. Mas deve ficar claro que a teologia da libertação só é criticável pelo que deixou de avançar, e não por ter ido longe demais. Nesse sentido, os atuais revisionismos e retrocessos em vigor principalmente no âmbito da Igreja Católica precisam ser analisados com cautela, pois talvez dependam mais do desconhecimento de algumas fontes cristãs, de certo oportunismo sombrio e/ou da tão humana tibieza perante o Evangelho de Jesus.

---

[4]   Nietzsche, de onde tiro a alusão à espirituosa frase, confessou invejar Stendhal por ter inventado esse chiste antes dele (F. Nietzsche, *Ecce Homo*, p. 53-54).

[5]   J. L. Segundo, *Que mundo? Que homem? Que Deus?*, p. 268.

[6]   M. Fraijó, *Fragmentos de esperança*, p. 320-321.

No primeiro degrau do trajeto, retomei a riqueza e relevância da linguagem simbólico-icônica como elemento de composição e transmissão das teodiceias populares. Subterraneamente, alimentou na apresentação da pluralidade de narrativas míticas – que, a seu modo, ajudam as sociedades a forjarem verdadeiras ecologias sociais (J. L. Segundo) – uma feliz ideia que vi defendida, pela primeira vez, por O. Espín: as religiões populares são nutridas por uma autêntica epistemologia do sofrimento, tecendo consistentes redes epistemológicas, cujos nodos abrigam quatro categorias – crenças, expectativas éticas, ritos e experiências, por sua vez moldadas na experiência social e histórica das comunidades.[7] A fiação dessas redes são os relatos míticos, cujo papel consiste em pontuar ou nortear os acontecimentos da vida de modo a que façam sentido e nos ajudem a nos localizar ao longo da existência.

A opção pela mitografia do mal na versão de P. Ricoeur comungou do pressuposto desse filósofo e hermeneuta de que só se pode tentar compreender essas "figuras dolorosas do involuntário" (finitude, culpabilidade, mal) à luz da liberdade humana. Daí a importância dos mitos como invenções que nos ajudam a converter em sentido a realidade que nos submerge.[8] Ricoeur argumenta terem sido os gnósticos a tentar fazer desse problema uma questão especulativa que, bem por isso, precisaria ser respondida com ciência (gnose). Encarar o mal como algo substancializado a ponto de torná-lo equivalente a nossa própria natureza ou condição humana parece nos brindar com uma razoável área de conforto. Como se os gnósticos dissessem: "Já que a surra é inevitável, relaxo e aproveito" (pois, ao menos, sei "quem" está batendo). Decidida a combater a gnose, a teologia cristã acabou usando das mesmas armas da adversária e elaborou uma conceitualização de cunho também gnóstico. É o problema do conceito de pecado original: uma motivação antignóstica vestida de um enunciado quase gnóstico. Ricoeur descarta esse "pseudoconceito", não sem antes reconhecer que talvez seja a monstruosidade mesma do mal que experimentamos (o insuportável mistério da iniquidade) a razão da perene força da tentação gnóstica.[9]

---

[7]   O. Espín, *A fé do povo*, p. 237-267.

[8]   J. M. Gagnebin, Uma filosofia do *cogito ferido*: Paul Ricoeur, p. 165.

[9]   P. Ricoeur, *O conflito das interpretações*, p. 266.

Aí está o mérito de Agostinho, diz Ricoeur. Ele postula uma visão puramente ética do mal, na qual o ser humano é integralmente responsável. O mal resulta da liberdade humana. Todo mal é mal cometido ou mal sofrido. Mesmo que restasse apenas isso como legado de Agostinho às gerações futuras, não seria pouco. Nisso vê Ricoeur o valor de se reencontrar a significação do símbolo do mal expresso no mito adâmico. O mito adâmico revela ao mesmo tempo o seguinte aspecto misterioso do mal: "cada um de nós o inaugura", mas também "cada um de nós o encontra já aí, nele, fora dele, antes dele". Quando "a consciência [...] desperta para a [...] responsabilidade, o mal está já aí".[10]

No entanto, com a sensibilidade atiçada pelos demais tipos de mitos do mal – preciosos rudimentos da epistemologia da dor, conforme aludimos acima – podemos concordar com Ricoeur quando este admite que a visão ética do mundo (típica do mito adâmico) não diz tudo. Nas suas palavras: "De um lado, o mal entra no mundo tanto quanto o ser humano o põe", de outro "o ser humano só o põe enquanto cede ao assédio do adversário". Como já intuíam as narrativas teogônicas e mesmo as trágicas, "ao pôr o mal, a liberdade [se descobre já] vítima de outro" anterior.[11]

Nesse ponto já caminhávamos para as considerações do pensamento filosófico, que se mostrava disposto a todo custo a pôr ordem nas ambivalências da expressividade mítico-icônica. O que vimos foi de novo a deposição das armas, agora da filosofia. O que restou? A área é minada, mas fez sentido para mim a sugestão que S. Neiman recuperou de H. Arendt: tratemos o mal como algo sério, embora terrível e dolorosamente banal. Para além da busca e punição dos devidos responsáveis – que naturalmente só podem estar no banco dos réus quando o estrago já tiver sido perpetrado –, importa pôr na mira e direcionar a ação política não simplesmente visando à(s) intencionalidade(s), mas antes e principalmente às "desintenções" ou rotinizações dos papéis sociais – algo na linha do que Segundo já pusera em

---

[10] Ibid., p. 279. Diziam os Padres da Igreja: "O mal não é em si, ele é nosso. O mal não é ser, mas fazer" (ibid., p. 268).

[11] Ibid., p. 24.

baila no final do século passado, ao tratar da "dialética divina de massas e minorias" rumo à libertação.[12]

Mais: como dizia R. Panikkar, o mal é impermeável à razão e ao juízo, e não há forma de eliminá-lo usando um *contramal*. Aqui deixamos a filosofia: "A *reconciliação*", diz ele, "é a única forma eficaz de superar o mal", o qual "só pode ser transformado pelo coração". De que isso não é nada fácil dá testemunho o mesmo autor: "Só Deus pode perdoar"; portanto, "quem foi capaz de perdoar, certamente encontrou a Deus".[13]

Não é o mesmo declarar a ininteligibilidade do mal (Panikkar) e sua banalidade (Arendt, Neiman), mas o que têm em comum tais afirmações é a pertença a uma fila que vai de Kant aos existencialistas do século XX e que preconiza o fracasso ou a impossibilidade (Estrada) da teodiceia clássica. Esse fracasso reabre a porteira do mito, cuja função é congregar-nos em torno dos males comuns e, no consolo que proporciona, ativar nossa resiliência às intempéries da vida.

A filosofia tem seu papel quando nos ajuda a desbastar a área, eliminando as más explicações; a ciência faz o que pode para diminuir o sofrimento humano. O outro tanto é com a política – que pouco fará se os filósofos recuarem na tarefa de salvaguardar o pensamento ético e não propuserem questionamentos de fundo aos agentes políticos (Neiman). Enfim, obtínhamos desse modo o passaporte para considerar algumas tentativas teológicas contemporâneas de repensar a visão cristã do mistério da iniquidade.

Como nos ensinaram os mitos e a literatura de todos os tempos, a realidade do sofrimento e da morte foi sempre um espinho para nós humanos. Prova inconteste de nossa pequenez, em confronto direto com nossa ambição de poder e perenidade. A origem e a sobrevivência das religiões até hoje têm muito a ver com o esforço homérico de resolver o enigma de nossa existência. Só um deus pode dar algum sentido a tudo isso, pensa o religioso. Mas, de outra parte, sempre restaria a deus a alternativa de não existir. O mundo continuaria a ser o que é, e nós prosseguiríamos em busca de uma vida mais plena, vencendo algumas vezes, fracassando outras tantas. Deus, porém, ao

---

[12] J. L. Segundo, *Massas e minorias na dialética divina da libertação*.

[13] R. Panikkar, *Ícones do mistério*, p. 197 e 205.

De volta ao mistério da iniquidade

menos escaparia do embaraço de precisar nos julgar no final do expediente. Ou pior: de ter de se explicar!

Eu já admiti antes que não havia nenhuma originalidade na escolha do tema aqui enfrentado. Mas um teólogo cristão não pode se desviar indefinidamente do assunto, sob pena de acabar falando às pessoas firulas pomposas que não tocam o nervo salvífico da fé: quem nos salvará deste mundo tão belo quanto irredento?

A tremenda realidade do sofrimento sempre exige passagem, cedo ou tarde, queiramos ou não. Sabemos que não se pode esmorecer na luta contra os poderes malignos, mas também ansiamos por um mínimo de razoabilidade antes e durante a batalha. Por isso, fui buscar o socorro das coisas que não existem (Valéry), ensaiando uma prévia mitografia do mal. Ao menos para ficar sabendo que mitos e ritos ancestrais, filosofias e espiritualidades tradicionais, têm-nos ensinado, pelos séculos afora, a recusar o mal e manter pacientemente o que Freud já chamara de pulsão de vida. Este esforço pavimentou o caminho subsequente, que tentou seguir, em grandes linhas as idas e vindas da teologia contemporânea com relação ao mistério da iniquidade.

Se o leitor pôde compreender melhor o estado atual da questão, já estamos no lucro. Mas, caso queira seguir viagem após fechar o livro – o que eu recomendaria vivamente –, sugiro que o faça numa dúplice abordagem, que me parece complementar, a literatura e a teologia. Sobre a literatura, deixo-lhe as palavras com que J. M. Gagnebin sintetiza o *"cogito* ferido" de Ricoeur: "Somente a arte da narração [pode] nos reconciliar, ainda que nunca definitivamente, com as feridas e as aporias de nossa temporalidade – marca inequívoca de nossa morte e finitude e, portanto, de nossa incapacidade em dar de nós mesmos outras imagens e outros conceitos que as formas efêmeras da história".[14] Com relação à teologia, esteja atento a três aspectos importantes que não podem ser menosprezados por uma teodiceia afinada com a sensibilidade do século XXI. O tipo específico de pensamento que se convencionou chamar de teologia da libertação – em qualquer parte do mundo onde esteja sendo produzido – nada perderia se levasse em consideração os seguintes resultados:

---

[14]   J. M. Gagnebin, *Lembrar escrever esquecer*, p. 172.

1) As lucubrações filosóficas jamais saciarão a angústia e a ansiedade humanas, que só poderão repousar numa experiência transcendental que nos escapa à razão, mas, ao mesmo tempo, tem na razão um poderoso antídoto para o fideísmo. J. A. Estrada e S. Neiman nos ajudaram nesse desbastar o terreno, embora tenha restado a impressão de que o projeto do autor espanhol não solucionou bem a passagem, algo abrupta, da constatação da miséria da teodiceia para a afirmação da excelência da pregação jesuano-cristã.

2) A modernidade força o espírito humano a descrer de ilusões arcaicas e onipotências divinas abstratas para recolocá-lo em contato consigo mesmo e com suas impossibilidades estruturais. Só assim se poderá chegar a um cristianismo efetivamente moderno, adulto, responsável que não fica mais paralisado à espera de um "deus" capaz de enquadrar nossos círculos. Torres Queiruga vem fazendo um vigoroso esforço nas últimas décadas para defender que, no cômputo geral, não cabe outra atitude de nossa parte senão a esperança – *dum spiro spero*.[15] Os pressupostos de sua teologia da revelação, a saber, a intensa vontade divina de se aproximar e a opacidade de nossa condição humana resolvem-se na sua concepção maiêutica, que aposta no caminho de suor e sangue com que acontece a revelação. No entanto, resta a pergunta: que espaço a teologia dará às pisteodiceias dissonantes? No caso específico da teologia do "sul", que lugar ocuparão as epistemologias de sofrimento que vêm sendo elaboradas e narradas por nossos povos? O sistema deste teólogo galego talvez não reconheça em dose suficiente o lugar epistemológico de primeira grandeza dessas outras narrativas, mas tem o mérito de pavimentar uma longa via para o diálogo norte-sul.

3) Por fim, aprendemos com J. L. Segundo que o cristão adulto é simplesmente o ser humano agora consciente do processo evolutivo que, numa combinação de ordem e acaso, o trouxe até onde está: uma criatura espiritualizada, dotada de inteligência e liberdade, que já assumiu o comando da evolução. O mal é nossa omissão pecaminosa diante do preço da liberdade, é aquilo que ainda escapa de nossas

---

[15] *Enquanto respirar, espero.*

mãos criativas, é tudo o que está à disposição de nossa argúcia para as sínteses cada vez mais complexas e amorosas que construiremos juntos quais *sinergòi* da Trindade. O pitoresco da proposta segundiana é que consiga ser, ao mesmo tempo, o autor, dentre os aqui estudados, que menos sistematizou uma reflexão sobre o mal – nada que se compare aos esforços de Ricoeur, Torres Queiruga, Neiman e Estrada –, mas acaba se revelando extremamente ousado na abordagem oferecida. De fato, suas incursões pela física, genética, psicanálise, astrofísica etc., sem falar no raro cabedal exegético de que se serve para a sistematização teológica, tentam-no, a meu ver, a triscar o descomedimento (a *hybris*) – se é que posso dizê-lo nesses termos. Em vários trechos de sua argumentação fica uma impressão de que o mal esteja tranquilamente acomodado no propósito maior do Criador como estratégia para nos provocar a crescer e participar. Nesse sentido, a contribuição de Torres Queiruga nos ajuda a evitar essa ultrapassagem. No fundo, porém, ambos estão muito próximos, apenas se diferenciando na maneira como justificam sua esperança.

Na primeira vez que estudei a visão de Segundo sobre o mal, escrevi um artigo intitulado: "O mal existe. Que bom!?".[16] Havia uma intenção jocosa no título – como lidar com a iniquidade sem apelar para o humor –, mas, no fundo, ela deixava transparecer um incômodo que me acompanhava na leitura de Segundo naquela ocasião. Hoje o desconforto é mais consciente e estou mais convencido de que aquele antigo título seja, de fato, um sucinto resumo da pisteodiceia segundiana. Considerar o mal como "material criativo" à disposição de um ser livre, pessoal pode funcionar enquanto pensamos na pedra no meio do caminho, na natureza a ser manuseada para nos alimentar, agasalhar e proteger. Mas não é fácil ver propósito em certos males escandalosos, completamente absurdos e excessivos. Não há explicação da pedagogia divina que justifique certas escabrosidades de que podemos ser vítimas ou algozes (ou ambas as coisas). Por sorte, Segundo nunca sistematizou suas intuições a respeito, o que, talvez, tivesse atiçado ainda mais sua tendência a não precisar contar com o mistério da iniquidade. Mas o saldo de seu esforço é uma impressionante apologia de que estarmos vivos nesse

---

[16] A. M. L. Soares, O mal existe. Que bom!?, p. 2-11.

imenso universo é uma graça incomensurável, por mais breve que seja nossa estada por aqui. *Nisso* eu concordo com o mestre.

Enfim, é prudente interrompermos logo o percurso. Referindo-se a obras literárias, Chesterton dizia que, "seguramente, o maior elogio com que podemos gratificar este ou qualquer outro livro é julgá-lo muito curto. Esse defeito é a mais elevada de todas as perfeições possíveis".[17] Aqui não se trata de literatura, por enquanto, mas é conveniente seguir o ilustre conselho.

> Deus é difícil.
> Mas é bonito demais.[18]

---

[17] G. K. Chesterton, *O tempero da vida e outros ensaios*, p. 64.

[18] A. Prado, *Entrevista* ao Programa Sarau, canal Globo News, agosto de 2011.

Referências

Agamben, G. *Profanações.* São Paulo: Boitempo, 2007.

Alcaraz, R. C. A fé poética dos crentes literários. *IHU on-line*, 251, 17/3/2008, p. 14-16.

Alves, R. *Protestantismo e repressão.* São Paulo: Ática, 1979.

_____. *Da esperança.* Campinas: Papirus, 1987.

_____. *O suspiro dos oprimidos.* São Paulo: Paulinas, 1994.

Aquino Jr., F. de. *Teoria teológica, práxis teologal*; sobre o método da teologia da libertação. São Paulo: Paulinas, 2012.

Arana, A. I. *Para compreender o livro do Gênesis.* São Paulo: Paulinas, 2003.

Araújo, H. V. de. *O roteiro de Deus*; dois estudos sobre Guimarães Rosa. São Paulo: Mandarim, 1996.

Assmann, H. *Reencantar a educação*; rumo à sociedade aprendente. 8. ed. Petrópolis: Vozes, 1998.

Baines, J. Sociedade, moralidade e práticas religiosas. In: Shafer, B. E. (org.). *As religiões no Egito Antigo*; deuses, mitos e rituais domésticos. São Paulo: Nova Alexandria, 2002. p. 150-244.

Balancin, E. M. Decálogo: educação para a libertação e para a vida, *Vida Pastoral* 23/103, 1985, p. 2-3.

Barros, M. de. *Poesia completa.* São Paulo: Leya, 2010.

Bateson, G. *Pasos hacia una ecología de la mente*; una aproximación revolucionaria a la autocomprensión del hombre. Buenos Aires/México: Carlos Lohlé, 1976.

_____. *Mente e natura*; un'unità necessaria. 5. ed. Milano: Adelphi, 1989.

Bazarra, C. *A esperança não engana*; reflexões sobre o inferno. São Paulo: Paulinas. 2001.

Benedetti, P. De. *Quale Dio?* Uma domanda dalla storia. 2. ed. Brescia: Morcelliana, 1997.

Berger, P. L. *O dossel sagrado*; elementos para uma teoria sociológica da religião. São Paulo: Paulus, 1985.

Bingemer, M. C. L. (org.). *Violência e religião*; cristianismo, islamismo, judaísmo, três religiões em confronto e diálogo. Rio de Janeiro/São Paulo: Puc-Rio/Loyola, 2001.

_____. Crer depois do 11 de setembro de 2001 (atualidade da violência nas três religiões monoteístas). In: M. S. Pereira-L. & A. Santos (orgs.). *Religião e violência*; em tempos de globalização. São Paulo: ABHR-Paulinas, 2004. p. 99-135.

Birman, P.; Novaes, R.; Crespo, S. (orgs.). *O mal à brasileira.* Rio de Janeiro: Eduerj, 1997.

Bobbio, N. *Elogio da serenidade e outros escritos morais.* São Paulo: Ed. Unesp, 2002.

Boécio. *La consolación de la filosofía.* 3. ed. Madrid: s.n., 1964.

Boff, L. *Paixão de Cristo, paixão do mundo.* Petrópolis: Vozes, 1977.

Bonder, N. *A alma imoral*; traição e tradição através dos tempos. Rio de Janeiro: Rocco, 1998.

_____. *Tirando os sapatos*; o caminho de Abraão, um caminho para o outro. Rio de Janeiro: Rocco, 2008.

Borges, J. L. *Obras completas* II. Barcelona: Emecé, 1996.

Brandão, J. de S. *Mitologia grega*. v. III. 9. ed. Petrópolis: Vozes, 1999.

Caillé, A. *Antropologia do dom*; o terceiro paradigma. Petrópolis: Vozes, 2002.

Campbell, J. *O poder do mito*. São Paulo: Palas Athena, 1990.

_____. *O herói de mil faces*. São Paulo: Cultrix/Pensamento, 1993 (ed. orig.: 1949).

_____. *As transformações do mito através do tempo*. São Paulo: Cultrix, 1993.

_____. *Isto és tu*; redimensionando a metáfora religiosa. São Paulo: Landy, 2002.

_____. *Mitologia na vida moderna*. Rio de Janeiro: Rosa dos Tempos, 2002.

Campbell, J. & Boa, F. *E por falar em mitos...* Campinas-SP: Verus, 2004.

Camus, A. *O mito de Sísifo*. Rio de Janeiro: Record, 2004 (ed. orig.: 1942).

_____. *A peste*. Rio de Janeiro: BestBolso, 2008 (ed. orig.: 1947).

_____. *A queda*. Rio de Janeiro: BestBolso, 2007 (ed. orig.: 1956).

Canobbio, G. *Dio può soffrire?* Brescia: Morcelliana, 2005.

Cavedo R. Libro Sacro. In: *Nuovo Dizionario di Teologia*. Milano: Paoline, 1987.

Ceñóz, O. T. Evolución, determinismo y azar, *Conferencia en el Instituto de Investigaciones Biológicas Clemente Estable*, Montevidéu, 1994, mimeogr.

Ceresko, A. R. *A sabedoria no Antigo Testamento*; espiritualidade libertadora. São Paulo: Paulus, 2004.

Chesterton, G. K. *I racconti di padre Brown*. 10. ed. Milano: Paoline, 1985.

_____. *Autobiografia*. Casale Monferrato: Piemme, 1997.

_____. *Ortodoxia*. São Paulo: Mundo Cristão, 2008.

_____. *O tempero da vida e outros ensaios*. Rio de Janeiro: Graphia, 2010.

Chittister, J. *Para aprofundar o creio*. São Paulo: Paulinas, 2008.

Ciancio, C. *Del male e di Dio*. Brescia: Morcelliana, 2006.

Comblin, J. *Cristãos rumo ao século XXI*; nova caminhada de libertação. São Paulo: Paulus, 1996.

Comte, F. *Os heróis míticos e o homem de hoje*. São Paulo: Loyola, 1994.

Comte-Sponville, A. *O espírito do ateísmo*; introdução a uma espiritualidade sem Deus. São Paulo: Martins Fontes, 2007.

Coronado, J. C. *Livres e responsáveis*; o legado teológico de J. L. Segundo. São Paulo: Paulinas, 1998.

Croatto, J. S. *As linguagens da experiência religiosa*; uma introdução à fenomenologia da religião. São Paulo: Paulinas, 2001.

Crossan, J. D. A ressurreição do Jesus histórico. In: Nogueira, P. A. de S. & Machado, J. (orgs.). *Morte e ressurreição de Jesus*; reconstrução e hermenêutica – um debate com John Dominic Crossan. São Paulo: Paulinas, 2009. p. 27-43.

_____. *Jesus, uma biografia revolucionária*. Rio de Janeiro: Imago, 1995.

_____. *O nascimento do cristianismo*; o que aconteceu nos anos que se seguiram à execução de Jesus. São Paulo: Paulinas, 2004.

REFERÊNCIAS

De Benedetti, P. *Qohelet, un commento*. Brescia: Morcelliana, 2004.

Drewermann, E. *Religião para quê?*; buscando sentido numa época de ganância e sede de poder – em diálogo com Jürgen Hoeren. São Leopoldo: Sinodal, 2004.

Eagleton, T. *On evil*. New Haven: Yale Univ. Press, 2010.

Ehrman, B. D. *O problema com Deus*; as respostas que a Bíblia não dá ao sofrimento. Rio de Janeiro: Agir, 2008.

Eliade, M. *O mito do eterno retorno*. Lisboa: Edições 70.

_____. *Mitos, sueños y misterios*. Buenos Aires: s.n., 1961.

_____. *Mito y realidad*. Madrid: s.n., 1968.

_____. *História das crenças e das ideias religiosas*. t. 1, v. 1, 2. ed. Rio de Janeiro: Zahar, 1983.

_____. *O sagrado e o profano*; a essência das religiões. São Paulo: Martins Fontes, 1992.

Espín, O. *A fé do povo*; reflexões teológicas sobre o catolicismo popular. São Paulo: Paulinas, 2000.

Estrada, J. A. Pueblo de Dios. In: Ellacuria, I. & Sobrino, J. *Mysterium liberationis*; conceptos fundamentales de la teología de la liberación. v. II, Madrid: Trotta, 1990. p. 175-188.

_____. *Dios en làs tradiciones filosóficas*; I: aporías y problemas de la teología natural. Madrid: Trotta, 1994.

_____. *Imagens de Deus*; a filosofia ante a linguagem religiosa. São Paulo: Paulinas, 2007.

_____. *A impossível teodiceia*; a crise da fé em Deus e o problema do mal. São Paulo: Paulinas, 2004.

Evans, G. R. *Agostinho sobre o mal*. São Paulo: Paulus, 1995.

Flew, A. *Deus existe*; as provas incontestáveis de um filósofo que não acreditava em nada. São Paulo: Ediouro, 2008.

Fraijó, M. *Fragmentos de esperança*; notas para uma filosofia da religião. São Paulo: Paulinas, 1999.

_____. *Satanás em baixa*. São Paulo: Loyola, 1999.

_____. *A vueltas con la religión*. 2. ed. Estella: Verbo Divino, 2000.

_____. *O cristianismo*; uma aproximação ao movimento inspirado em Jesus de Nazaré. São Paulo: Paulinas, 2002.

_____. *Dios, el mal y otros ensayos*. 2. ed. Madrid: Trotta, 2006.

Freud, S. *O mal-estar na civilização*. In: Obras completas, v. 21. Rio de Janeiro: Imago, 1995, p. 65-148.

Gagnebin, J. M. *Lembrar escrever esquecer*. São Paulo: Ed. 34, 2006.

Galindo, J. A. *El mal; el optimismo soteriológico como vía intermedia entre el pesimismo agnosticista y el optimismo racionalista*. Bilbao: s.n., 2001.

Gesché, A. La teología de la liberación y el mal. *Selecciones de Teología* 33, 1994, p. 83-98.

_____. Topiques de la question du mal. *Revue Théologique de Louvain* 17, 1986, p. 393-418.

_____. *O mal*. São Paulo: Paulinas, 2003 (col. Deus para pensar).

_____. *O sentido*. São Paulo: Paulinas, 2005 (col. Deus para pensar).

Gevaert, J. *El problema del hombre*. Salamanca: Sígueme, 1984.

_____. Male. In: Pacomio, L. (org.). *Dizionario Teologico Interdisciplinare*, v. 2, Torino: Marietti Ed., 1977. p. 434-442.

González Faus, J. I. *Proyecto de Hermano*; visión creyente del hombre. 2. ed. Santander: Sal Terrae, 1991.

_____. Um prólogo que também não o é. In: Segundo, J. L. *O dogma que liberta*; fé, revelação e magistério dogmático. 2. ed. São Paulo: Paulinas, 2000.

Gray, J. *Cachorros de palha*; reflexões sobre humanos e outros animais. Rio de Janeiro: Record, 2005.

Grenzer, M. *Salmo 1*. São Paulo: Paulinas, 2004.

_____. *Análise poética da sociedade*; um estudo de Jó 24. São Paulo: Paulinas, 2005.

Guimarães Rosa, J. *Grande sertão: veredas*. 19. ed. Rio de Janeiro: Nova Fronteira, 2001.

_____. *No Urubuquaquá, no Pinhém*. 9. ed. Rio de Janeiro: Nova Fronteira, 2001.

_____. *Primeiras estórias*. 1. ed. especial. Rio de Janeiro: Nova Fronteira, 2005.

Gutiérrez, G. *Falar de Deus a partir do sofrimento do inocente*. Petrópolis: Vozes, 1986.

Haight, R. *An Alternative Vision*; an interpretation of liberation theology. New York: Paulist Press, 1985.

Haught, J. *Deus após Darwin*; uma teologia evolucionista. Rio de Janeiro: José Olympio, 2003.

Hick, J. *A metáfora do Deus encarnado*. Petrópolis: Vozes, 2000.

Holbach, Barão de. *Teologia portátil ou dicionário abreviado da religião cristã*. São Paulo: Martins Fontes (selo Martins), 2012.

Hösle, V. Estratégias de teodiceia em Leibniz, Hegel e Jonas. In: Oliveira, M. & Almeida, C. (org.). *O Deus dos filósofos modernos*. Petrópolis: Vozes, 2002. p. 201-222.

Hume, D. Investigação acerca do entendimento humano (1777). In: *Hume: Vida e Obra*. São Paulo: Nova Cultural, 1999. p. 17-154. (col. Os Pensadores).

Jaeger, W. *La teología de los primeros filósofos griegos*. 6. reimpr. México: FCE, 2003.

Jiménez Limón, J. Sufrimiento, muerte, cruz y martirio. In: *Mysterium Liberationis* II. Madrid: Trotta, 1990. p. 477-494.

Jonas, H. *Pensar sobre Dios y otros ensayos*. Barcelona: Herder, 1998.

Jossua, J. P. ¿Repensar a Dios después de Auschwitz? *Razón y Fe* 233, 1996, p. 65-73.

Jung, C. G. *Resposta a Jó*. 4. ed. Petrópolis: Vozes, 1996.

Kant, I. *Crítica da razão pura*. Rio de Janeiro: Edições de Ouro, 1971.

Keleman, S. *Mito e corpo*; uma conversa com Joseph Campbell. São Paulo: Summus, 2001.

Kelly, J. F. *The problem of Evil in the Western Tradition*. Collegeville: The Liturgical Press, 2001.

Kern, W. La creación como presupuesto de la Alianza en el Antiguo Testamento. In: *Mysterium Salutis* II/1. Madrid (1969): p. 490-584.

Kovadloff, S. *O irremediável*; Moisés e o espírito trágico do judaísmo. Rio de Janeiro: José Olympio, 2005.

Kushner, H. S. *Que tipo de pessoa você quer ser?* Rio de Janeiro: Sextante, 2004.

_____. *Quando tudo não é o bastante*. São Paulo: Nobel, 1999.

Lafont, G. *História teológica da Igreja católica*; itinerário e formas da teologia. São Paulo: Paulinas, 2000.

Leeming, D. *Do Olimpo a Camelot*; um panorama da mitologia europeia. Rio de Janeiro: Jorge Zahar, 2004.

Leloup, J.-Y. *O corpo e seus símbolos*; uma antropologia essencial. 6. ed. Petrópolis: Vozes, 1999.

Lévinas, E. *De Deus que vem à ideia*. Petrópolis: Vozes, 2002.

Lévi-Strauss, C. *Antropologia Estrutural I*. Rio de Janeiro: Tempo Brasileiro, 1976.

Lewgoy, B. (org.) O mal revisitado. *Debates do NER* – IFCH/UFRGS, ano 4, n. 4, 2003.

Lipovetsky, G. *A sociedade pós-moralista*; o crepúsculo do dever e a ética indolor dos novos tempos democráticos. Barueri: Manole, 2005.

_____. *A felicidade paradoxal*; ensaio sobre a sociedade de hiperconsumo. São Paulo: Companhia das Letras, 2007.

Lurker, M. *Dicionário de figuras e símbolos bíblicos*. São Paulo: Paulus, 1993.

Maffesoli, M. *A parte do diabo*; resumo da subversão pós-moderna. Rio de Janeiro: Record, 2004.

Martins, P. H. (org.). *A dádiva entre os modernos*; discussão sobre os fundamentos e as regras do social. Petrópolis: Vozes, 2002.

Mateos, J. & Barreto, J. *El evangelio de Juan*. 2. ed. Madrid: Cristiandad, 1982.

Medina, E. La questión del mal en el pensamiento de J. L. Segundo. In: *Surcos*, 28/08/92, mimeogr.

_____. *El sentido cristiano de la esperanza y su relación con la historia y la espiritualidad*; planteamiento, fundamentación y sistematización de acuerdo con el pensamiento de J. L. Segundo. Madrid: Universidad Pontifícia Comillas de Madrid, 1995.

Miles, J. *Deus, uma biografia*. São Paulo: Companhia das Letras, 1997.

Mucci, G. L'inferno vuoto. *La Civiltà Cattolica*, 3788, 2008, p. 132-138.

Mumma, H. *Albert Camus e o teólogo*. São Paulo: Carrenho Editorial, 2002.

Negri, A. *Jó, a força do escravo*. Rio de Janeiro: Record, 2007.

Neiman, S. *O mal no pensamento moderno*; uma história alternativa da filosofia. São Paulo: Difel, 2003.

Nietzsche, F. *Ecce Homo*; de como a gente se torna o que a gente é. Porto Alegre: L&PM, 2003.

Nogueira, C. R. F. *O diabo no imaginário cristão*. São Paulo: Ática, 1986.

Nogueira, P. A. de S. & Machado, J. (orgs.). *Morte e ressurreição de Jesus*; reconstrução e hermenêutica – um debate com John Dominic Crossan. São Paulo: Paulinas, 2009.

Novaes, A. *Poetas que pensaram o mundo*. São Paulo: Companhia das Letras, 2005.

O'Collins, G. *Teologia Fondamentale*. Assisi: Queriniana, 1989.

Oellmüller, W. No callar sobre el sufrimiento. Ensayos de respuesta filosófica. In: Metz, J. B. (ed.) *El clamor de la tierra*; el problema dramático de la teodicea. Estella: Verbo Divino, 1996. p. 83-84.

Panikkar, R. *Ícones do mistério*; a experiência de Deus. São Paulo: Paulinas, 2007.

Pareyson, L. *Dostoievski*; filosofia, romance e experiência religiosa. São Paulo: Edusp, 2012.

Pikaza, X. *Dios es Palabra*; teodicea cristiana. Santander: Sal Terrae, 2003.

Platão. *A República*. São Paulo: Nova Cultural, 1999.

Pondé, L. F. *Guia politicamente incorreto da filosofia*. São Paulo: Leya, 2012.

Popper, K. R. *A lógica da pesquisa científica*. São Paulo: Cultrix, 1975.

Prado, A. *Bagagem*. 24. ed. Rio de Janeiro: Record, 2007.

Prandi, R. *Mitologia dos orixás*. São Paulo: Companhia das Letras, 2001.

_____. *Segredos guardados*; orixás na alma brasileira. São Paulo: Companhia das Letras, 2005.

Precht, R. D. *Quem sou eu? E, se sou, quantos sou?* uma aventura na filosofia. São Paulo: Ediouro, 2009.

Prévost, J.-P. *Dizer ou maldizer seu sofrimento*; as tramas do livro de Jó. São Paulo: Paulinas, 1997.

Rahner, K. *Corso fondamentale sulla fede*; introduzione al concetto di cristianesimo. 4. ed. Roma: Paoline, 1984.

_____. Sobre el concepto teológico de concupiscencia. In: *Escritos de teología I*. 5. ed. Madrid: Cristiandad, 2000. p. 349-387.

Reis, A. M. dos (Pai Cido de Òsun Eyin). *Candomblé*; a panela do segredo. São Paulo: Mandarim, 2000.

Ricoeur, P. *Finitud y culpabilidad*. Madrid: Taurus, 1991.

_____. *O mal*; um desafio à filosofia e à teologia. Campinas-SP: Papirus, 1988.

_____. *O conflito das interpretações*; ensaios de hermenêutica. Porto: Rés, 1988.

Robertson, D. A. & Polzin, R. (eds.). *Semeia 7: Studies in the Book of Job*. Missoula, MT: Society of Biblical Literature, 1977 (http://www.rbsp.info/rbs/RbS/JOB/sem00.html).

Rocha, E. *O que é mito*. 5. ed. São Paulo: Brasiliense, 1991.

Rubio, A. G. *Unidade na pluralidade*. 2. ed. São Paulo: Paulus, 1991.

Ruiz De La Peña, J. L. *La muerte*; destino humano y esperanza cristiana. Madrid: F. S. María, 1983.

Salis, V. D. *Mitologia viva*; aprendendo com os deuses a arte de viver e amar. São Paulo: Nova Alexandria, 2003.

Santos, J. E. dos. *Os nàgô e a morte*; pàde, àsèsè e o culto égun na Bahia. 3. ed. Petrópolis: Vozes, 1984.

Schwantes, M. *Projetos de esperança*; meditações sobre Gênesis 1–11. São Paulo: Paulinas, 2002.

Segato, R. L. O candomblé e a teologia. In: Anjos, M. F. dos (org.). *Experiência religiosa*; risco ou aventura? São Paulo: Paulinas, 1998. p. 75-84.

Segundo, J. L. *A concepção cristã do homem*. Petrópolis: Vozes, 1971.

_____. *A história perdida e recuperada de Jesus de Nazaré*; dos Sinóticos a Paulo. São Paulo: Paulus, 1997.

_____. *Ação pastoral latino-americana*; seus motivos ocultos. São Paulo: Loyola, 1978.

_____. As duas teologias da libertação. Entrevista em *Sedoc*, 14, p. 541-550, 1982.

REFERÊNCIAS

_____. As elites latino-americanas: problema humano e cristão em face da mudança social. In: VV.AA. *Fé cristã e transformação social na América Latina*. Petrópolis: Vozes, 1977. p. 80-188.

_____. *As etapas pré-cristãs da descoberta de Deus*; uma chave para a análise do cristianismo (latino-americano). Petrópolis: Vozes, 1968 (coautoria: Sanchis, J. P.).

_____. Camilo Torres, sacerdocio y violencia. *Víspera*, 1, p. 71-75, 1967.

_____. Capitalismo – socialismo: crux theologica. *Concilium*, 96, p. 776-791, 1974.

_____. Comunicação: teologia e ciências sociais. In: ibid., p. 252-262.

_____. *Concepción Cristiana del Hombre*. Montevideo: Mimeográfica Luz, 1964.

_____. Conversão e reconciliação na perspectiva da moderna teologia da libertação. *Perspectiva Teológica*, 13, p. 163-178, 1975.

_____. *Curso de Cristologia e Escatologia*. Ministrado em Montevidéu, 25-30/jul./1994.

_____. *Curso de Eclesiologia e Evolução do Dogma*. Ministrado em Montevidéu, 1-8/ago./1993.

_____. *Da sociedade à teologia*. São Paulo: Loyola, 1983.

_____. Desarrollo y subdesarrollo: polos teológicos. *Perspectivas de Diálogo*, 43, p. 76-80, 1970.

_____. Diagnóstico político de América Latina. *Mensaje*, 115, p. 656-661, 1962.

_____. Diálogo e teologia fundamental. *Concilium*, 6, p. 91-101, 1969.

_____. Direitos humanos, evangelização e ideologia. *REB*, 37, p. 91-105, 1977.

_____. Disquisición sobre el misterio absoluto. *Rev. Latinoamer. de Teología*, 6, p. 209-227, 1985.

_____. El cambio dentro de la teología Latinoamericana. *Cuadernos de Teología*, 6/4, p. 7-20, 1985.

_____. *Etapas precristianas de la fe*; evolución de la idea de Dios en el Antiguo Testamento. Montevideo: Mimeográfica Luz, 1964.

_____. Evangelización y humanización: progreso del Reino y progreso temporal. *Perspectivas de Diálogo*, 41, p. 9-17, 1970.

_____. Hacia una exegesis dinámica. *Víspera*, 3, p. 77-84, 1967.

_____. Hacia una Iglesia de izquierda? *Perspectivas de Diálogo*, 32, p. 35-39, 1969.

_____. Igreja do povo ou para o povo. In: VV.AA. *Pastoral popular libertadora*. Rio de Janeiro: PUC--Rio/Dait, 1981. p. 101-114.

_____. *La cristiandad, una utopía?*, v. 1: Los hechos, v. 2: Los principios. s.l.: s.n., 1964.

_____. La opción por los pobres como clave hermenéutica para entender el Evangelio. *Sal Terrae*, 74, p. 473-482, 1986.

_____. Liberación: fe e ideologia. *Mensaje*, 208, p. 248-255, 1972.

_____. *Libertação da teologia*. São Paulo: Loyola, 1978.

_____. Libertad y liberación. In: Ellacuria, I. & Sobrino, J. *Mysterium liberationis*; conceptos fundamentales de la teología de la liberación. Madrid: Trotta, 1990. p. 373-391. v. I.

_____. Los caminos del desarrollo político latinoamericano. *Mensaje*, 115, p. 701-701, 1962.

_____. *Massas e minorias na dialética divina da libertação*. São Paulo: Loyola, 1975.

_____. Nota sobre ironias e tristezas: que aconteceu com a teologia da libertação em sua trajetória

DE VOLTA AO MISTÉRIO DA INIQUIDADE

de mais de vinte anos? *Perspectiva Teológica*, 37, p. 385-400, 1983.

_____. *O caso Mateus*; primórdios de uma ética judaico-cristã. São Paulo: Paulinas, 1997.

_____. *O dogma que liberta*; fé, revelação e magistério dogmático. 2. ed. São Paulo: Paulinas, 2000.

_____. *O homem de hoje diante de Jesus de Nazaré*. São Paulo: Paulinas, 1985. v. I. Fé e Ideologia; v. II/1. História e atualidade: Sinóticos e Paulo; v. II/2. As cristologias na espiritualidade.

_____. *O inferno como absoluto menos*; um diálogo com Karl Rahner. São Paulo: Paulinas, 1998.

_____. Perspectivas para uma teologia latino-americana. *Perspectiva Teológica*, 17, p. 9-25, 1977.

_____. *Que mundo? Que homem? Que Deus?* aproximações entre ciência, filosofia e teologia. São Paulo: Paulinas, 1995.

_____. Revelación, fe, signos de los tiempos. In: ibid., p. 443-466.

_____. Riqueza y pobreza como obstáculos al desarrollo. *Perspect. de Diálogo*, 32, p. 54-56, 1969.

_____. *Teologia aberta para o leigo adulto*. São Paulo: Loyola, 1976-1977. 5 v.: Essa comunidade chamada Igreja; Graça e condição humana; A nossa ideia de Deus; Os sacramentos hoje; Evolução e culpa.

_____. *Teología abierta*. 2. ed. rev. e ampliada, Madrid: Cristiandad, 1983-1984. v. I: Iglesia–Gracia; II: Dios–Sacramentos–Culpa; III: Reflexiones críticas.

_____. *Teologia da libertação*; uma advertência à Igreja. São Paulo: Paulinas, 1987.

_____. Un nuevo comienzo. *Víspera*, 2, p. 39-43, 1967.

Shafer, B. E. (org.). *As religiões no Egito Antigo*; deuses, mitos e rituais domésticos. São Paulo: Nova Alexandria, 2002.

Soares, A. M. L. Entre o absoluto menos e o absoluto mais: teodiceia e escatologia. In: *Dialogando com Juan Luis Segundo*. São Paulo: Paulinas, 2005. p. 175-214.

_____. *Interfaces da revelação*; pressupostos para uma teologia do sincretismo religioso no Brasil. São Paulo: Paulinas, 2003.

_____ (org.). *Juan Luis Segundo*; uma teologia com sabor de vida. São Paulo: Paulinas, 1997.

_____. *No espírito do Abbá*; fé, revelação e vivências plurais. São Paulo: Paulinas, 2008.

_____. O diálogo inter-religioso: a contribuição de Torres Queiruga. In: Caamaño, X. M.; Castelao, P. *Repensar a teoloxía, recuperar o cristianismo*; homenaxe a Andrés Torres Queiruga. Vigo (Espanha): Galaxia, 2012. p. 158-167.

_____. O mal existe. Que bom!? Intuição teológica contemporânea a respeito do mal, da dor e do pecado, a partir da obra de J. L. Segundo. *Vida Pastoral*, 189 (1996): 2-11.

_____. Um diálogo de vida e morte: discernindo o exegeta e o teólogo em J.-D. Crossan. In: Nogueira, P. A. de S. & Machado, J. (orgs.). *Morte e ressurreição de Jesus*. São Paulo: Paulinas, 2009. p. 151-164.

_____. & Vilhena, M. A. *O mal*; como explicá-lo? São Paulo: Paulus, 2003.

Sófocles. *Édipo rei*. Porto Alegre: L&PM, 1998.

REFERÊNCIAS

Solomon, R. C. *Espiritualidade para céticos*; paixão, verdade cósmica e racionalidade no século XXI. Rio de Janeiro: Civilização Brasileira, 2003.

Souza, R. C. de. *Palavra, parábola*; uma aventura no mundo da linguagem. Aparecida: Santuário, 1990.

Swinburne, R. *Is there a God*. New York: Oxford Univ. Press, 2010.

Tamez, E. *Bajo un cielo sin estrellas*. San Jose, Costa Rica: DEI, 2001.

Thuan, T. X. Entrevista a Neda El Khazen, em *Correo de la UNESCO*, (1994, maio): 4-7; 50.

_____. *La mélodie sécrète*. Paris: Fayard, 1989.

_____. *O agrimensor do cosmo*; entrev. a E. Blattchen. São Paulo/Belém: Ed. Unesp/Ed. Uepa, 2002.

Tilley, T. W. *The Evils of Theodicy*. Washington, Georgetown University Press, 1991.

Tillich, P. *História do pensamento cristão*. São Paulo: Aste, 1988.

Torres Queiruga, A. *A revelação de Deus na realização humana*. São Paulo: Paulus, 1995 (*A revelación de Deus na realización do home*. Vigo: Galaxia, 1985).

_____. ¿Repensar a Dios después de Auschwitz? *Razón y Fe* 233, 1996, p. 65-73.

_____. A teologia a partir da modernidade. In: Neutzling, I. (org.), *A teologia na universidade contemporânea*. São Leopoldo: Unisinos, 2005. p. 47-83.

_____. *Alguén así é o Deus en quen eu creo*. Vigo: Galaxia, 2012.

_____. *Autocompreensão cristã*; diálogo das religiões. São Paulo: Paulinas, 2007.

_____. *Constitución y evolución del dogma*; la teoría de Amor Ruibal y su aportación. Madrid: Marova, 1977.

_____. *Creio em Deus Pai*; o Deus de Jesus como afirmação plena do humano. São Paulo: Paulus, 1993.

_____. Dios, el Anti-mal. *Communio* 1, 1979, p. 39-48.

_____. *Do terror de Isaac ao Abbá de Jesus*; por uma nova imagem de Deus. São Paulo: Paulinas, 2001.

_____. El mal en perspectiva filosófica. *Fe Cristiana e Sociedad Moderna* 9, 1986, p. 178-194.

_____. El mal entre el misterio y la explicación. *Razón y fe* 219, 1989, p. 359-376.

_____. El mal inevitable: Replanteamiento de la Teodicea. *Iglesia Viva* 175/176, 1995, p. 37-69.

_____. *El problema de Dios en la modernidad*. 2. ed. Estella: Verbo Divino, 2000.

_____. *Esperança apesar do mal*; a ressurreição como horizonte. São Paulo: Paulinas, 2007.

_____. *Fim do cristianismo pré-moderno*; desafios para um novo horizonte. São Paulo: Paulus, 2003.

_____. Glória de Deus na vida humana num mundo de crucificados. In: Lima, D. N. & Trudel, J. (orgs.). *Teologia em diálogo*. São Paulo: Paulinas, 2002. p. 141-174.

_____. Inculturação da fé. In: Samanes, C. F. & Tamayo-Acosta, J.-J. (dirs.). *Dicionário de Conceitos Fundamentais do Cristianismo*. São Paulo: Paulus, 1999. p. 369-373.

_____. *La constitución moderna de la razón religiosa*; prolegómenos a una filosofía de la religión. 2. ed. Estella: Verbo Divino, 2000.

_____. Negatividad y mal. In: *Fe cristiana y sociedad moderna* IX, Madrid, 1986, p. 175-224.

_____. *O que queremos dizer quando dizemos inferno?* São Paulo: Paulus, 1997.

_____. Ponerología y resurrección: o mal entre la filosofía y la teología. *Revista portuguesa de filosofia* 57, 2001, p. 539-574.

_____. *Recuperar a criação*; por uma religião humanizadora. São Paulo: Paulus, 1999.

_____. *Recuperar a salvação*; por uma interpretação libertadora da experiência cristã. São Paulo: Paulus, 1999.

_____. *Repensar a cristologia*; sondagens para um novo paradigma. São Paulo: Paulinas, 1999.

_____. *Repensar a ressurreição*; a diferença cristã na continuidade das religiões e da cultura. São Paulo: Paulinas, 2004.

_____. *Repensar a revelação*; a revelação divina na realização humana. São Paulo: Paulinas, 2010.

_____. Repensar o mal na nova situação secular. *Perspectiva Teológica*, 91, 2001, p. 309-330.

_____. *Repensar o mal*; da poneroloxía á teodicea. Vigo: Galaxia, 2010 [ed. bras.: *Repensar o mal*; da ponerologia à teodiceia. São Paulo: Paulinas, 2011].

_____. Replanteamiento actual de la teodicea: Secularización del mal, Ponerología, Pisteodicea. In: Fraijó, M. & Masiá, J. (orgs.). *Cristianismo e Ilustración*. Madrid: UPCO, 1995. p. 241-292.

_____. Revelación como "caer en la cuenta"; razón teológica y magisterio pastoral. In: García Norro, J. J. (org.). *Ser querido y querer*; ensayos en homenaje a Manuel Cabada Castro. Salamanca: San Esteban, 2007. p. 173-192.

_____. Mal. In: Samanes, C. F. & Tamayo-Acosta, J.-J. (dirs.). *Dicionário de Conceitos Fundamentais do Cristianismo*. São Paulo: Paulus, 1999. p. 449-454.

_____. Mal y omnipotencia: del fantasma abstracto al compromiso del amor. *Razón y Fe* 236, 1997, p. 399-421.

Vergely, B. *Le silence de Dieu*; face aux malheurs du monde. Paris: Presses de La Renaissance, 2006.

_____. *O sofrimento*. Bauru: Edusc, 2000.

Vernant, J.-P. *Entre mito e política*. 2. ed. São Paulo: Edusp, 2002.

_____. *O universo, os deuses e os homens*. São Paulo: Companhia das Letras, 2000.

_____ & Vidal-Naquet, P. *Mito e tragédia na Grécia Antiga*. São Paulo: Perspectiva, 1999.

Von Rad, G. *Teología del Antiguo Testamento* I e II. Salamanca: Sígueme, 1972.

Von Balthasar, H. U. *Sperare per tutti*; breve discorso sull'inferno. Milano: Jaca Book, 1997.

Vorgrimler, H. *Doctrina teológica de Dios*. Barcelona: Herder, 1987.

VV.AA. O Deus de Jó. In: *Concilium* 307 (2004/4).

Ward, K. *Deus*; um guia para os perplexos. Rio de Janeiro: Difel, 2009.

Wellmer, A. El mito del Dios sufriente y en devenir. Preguntas a Hans Jonas. In: *Finales de partida*; la modernidad irreconciliable. Valencia: Frónesis, 1996. p. 266-272.

Whedbee, W. The comedy of Job. In: Radday, Y. T. & Brenner, A. *On humor and the comic in the Hebrew Bible*. Brenner Sheffield: Almond Press, 1991. p. 217-249.

Wiesel, E. *A noite*. 3. ed. Rio de Janeiro: Ediouro, 2006 (ed. orig.: 1958).

Aos que doravante seguirão viagem, para além dos falimentos da vida, resta a esperança daquela iluminada personagem de Guimarães Rosa em *A terceira margem do rio*, a saber:

"ao menos que no artigo da morte,
peguem em mim,
e me depositem também
numa canoinha de nada,
nessa água, que não para,
de longas beiras:
e,
eu,
rio abaixo,
rio a fora,
rio a dentro
— o rio".

Impresso na gráfica da
Pia Sociedade Filhas de São Paulo
Via Raposo Tavares, km 19,145
05577-300 - São Paulo, SP - Brasil - 2012